U0960485

大魚讀品
BIG FISH BOOKS

让日常阅读成为砍向我们内心冰封大海的斧头。

Nosotras

Historias de mujeres y algo más

女性小传

［西班牙］罗莎·蒙特罗——著
罗秀——译

浙江人民出版社

为了捍卫人类的权利和所有女性的尊严
每天都有人在死去

本版前言

1995年，我的作品《女性小传》出版时，女性传记还未引起公众的注意。那时几乎没有人想到去撰写关于女性的作品，尽管众多女性都有过不平凡的人生，但她们却因为历史学家们的大男子主义而从史籍中抹去。为数不多的女性先驱，比如，优秀的安东妮娜·罗德里格[1]（Antonina Rodrigo）就致力于在我们国家抢救那些即将被遗忘的记忆，却不得不为此对抗无数风浪，而且往往只能通过小规模的出版社发表作品。如今，谈论这个主题已成为一种时尚，已经出版的相关书籍有数十种，带插图的和不带插图的、带照片的或是画成漫画的，有供成人阅读的，也有为儿童撰写的，这些作品试图修补我们被偏见绑架的那部分过去。这类出版物如此丰富，我们实在应该感到高兴，因为在我看来，没有哪一种陈述方式能更好地描述在过去24年中被误称为“女性事业”的领域所经

1 安东妮娜·罗德里格（Antonina Rodrigo），西班牙女学者，传记作者，著有《玛丽亚·莱哈拉加传》等。

历的变化。我之所以说是误称，因为现在是时候认识到瓦解性别主义并非只是女人的事情，事实上，这是一个与我们所有人都息息相关的事业。很显然，女性角色的改变意味着男性角色也会发生相应的变化，因此我们所谈论的是一个新型的社会、一种新的生活方式，会对我们所有人产生影响，不但女性应该感兴趣，男性也同样应该关注。

将被遗忘的女性重新发掘出来，几乎如同考古一般。毫无疑问，这是一项非常重要的工作，因为我们需要通过鲜活的例子来认清，生活并非我们曾经以及现在被灌输的那样。在《女性小传》的首版前言中，我曾写道："还有一个没有被写入历史的历史，要拯救这些故事必须竖起耳朵，倾听女性的窃窃私语。"所以，在1995年我就已经意识到，很大一部分真相被隐瞒了。但我当时的估计还远远不够，因为我没有能力计算女性所遭受的歪曲和隐瞒究竟有多大体量。被迫沉默的女性仿佛一座冰山，那看不见的部分如今开始逐渐显露，其体积是惊人的。她们中有各式各样的人：有英雄人物，也有独裁者；有革命者，也有主张倒退者；有人拯救世界，也有人施行暴力。这一点十分令人惊叹，也超越了刻板印象。女性主义，或者至少大部分女性主义都不推崇"圣女"，而是呼吁女性突破陈规的桎梏，实现作为一个"人"的任何可能性。众所周知，有一个古老的笑话就是"好女孩去天堂，坏女人走四方"。我一直认为，只有当女人可以跟某些男人一样愚蠢、无用、邪恶，而不会因身为女性而被特别指责的时候，我们才能达到真正的社会平等。

事实上，在任何时代都有女性开创过值得铭记的伟大事业，例如统领帝国、创建微积分表、发现宇宙的奥秘、创造全新的文学类型、指挥军队，等等。我们拥有女科学家、女哲学家、女音乐家、女战士、女画家、女雕塑家、女政治家、女作家、女探险家……无论是社会、艺术，还是学术，任何一个领域都出现过杰出的女性。安娜·洛佩斯－纳瓦哈斯（Ana López-Navajas）说："她们的数量如此众多，不计其数，以至于将她们公之于众之日，我们所熟知的历史也将分崩离析。"对于这一点，安娜应该比任何人都更清楚，因为她是瓦伦西亚大学一位优秀的女学者，并且在2014年发表了一项研究，证明在中学义务教育的教材中女性的内容严重缺失：西班牙中学课本所援引的女性人物只占7.6%。也就是说，我们学习的是看起来由男性主导的文化和科学。因此，安娜·洛佩斯－纳瓦哈斯花了8年时间建立了一个数据库，以便将女性人物纳入中学义务教育的内容。这是一项里程碑式的壮举，能够真正撼动我们的世界观。

我们除了改变对过去的看法，还有更多必须做的事，其中最根本的是要改变对现在的看法，以及我们看待自己的方式。性别主义是一种意识形态，我们所有人都接受了这样的教育，这种观念已经被铭刻于意识的最深处。不计其数的试验表明，社会对男性能力的培养、优先权和认可度仍然远远高于女性，而我们女性自身也在不自觉地以冷漠的态度认同这种歧视。这就是偏见的力量，它先于理智而存在，因此难以察觉。比如，已经证实，在初级医学诊疗中，面对相同的症状，向女性开具的处方包含更多缓解焦虑和抗抑郁的药物，而对于男性则会进行更多诊断检查。在处理疼痛方面也是如此：为男性患者提供更多的是镇痛药物（认为他们的疼痛是真实的），而向女性则提供更多的镇静剂（认为她们的疼痛是臆想的）。在1300名癌症病人中开展的一项调查尤其令我毛骨悚然。调查显示，在疼痛中，女性得不到药物治疗的可能性比男性高出50%。如果不及时进行诊断检查，可能会导致疾病恶化和死亡，而这种令人焦虑的虐待和残酷的歧视，是男医生和女医生们、男护士和女护士们共同的做法。我们所有人都认为，男人的话更可信。男性的话语仍然等同于法律。

2012年，美国耶鲁大学做了一项惊人的实验。两位理科博士——詹妮弗和约翰——同时申请一个实验室负责人的职位。按照惯例，耶鲁大学把两人的简历发给了分别任职于美国最重要的6所大学（3所公立、3所私立）的127名生物、物理、化学等学科的教授，请他们做出评价。在1到10的评分范围内，约翰的得分高于詹妮弗。此外，在就两位申请人应得的薪资水平征求教授们的意见时，他们给约翰开出了30328美元的年薪，而给詹妮弗开出了26508美元的年薪。到这里为止，一切都还算基本正常。令人目瞪口呆的是，事实上，“詹妮弗”和“约翰”并不存在，而这两份简历是一模一样的。唯一的区别在于，一半的评判者被告知申请人名为詹妮弗，而另一半评判者得知申请人名为约翰。当然，在这些评判者中也不乏女教授。

偏见是思想的寄生虫，要将它从头脑中驱除，需要付出很大的努力。我并不奢求在各类奖项中、在权力中心、在教授席位上，或在公司的决策层涌现更多女性，因为我们中能达到这样的程度的人毕竟还是少数——我们经历了多少世纪以来根深蒂固的歧视，可怜的女性还需要更多扶持。不，这不是我的诉求。我希望的是，在所有领域都能出现更多女性，因为我们跟男性一样出色。也就是说，我呼吁人们可以客观、公正地评价女性。可怕的是，这一点直到今天还未能实现：无论是社会还是我们自己，都还没有做到平等对待我们女性。

正因如此，世界上才会出现那许多明明发生了，却找不到答案的事情：每年有300万名女童被摘除阴蒂；数百万女性缺少最基本的权利，她们不得不戴着面纱，没有男人的陪伴不能出门，被剥夺了接受基础教育的权利，而试图逃离这种野蛮对待的女性，会被一颗子弹射穿脑袋，比如马拉拉[1]（Malālah Yūsafzay）；不计其数的女童和妇女遭到虐待和杀害，遭受强奸、毒打、泼硫酸、酷刑、屠杀和绑架，甚至因为臭名昭著的“名节罪”而被浇上煤油，被活生生地烧死，而她们的“罪行”不过是不肯同家庭选择的人结婚而已，甚至往往是女孩的母亲亲手点燃了火堆。我想说的是，世界上正在发生一种针对女性的种族灭绝行为，而对此国际社会从未采取任何行动来制止这种暴行。对于南非的种族隔离制度，各国采取了经济制裁，但是对于数百万女性遭受的种族隔离，对于她们所遭受的苦难和奴役，人们做过什么？又正在做什么？不但没有，而且女性甚至成了一种用于交换的货币。我们女性，怎么能容许这种行为？怎么能不要求改变这一状况呢？

这一段文字如飓风般从我笔下喷涌而出，这是炙热的文字，我甚至希望它是刺耳的文字。读者会发现这本书的经历很有趣。1995 年最初发表时，书名为《女性小传》，因为初版很受欢迎，所以于 2007 年推出了第 2 版，内容稍有扩展，书末添加了一篇后记，讲述在此前的 12 年中反性别主义事业取得了什么样的进步。如今又过了 11 年，此次再版又为本书找回了青春，我也因此正在撰写这篇新的序言。我想说的是，原始的文本在一层层逐步成长，扩展成一个有机体，如同树干一般，每一次添枝加叶也逐渐留下了社会变化的永恒印记，正如木头的年轮能反映出森林在穿越时间长河时所经历的各种环境：火灾、虫灾、干旱。那么，显然，现在性别主义的主题正在沸腾，因此我才会呼出龙的气息。

1　马拉拉（Malālah Yūsafzay），巴基斯坦女性主义者，因其主张被暴徒持枪击中大脑，后接受救治出院，与凯拉什·萨蒂亚尔希共同获得 2014 年诺贝尔和平奖，为该奖项最年轻的得主。

另外，除了在这篇前言中提出尖锐的批评，这次我还为本书补充了 90 位女性的简短生平。这只是从古代到当代的匆匆一瞥，让我们能够隐约看到女性为大众生活做出的贡献，这笔复杂而多样的财富。

我认为我们正在经历反性别主义事业的一个重要时刻。我们正穿越一个边界，而且在最近取得了突飞猛进的发展。比如，2018 年 3 月 8 日国际妇女节是世界性女性运动的一个里程碑。在这么多国家，以如此大的规模，举行这么多次示威，我想这是前所未有的。其中马德里的游行毫无疑问创下了历史纪录：据官方数据统计，有 17 万人参与游行，绝大多数人的年龄在 25 岁以下，而且其中不少参与者是男性。更不用说西班牙女性罢工的成就，那是一个世界性的典范。所有这一切都表明，民众在这方面的意识在增强，也许是因为发现我们来之不易的那些进步又变得岌岌可危，不仅是在反性别主义方面，还包括所有的民主价值在内。也许这是一个积蓄与爆发的问题，水滴日积月累也会装满杯子，最终溢出。似乎这就是发生在好莱坞制片人哈维·韦恩斯坦身上的事。自他的案例开始，就像有人推倒了多米诺骨牌，各地的性骚扰控告如狂风骤雨般出现。可以说，女性开始不愿意继续忍受了。

当然，我认为问题的实质并不在于女性的忍耐力，而在于使她们开阔眼界，并最终明白没有理由服从错误和腐朽的准则。要知道，从 10 岁到 17 岁，我在马德里的贝阿德里斯·加林多学院读书，学校离家 7 站地铁，中间还有一次换乘。因为需要在家午餐，我每天必须往返学校 4 次，而且都是独自一人。在我这个社会阶层以及在那个时代（20 世纪 60 年代），儿童还没有像今天这样受到过度保护。而在这 4 段行程中，我每天至少遭遇一次被摸臀部或被摩挲的骚扰，几乎没有一天例外。尤其在头几年，那时年纪小，更没有能力反抗。我还记得有一次，我大概

11 岁，一个朋友反抗了，却被那个恋童癖者打了一个耳光，而人满为患的车厢里没有一个人站出来帮助我们。我想说的是，那时我们对于生活的学习必须包含防御的技能和从掠食性动物面前逃跑的技巧：只要看一眼就能辨别出哪些男人是危险的，要么试图逃到车厢的另一头，要么跳出车厢，哪怕并不是你要去的那一站。我听说，现在有些女孩会随身携带大头针，用来扎骚扰者——很不幸，我当时没有想到这样的计策。不过，我确实学会了一种能力，就是在内心告诉自己：当你走在街上时，努力不要理会奉承赞美你的那些可疑的男人，不去听他们对你说的蠢话，不理会他们对你做的事；在影院排队时，只要有人在暗处动手动脚，就立刻换队伍。在这方面我是专家。所有这一切都组成了我 10 岁以后童年风景的一部分。我们这些女孩，都像试图逃脱狮子的受惊羚羊，在令人恐惧而羞辱的现实面前逆来顺受，而最不幸的是，这个现实是“正常的”。人们告诉我们，我们也告诉自己，这个世界就是这样的。然而，不！原来世界并非本该如此！世界应该是什么样子，在很大程度上也取决于我们自己——我们要去改变这一切。所以，姐妹们，打开我们龙一样的咽门，喷火吧！

马德里，2018 年 3 月

HISTORIAS
de
MUJERES

女性小传

致我的女友们，所有那些
曾经和现在对我重要的女人：
致雷伊斯、马库、盖比；
致卡门，也致另一位卡门，致奥尔加；
致玛棱、安赫雷斯、索雷特以及两位索莱；
致弗吉尼亚、英格丽德和希梅纳；
致伊莎贝尔及玛丽亚·何塞；
致另外一些我交往稍疏
但是同样深爱着的女友，
比如，安娜·克里斯蒂娜、努利亚，以及马里塞。
当然，还有纳迪维尔，
抱歉。

致我童年以及少年时期的
那些女伴，如今已多年未见：
玛丽·特蕾、奥菲丽娅、阿丽西亚、玛丽亚·何塞、贝戈尼雅、
比丽、比拉尔、法蒂玛、玛丽亚。

纪念那些已经逝去的女性：
蒙塞拉特、玛丽亚·路易莎以及卡尔米纳。

最重要的是，致所有那些会因为没有
在这份名单上而恼怒的女友。

引言
隐形的生活

La vida invisible

两个世纪以前，人类就已经开始质疑，为什么社会要在等级和职能方面如此区别对待男性和女性。一些特别勇敢的女性甚至更早就提出了这样的问题，比如，法国人克里斯蒂娜·德·皮桑（Christine de Pisan）于1405年撰写的《妇女之城》[1]（*La Cité des Dames*）。然而直到实证主义出现，诸神最终消亡，西方世界的居民才开始放弃自然秩序永恒不变的信仰，并开始大规模地向万事万物追问"为什么"。而即便遭遇诸多男性和女性的抵制，知识上的好奇心也必须包括关于妇女状况的、不计其数的"为什么"：为什么女性是异类的、边缘的、受奴役的？

直到今天，这些问题还没有找到明确的答案：等级制度是如何确立的，又是什么时候发生的？是否历来如此？关于人类历史上最初的母系社会阶段，人们提出了各种假设，但没有任何一种假设得到充分证明。

1 《妇女之城》以100多位古罗马的杰出女性和意大利作家薄伽丘笔下的女性为原型，讨论了女性的美德，被誉为"文艺复兴时期为女性的权利与地位勇敢呐喊的第一力作"。

所谓无所不能的伟大女神们——比如罗伯特·格雷夫斯（Robert Graves）描写的地中海白色女神，也许就并非处于人类的母系社会阶段，而不过是在两性平等的社会中，男人和女人有各自的领域，而生育这一令人惊讶的能力使女性变得非常强大。正如我们今日所知，自史前阶段就存在的生育女神（如奥地利沃尔道夫的维纳斯雕像：肥胖、大肚子、可爱），以及后来各种不同的女性形象（如新石器时代强壮的女神石像），都反映着女性的生育能力。

恩格斯认为，女性的从属地位源于财产私有化及家庭的出现。那时，人类放弃了游牧生活，定居于农业村庄。男人需要保证拥有自己的孩子，以便将财产传给后代，所以他们必须控制女性。但我斗胆猜测，也许是女性的生育能力令男性感到恐惧，尤其在进入农耕生活之后。此前，在漂泊不定的狩猎生活中，两性各自的价值有清晰的界定：女性负责生育、哺乳、抚养儿女，男性负责打猎及保卫家园。这两方面的功能在价值上是可以对等交换的，而且都是最根本的。然而在农业生活中，有什么非男性不可的特殊工作吗？女性可以跟他们一样照料土地，或者从一个神奇的角度来看，也许女人比男人照料得更好，毕竟繁衍生息是她们的国度，是她们所掌控的领域。没错，男人忌惮女人过于强大，这种想法是合理的。也许男性的控制欲就源于这种恐惧，以及体格上更加强壮的有利条件。

对女性能力的恐惧在人类文明早期的神话中已经有所体现。在创世故事中，一方面极力把女性定义为附属角色，另一方面却又赋予女性一种能力，让女性能够造成的伤害远远高于其所处的次要位置。夏娃受到蛇的诱惑，令亚当和整个人类迷失。潘多拉也做了同样的事情，在希腊神话中，她是宙斯创造的第一个女人，为了惩罚人类，神给了潘多拉一个装满灾难的盒子。受到女性不可抑制的好奇心驱使，这个女人打开了盒子，把所有的不幸都放了出来。这两个重要的故事都把女性描述为一种脆弱、混乱、缺乏理性的生物。但是从另一个层面来说，好奇心是智慧的基本要素，在这些神话中，是女性有胆量去探寻更深层的东西，有热情去发现隐藏之物。此外，夏娃和潘多拉带到世界上的灾难是死亡、疾病和时间，而这些正是构成人自身的基本因素。因此事实上，这些传说认定了她们是人类的创造者，扮演着既美好又可怕的角色，但毫无疑问的是，这些角色是伟大的。

莉莉丝[1]的故事则更加令人着迷。在犹太传说中，夏娃并非亚当的第一个女人，在她之前还有个莉莉丝。这位莉莉丝想和男人平起平坐，比如，她对被压在亚当的身下做爱感到愤怒，这种体位让她感到十分羞辱，她要求享受跟男人一样的权利。亚当利用自己身体力量的优势试图强迫她顺从，但莉莉丝最终抛弃了他。她是宇宙中第一位女权主义者，但毫无疑问，对那个时代的“大家长”上帝来说，这些并不过分的要求是不可接受的。他最终把莉莉丝变成了一个弑婴的魔鬼，让她每天忍受杀死一百个孩子的痛苦，这种可怕的惩罚标志着男性对女性控制权力的逐步实现。也许在莉莉丝这个神话下隐藏着被遗忘的记忆：一个古老的、非性别主义的世界，女性与男性一样强大而独立的世界逐渐转变为新的男权秩序的世界。

总之，事实就是，女性在数千年中一直是二等公民，不管是在东方还是在西方，在南半球还是在北半球。按性别杀害婴儿的行为，在整个

1 莉莉丝的形象最早出现于苏美尔神话，同时记载于犹太教的拉比文学，又称巴拉特或莉拉可。有关莉莉丝的记载未见于《圣经·创世记》，传说主要来自10世纪成书的佚名文献《本西拉的字母》。

历史上都是非常普遍和惯常的做法（新生女婴作为无人愿意承受的负担而被杀害，而男婴则是被渴望的存在。从罗马到埃及，甚至直到今天，很多国家还在或多或少公开这样做。）这一点让我们了解到女性被赋予的价值何其卑微，她们来到这个世界本身就是一种不幸，她们是不被需要的人。

作为被18世纪、19世纪进步主义思想所影响的人类，我们倾向于相信今天自己生活的社会一定比昨天强，而明天一定比今天强，仿佛事物都是按照时间顺序不可抗拒地逐渐完善。从另一层面来讲，这是一个如此明显的错误观念，甚至不值得我们讨论。具体到女性问题上，我们通常认为女性已经一点一点地争取到了平等，而且在今天达到了历史的高峰，但这并不完全正确。今日西方女性的状况似乎确实好于任何时候，但发展过程并非线性的：女性经历过享受更多自由的时代，但紧接着又会迎来倒退。某些时期，女性遭受的迫害达到了令人恐惧的程度，比如，15世纪以及16世纪初对女巫的滥杀[1]，这也许就是对当时文艺复兴中涌现的人文主义与自由主义思潮的回应。在德国、意大利、英国和法国，成千上万的“巫师”遭到处决。因为“行巫术”而被活活烧死的罪犯中，85%是不同年龄的女性，甚至包括女童。在德国的一些村庄，每年有600多人遭到处决。在图卢兹，仅在一天内就有400名女性被投入火堆，有些作家甚至认为死亡人数高达百万。这些女性受到审判并被烧死，而其被指控的“罪名”有时荒诞不经（比如，跟魔鬼发生关系，吸食儿童的血），有时是因为协助其他妇女避孕、堕胎，或给予其缓解

1　指从15世纪至18世纪席卷欧洲大陆的“排巫运动”。从中世纪末期开始，欧洲出现接二连三的灾乱，“魔鬼说”大行其道，违反社会或宗教规范的人被认为是邪魔附身或本身即为巫师。在1480年至1520年和1580至1670年便发生了两次大规模的“猎巫运动”。

生育疼痛的药物。也就是说，因为她们表现了出对生命拥有控制权，拥有被禁止女性学习的医学知识以及在某种程度上的独立。

随着法国大革命的爆发以及公平、博爱思想的到来，少数男性和女性开始理解，平等要么为所有个体共享，要么谁都无法拥有。“没有任何人类成员能够真正拥有某种权利，除非我们所有人都拥有相同的权利。投票反对他人权利的人，不管他的宗教信仰、肤色或性别为何，都是在以这种方式放弃自己的权利。”这是孔多塞[1]（Marquis de Condorcet）于 1790 年在他题为《关于承认女性享有公民权利》的文章中写下的片段。这位令人敬仰的法国哲学家还参与了革命宪法的编纂。孔多塞是一位热情的女性主义者，他和其他为数不多的几位敏锐的绅士开始揭露女性的状况。一开始，这些不抱有性别偏见的男性的言论是非常重要的，因为必须受过教育才可能采取一种批判的态度，而那个时代的女性几乎完全缺乏教育。

随着大革命的热潮到来，整个法国开始出现女性俱乐部及联合会，并立刻遍及整个欧洲。当时也涌现了著名的女性革命家，比如，奥兰普·德·古热[2]（Olympe de Gouges）和泰鲁瓦涅·德·梅丽古尔[3]（Théroigne de Méricourt）。然而公平和自由的幻想并未持续多久，恐怖政策卷土重

---

1 孔多塞（1743—1794），18 世纪法国启蒙思想家。他是一位数学家和哲学家，也是法兰西第一共和国的重要奠基人，参与起草了吉伦特宪法。

2 奥兰普·德·古热（1748—1793），原名玛丽·古兹（Marie Gouze），法国女性主义者、剧作家、政治活动家。她于 1789 年提出了《女权宣言》，与《人权宣言》相抗衡，要求废除一切男性特权。

3 原名安妮 - 约瑟夫·泰尔瓦涅（Anne-Josèphe Terwagne，1762—1817），出生于比利时的梅丽古尔，是交际花、歌手、演说家、女权运动领袖。传说她参加了攻占巴士底狱的战斗和凡尔赛宫前针对王室的妇女大游行，并参与刺杀了圣殿骑士弗拉维尼。

来，女性再次被禁锢于家中。1793年6月，泰鲁瓦涅受到一群“女市民”的袭击，被她们用石头砸中了头部。她虽然没死，但不幸精神失常，余生都在一家疯人院中度过。奥兰普则于1793年11月被送上了断头台，女性俱乐部被全面禁止。至于孔多塞，罗伯斯庇尔判处他死刑，这位哲学家选择在入狱的第一个晚上服毒自尽。

然而数十年后，到了19世纪中期，“女性问题”出现了，也就是说，女性第一次被理解为一个“社会问题”。这是工业革命的结果——它终结了传统的家庭生活。在此之前，家庭主妇依附于男人，但是肩负着日常生活中很大一部分重担。她们做罐头、腌鱼，为家庭成员缝制衣服，照顾菜园和家畜，制作肥皂、蜡烛和鞋，学习草药，并负责照料全家的健康。在家庭生活中，她们是活跃而重要的角色。然而工业革命逐渐剥夺了她们所有职能：肥皂可以在商店里购买；城市人口增长，菜园和家畜日益减少；健康开始由医生们照料。总而言之，女性在世界上失去了自身的位置。

此外，实证主义和科学主义达到一个顶峰。上帝奄奄一息，永恒不变的自然秩序已经不再是解读未知事物的绝对答案，整个宇宙需要被重新定义。女性成了“存在”之外的另一个未知，一个需要用科学术语来揭示的奥秘。19世纪末，人类相信智者的语言和学者的研究能够照亮并驱散现实中的所有迷雾。

因此，女性成为男性的研究对象。他们将女性与“正常人”进行比较，即与男性的价值和特质进行比较。达尔文说：“我们普遍承认，女性的直觉、感性以及模仿能力都比男性更加突出，但是这些才能中，至少有几项是属于低等族群的特点，因此，女性处于一种过时的文明以及不发达的状态中。”从男性的角度来看，女性被视为一种异常的、不得不忍受月经和疼痛折磨的病态生物。女性塑身衣这种不健康又折磨人的时尚可以扭曲人的肋骨，并引起子宫和肝脏的移位，增加女性窒息和晕厥的可能性，而在世界上缺少位置以及暗淡的生活前景又加剧了女性的沮丧和焦虑。正因如此，当时女性不但被认为是一种病态的生物，而且确实也是病态的。19 世纪末 20 世纪初流行着一场名为厌食症的“瘟疫”，患者饱受奇怪的慢性病折磨，甚至达到弗洛伊德所谓“歇斯底里”的程度。小说家亨利·詹姆斯[1]（Henry James）在他的作品中描述了那个时代的典型女性：聪明、充满激情，却受制于社会环境。这个灵感很可能来自他的亲妹妹爱丽丝·詹姆斯（Alice James）——一个敏感而富有创造力的女人。她热爱写作（她的日记不久前刚被出版），却无法像亨利一样上大学，得到必要的支持，以便全身心投入写作。爱丽丝就是一位慢性病患者，谜一样的病痛使她从 19 岁开始就成了废人，到 43 岁突发癌症时，她已经迫不及待地迎接死亡。

对于女性来说，那一定是非常痛苦而艰难的时代。底层社会的妇女因工厂 16 个小时的轮班制度而精疲力竭，还得承担生育和照顾家庭的任务，而中上层阶级的女性则被囚禁于金牢笼中。19 世纪文学中的女主人公们都在诉说女性的悲剧，比如安娜·卡列尼娜、包法利夫人、《庭长夫人》[2]中的安娜·奥索雷斯，她们敏感、聪慧、有能力，却过着一种毫无意义的生活。她们试图通过浪漫的爱情逃离空虚，却又因触犯僵化、严厉的社会准则而付出了昂贵的代价。除了个别例外，比如作家马

1 亨利·詹姆斯（Henry James，1843—1916），美国小说家、文学批评家、剧作家和散文家。他的创作对 20 世纪崛起的现代派及后现代派文学有着非常巨大的影响。

2 《庭长夫人》是西班牙作家克拉林的代表作，出版于 1884 年，是 19 世纪西班牙现实主义文学的杰作之一。

克·吐温就一直是一位令人欣喜的女性主义者。那个时代，男性大都对女性持敌对态度，对女性的不理解也很普遍，所以很多女性开始选择独身，并同其他女性结成了终身伴侣的关系。在美国，这样的关系被称为“波士顿婚姻”，亨利·詹姆斯的小说《波士顿人》正讲述了这样一个女性世界。这种关系中并非必然存在女同性恋的因素，在很多情况下只是一种活跃、独立、有知识、不愿意顺从社会禁锢的女性们之间的感情联结，以及面对生活时的互相帮扶。

尽管如此，最令人惊讶的是，事实证明即使在最艰难的环境中，也总是有女性有能力凌驾于困难之上。富于创造力的女性、女战士、女冒险家、女政治家、女科学家，她们有足够的才智和勇气，以各种方式逃离那坟墓一般狭窄的宿命。当然，这样的人总是凤毛麟角，大多数女性都屈从于世界强加于自身的桎梏。但同样毫无疑问的是，这些女性的数量远远超过我们今天所了解并记得的案例。事实上，正如意大利女作家达契娅·马莱伊尼（Dacia Maraini）所说，女性一旦死去，就是永远的消亡，不但生命终结，也将被遗忘。历史学家、百科全书作者、学者、官方文化和公众记忆中的先驱历来都是男性，女性的行为和作品很少被记录于历史。今天，这种性别主义“遗忘症”终于开始改变。在学术和知识层面，重要性日益增强的女性的存在让情况开始趋于正常，并开辟出全新的研究领域，其中绝大部分研究者都是女性，她们试图拨开重重迷雾，把我们的女性先辈重新挖掘出来。

有一些古代的女性完成了伟大的无名壮举，比如，在中国的湖南省，她们创造了一种秘密的语言，更确切地说，是一种只供女性使用的文字。这种叫作“女书”的秘密书写方式拥有2000个字，而且十分古老，至少已经有1000年历史，有些专家甚至认为有6000年历史。虽然时至今日只有寥寥几位耄耋老妪认识这种文字。据说，女书是一位中国皇帝的妃子发明的，如果真是这样，她是多么有才华，竟然有能力创造出整套书写系统！其目的在于能够跟同性朋友们谈论自己的私生活，吐露怨言，抒发感受，而不必冒着被发现和被惩罚的危险。很多学习这种文字的妇女不会使用中国的官方文字——汉字，因为女性一向被拒在知识的大门外，而且被排挤到文化生活的边缘。所以，这种隐秘的“女书”赋予了她们书面沟通的能力，也形成了一种协同的力量，用以表达某种程度的反抗。在一个被保存下来的、有着千年历史的文本中写道：“我们应该从年轻时就建立姐妹情谊，并通过秘密的书写交流。”另一个文本补充道：“男人敢于走出家门面对外面的世界，但我们女人也跟他们一样勇敢，创造了他们无法理解的语言。”

英勇无畏却寂寂无名，是的，这就是过去千百万女性的写照。最新的学术理论也恰好证明，文学史上大部分匿名作品很可能都是出自女性之手。还有一种可能是女性写下作品之后，由她们的配偶或家庭中的其他男性，比如父亲、兄弟或儿子署名发表。西班牙女作家玛丽亚·马丁内斯·塞拉（María Martínez Sierra，1874—1974）便是如此。她是一位社会主义者和女性主义者，西班牙第二共和国的女议员，也是重要的剧作家，然而她的作品都是以丈夫格雷戈里奥的名义发表的。此外，前面已经说过，女性的作品总是容易佚散或被遗忘，比如希腊女诗人海伦撰写的史诗《特洛伊战争》就佚失了，而荷马正是从中得到灵感才写出了《伊利亚特》。总之，正如弗吉尼亚·伍尔夫（Virginia Woolf）所说，如果莎士比亚有一个充满想象力、野心勃勃又才华横溢的妹妹朱蒂丝·莎士比亚，她会有何遭遇？

另外，我们对于女性及其所作所为的记忆往往会染上性别主义价值观的色彩。比如，我们没有忘记罗马皇帝克劳狄乌斯一世（Tiberius Claudius Drusus Nero Germanicus）的妻子麦瑟琳娜（Mesalina），因为她在历史上已经成了女人不忠的象征。还有著名的俄国女沙皇叶卡捷琳娜大帝（Catherine the Great），世人对于她的印象主要是能征善战，而且拥有众多情人。然而，这个从 1762 年到 1796 年掌控着帝国缰绳的女人，实际上是开明专制主义最伟大的君主之一。她改革了俄国行政体制，编撰了第一部立法概要，与立陶宛和土耳其交战，取消了乌克兰的自治权。不仅如此，她还致力于保护艺术和文学，跟伏尔泰保持着密切的书信往来，创作剧本，并创办了周刊《万象》。这份杂志是专制主义重要的意识形态支柱。她的确拥有不少情人，跟古往今来占绝对多数的无数男性独裁者一样。但是跟许多国王和皇帝不同，她懂得将情人们维持在纯粹的私密关系内，而不让自己在政治上受到他们的影响。

总而言之，只要一个人向历史的背后稍稍探身，就会遇到令人惊讶的女人。她们浮现于“顺从”这个千篇一律的女性传统形象之下，正如潜水员在平静的海面下隐约窥见的海底财富，比如鱼类和珊瑚等意想不到的风景，其中就有女战士，也有离奇怪诞的人物。比如玛丽亚·佩雷斯（María Pérez），12 世纪的一位卡斯蒂利亚女英雄，女扮男装与阿拉贡人战斗。她挑战外号“斗士”的阿拉贡国王阿方索一世（Alfonso I el Batallador），与之决斗，不但战胜了他，而且收缴了他的武器。当人们发现她是个女人时，送她外号“女汉”，但这并没有阻碍她后来同一位王子结婚，为家庭放弃了征战。还有令人着迷的玛丽·里德（Mary Read），18 世纪的英国女冒险家，也同样女扮男装，加入弗兰德斯步兵团成为一名士兵。数年的戎马生涯之后，她离开军队，结了婚，在布雷达开了一家小酒馆。但是在丈夫死后，她又穿上男装，加入了荷兰步兵，登上开往美洲的船舰，但这艘船被海盗俘获，于是，不肯屈服的玛丽·里德决定成为海盗。她度过了漫长的海盗生涯，这期间爱上了一名水手，并同他结了婚，直到 1720 年落入英国人手中。此后被关在牙买加监狱，并在狱中去世。

17 岁的圣女贞德（Jeanne d' Arc）投身于法国军队时也穿着闪闪发光的男士盔甲。她在前线领导军队与英国人打仗，并屡屡重创敌军，直到 19 岁时被敌人俘虏，而后被活活烧死。17 世纪末，另一位法国女性路易丝·布雷维尔（Louise Bréville）同样一身男装打扮，因为在决斗中杀死了另一名士兵而被驱逐出军队，之后，她被招募为水手，最终拿到了一艘三桅战舰的指挥权。25 岁那年，她参加了对抗荷兰的海战，在一次接舷战中负伤，最终死去。

并非只有女战士会女扮男装，表现出一种男性的人格特征。在严厉苛刻的环境中，很多其他女性为了保护自己也不得不使用男性的身份作为庇护。比如著名的女性社会学家及思想家，加利西亚人康塞普西翁·阿雷纳尔（Concepción Arenal，1820—1893），为了能够学习法律课程，不得不化装成男人，因为女性是被禁止上大学的。19 世纪初，在亨里塔·法贝尔（Henrietta Faber）身上也发生了类似的事情。她女扮男装，在哈瓦那当一名医生，多年间平安无事。直到 1820 年她坠入爱河，想要结婚，不得不自揭女性身份，但立刻遭到逮捕。因为在古巴，女性被禁止学习或从事医疗工作，她受到审判，并被判处 10 年监禁。另外，使用男性笔名在 19 世纪的女作家中是相当普遍的做法，比如乔治·艾略特（George Eliot）、乔治·桑（George Sand）、维克多·加塔拉（Víctor Catalá）和费尔南·卡瓦耶罗（Fernán Caballero）。

在很多个世纪中，女性可以求助的另一种更普遍，也更容易被社会接受的“女扮男装”就是宗教，也就是成为修女。去修道院往往被视为一种社会义务、一种幽禁和惩罚，但是对很多女性来说，这也是一个可以借此摆脱男性监管的地方，在这里可以读书、写字、承担责任、享受权利，总而言之，可以发展一个事业。有的修女在知识水平和艺术才能方面出类拔萃，比如圣女特蕾莎（St. Theresa）、索尔·胡安娜·伊内斯·德拉·克鲁斯（sor Juana Inés de la Cruz），还有霍恩伯格的女修道院长赫拉德·德·兰茨贝格（Herrade de Landsberg），她在12世纪编纂了一部百科全书，名为《愉悦的花园》（*Hortus Deliciarum*），配有非常精美的插图，被用作修女们的培训教材。这是历史上第一部由女性编制的百科全书。她可以策划一部如此雄心勃勃的作品，这证明修道院为女性打开了一个宽广的世界。

另一些修女充满激情和肉欲。比如17世纪的葡萄牙修女索尔·玛丽亚娜·阿尔克佛拉多（sor Mariana Alcoforado）很不幸，或者说很幸运地爱上了一位法国伯爵，并给他写了几封优美而炽烈的情书。然而，1669年，这位伯爵却厚颜无耻地在巴黎发表了这些信件，当然也因此，这些内容被保存了下来。还有一些修女是好斗的逃亡者，比如修女中尉卡塔丽娜·德·埃拉乌索（Catalina de Erauso）。她11岁的时候就从修道院逃走，打扮成男孩，成为见习水手，并化名阿隆索·迪亚兹加入了美洲的军队，成为士兵。另外，一些渴望独立的女性没有选择成为“好女人”，也就是修女，而是选择成为“坏女人”：高等妓女或情妇。从希腊才华横溢的交际花，到法国国王们的情人蒙特斯庞夫人（Montespan）或蓬帕杜尔夫人（Pompadour），她们都对公众生活产生了显著的影响。

对于女性来说，除了修道院以及“安逸生活”之外，逃离男性监管的康庄大道只有一条，那就是成为遗孀。与执政相关的例子尤其如此：20世纪前，几乎所有掌握国家大权的女性背后都有一个死去的丈夫，有些情况下是死去的父亲，留下一个年幼的儿子或弟弟，使得她们成为其代表或摄政者，至少在执政初期必然如此，直至她们自身的权势得到稳固。看到这些从未接受过知识或政治培养的女性，面对如此严峻的环境，不但有能力抗争，夺取并掌握权力，而且常常成为才能卓越的统治者，这实在令人难以理解。要了解这些女性所面对的困难，奥地利的玛格丽特这个可怜而勇敢的女人就是完美的例子。1599年，14岁的玛格丽特嫁给了菲利普三世（Felipe III），她来到西班牙宫廷时只会说德语。莱尔玛公爵担心国王脱离自己的控制，为了孤立初来乍到的玛格丽特，遣散了她所有的德国侍从，并用自己的西班牙亲信取而代之。可以想象这位少女所受的折磨：在一个充满敌意的宫廷中，在陌生的语言环境下，不但孤独，而且被禁锢，为王室生下一个又一个孩子。然而，7年之后，她具备了足够的语言能力和政治能力，与莱尔玛公爵正面交锋并将他起诉。后来，在国王的忏悔牧师路易斯·德·阿里亚加（Luis de Aliaga）教士的帮助下，她又试图控告乌塞达公爵，但这次失败了。27岁那年，玛格丽特在生下第八个儿子后死去，死因似乎是产后出现了并发症，而乌塞达公爵阻止医生为她治疗。这完全是一个女人的悲剧命运。

虽然环境恶劣，欧洲历史上仍出现过无数的莱昂诺尔、玛丽亚、伊萨贝尔、胡安娜、路易莎和玛格丽特，她们不但在某个时刻主宰各自民族的命运，而且往往表现了过人的英明和智慧。当然，世界上也有不那么慎重的女性，比如公元前9世纪亚述帝国王后塞米拉米斯[1]（Semiramis）。为了获得权力，她谋杀了丈夫尼诺斯（Ninus）国王（这是另一种成为遗孀的方式），并在执政的42年中建立了巴比伦城，征服了埃及和埃塞俄比亚。另一位果敢的女性是埃及女王哈特谢普苏特（Hatshepsut，公元前15世纪），因为没有"女法老"这一头衔，她自封法老，掌权超过20年，而且在这20年中颇有建树。她总是以男子的形象出现，而她的继子图特摩斯三世（Thutmose III）即位以后，将她从法老名单中剔除了。

还有一些复仇的母亲。比如公元前6世纪斯基泰[2]的女王托米莉斯（Tomiris），她的一个儿子被以残忍著称的波斯国王居鲁士大帝杀害。当托米莉斯向居鲁士报仇时，不但砍断了他的脖子，还把他的头塞进了血桶，以满足自己的报复心。还有征服美洲时期的拉加伊塔纳（la Gaitana），她是哥伦比亚一个部落的女酋长。她的儿子因反对征服者阿尼亚斯科（Pedro de Añasco）提出的瓜分印第安人的主张而在其母亲面前被活活烧死。于是，拉加伊塔纳号召所有印第安人反抗阿尼亚斯科，最终战胜了他，并下令将他慢慢折磨致死。

也有因激情而盲目的女性统治者，比如西班牙的"疯女"胡安娜[3]（Juana la Loca）。她带着丈夫"美男子"腓力一世（Felipe I el Hermoso）

---

1 塞米拉米斯（Semiramis）是传说中的亚述女王，据说原型是萨穆-拉玛特（Sammu-ramat），亚述国王沙姆希阿达德五世（Shamshi-Adad V）的王后，公元前9世纪曾短暂统治过这个国家。

2 斯基泰又称西徐亚，约公元前7世纪中叶至公元前3世纪的奴隶制王朝。

3 "疯女"胡安娜，卡斯蒂利亚女王，是阿拉贡国王斐迪南二世和卡斯蒂利亚女王伊莎贝拉一世的次女，也是西班牙本土王室的最后一任君主。1496年嫁给哈布斯堡王子腓力，丈夫死后，她精神失常，先后被父亲和儿子软禁，度过余生。

的尸体在整个西班牙巡游了 3 年。哈利卡纳苏斯[1]女王阿尔特米西亚二世（Artemisa II，公元前 4 世纪），在她深爱的摩索拉斯（Mausolus）去世之后下令修建了一座陵墓，成就了古代世界七大奇迹之一，而且直到今天，我们还使用“摩索拉斯”这个词表示陵墓。这位伤心的遗孀还有一位前辈：阿尔特米西亚一世，也是哈利卡纳苏斯女王，不过比她早一个世纪。这位先人在感情方面可没有这么细腻：她爱上了达尔达诺（Dardano）。在求爱遭拒后，她下令挖出他的眼睛，然后自杀了。

所有这些或强势，或残暴的女独裁者，她们的故事都表明女性也可以是邪恶的。从某种意义上来说，这反而是一种安慰，因为它再次肯定了女人具有全面的、完整的人性。我们跟任何人一样，既有能力成就出类拔萃的事业，也可以成为地狱深渊。要问所有的女人中哪一位最坏，这很难抉择。不过，正如萨德侯爵（Marquis de Sade）是邪恶的象征，也存在一个经典而标志性的恶毒女人——“血腥的伯爵夫人”伊丽莎白·巴托里（Elizabeth Bathory，1560—1614）。这位匈牙利寡妇认为只要用少女的血沐浴就可以留住青春。据说，她对 600 多名农村少女施以酷刑，然后将她们逐个斩首，血流成河，最后罪行被揭发，巴托里被囚禁于她的城堡中。

总之，有各种各样的女人：举足轻重的女企业家，比如玛丽·布里扎德[2]（Marie Brizard，18 世纪）和妮可·克利科[3]（Nicole Clicquot，19

1　曾为加里亚王国都城，故地在今土耳其西南部，临塞拉梅柯斯湾。

2　法国玛丽莎葡萄酒品牌创始人。

3　即“凯歌夫人”，她把夫家的姓氏和自己的姓氏并列在酒标（Veuve Clicquot Ponsardin）上，既以克利奎特家遗孀身份执掌家族企业，亦保留了娘家姓氏，表明自己是个独立女性。精明能干的妮可一手打造了凯歌香槟帝国。

世纪），后者是一位寡妇，不但声名远扬，而且颇富传奇色彩；杰出的女科学家，比如意大利数学家玛丽亚·加埃塔纳·阿格内斯（María Gaetana Agnesi），于1748年发表了迄今为止所问世的最优秀的微分计算论文；还有满怀热情的女冒险家，比如征服者门西亚·卡尔德隆（Mencía Calderón），她于16世纪指挥了一次前往巴拉圭的远征。她们从事奇怪的工作，在18世纪的法国甚至还有一位女刽子手，她在从业数年后被揭穿了性别，因此被关进监狱，服刑10个月。

在被集体遗忘的平淡无奇之下，隐藏着传奇女性们五彩斑斓的风景，有些令人敬仰，有些却声名狼藉。但她们的共同点在于一种背叛、一种逃离、一种征服。她们背叛了社会寄予的期望，逃离了女性局限的命运，赢得了个人自由。必须注意到的是，数千年以来，在大多数情况下，身为女性就意味着没有受教育的机会，甚至没有最基本的行动自由，比如独自上街或独自旅行。《讲述女性的生平》（*Telling Women's Lives*）一书的作者琳达·瓦格纳尔-马丁（Linda Wagner-Martin）曾写下这样的智慧之语："女性必须克服巨大的障碍才能取得少许的成绩，而这一事实并没有使她们能与唐纳德·特朗普或纳尔逊·洛克菲勒相提并论。"然而，即便是在相同的背景下，每位女性的人生都是如此丰富、如此不同，正如所有人的人生。在深层次的本质上，男人和女人，我们拥有相同的人性。

我一直对传记、自传、书信集和日记集抱有浓厚的兴趣，无论是男性还是女性，尤其当主人公是文学领域的人物的时候。正是出于一直以来的热情，才有了本书所收集的一系列文章。这16位女性的速写，它们曾陆续发表于西班牙《国家报》周末副刊。因为不再受到版面的限制，几乎所有文章在本书中都有所扩展。

当然，这并不是一项学术工作，甚至也不是传统意义或字面意义上的新闻工作。因此，不管是从地理上、时间上还是从职业上，我没有涵盖所有领域的意图。也就是说，我选择这些人物不是为了以她们代表女性在不同历史时代的境遇，也不是为了在不同文化和国家之间取得适当的平衡，她们甚至并不是历史上最有名的女性。坦白来讲，与其说我选择了这些主角，倒不如说是她们选择了我。我讲述的那些女性都曾在某个时刻向我倾诉。她们的传记或日记中有某些东西特别打动过我，让我反思，随着她们一起经历，一起感受。因此，本书采用的并非新闻和学术专用的横向、有秩序的视角，而是反其道而行之，采用了一种垂直、无序的视角。通过这种特殊的浏览方式，某一个夜里入睡之前，某一天黄昏开车回家的路上，我们会在某一瞬间突然隐约窥探到生活的本质以及混乱的核心。

为什么只谈论女性？正如前面提到，这是缘于打破平静的水面，从深海中打捞出无数令人惊奇的生物所带来的那种感觉。此外，阅读女性的传记和日记，你会发现，原本无可置疑的社会观点突然充满疑问，仿佛有血有肉的男人和女人所构成的现实生活和日常生活偏离了官方生活的航线，而文献中的记录则带着深深的偏见。以年长的女人与年轻男人之间的爱情这个主题为例：很长一段时间内，人们认为这是一种不寻常的丑闻，在很大程度上直到今天也依然如此。这都被视为一种完全偏离正常的特例。然而，无须过深潜入那些女性先辈的生活，就会发现这种情况之多令人惊讶。

只需举出几个例子。我们记得阿加莎·克里斯蒂（Agatha Christie）的第二任丈夫是马科斯·马洛文（Max Mallowan），一位比她年轻 15 岁的考古学家，他们共同生活了 45 年，直到她去世。乔治·艾略特在 61 岁时跟约翰·科洛斯（John Cross）结婚，后者小她 20 岁。乔治·桑跟比她小 14 岁的雕刻家亚历山大·芒索（Alexandre Manceau）有过一场轰轰烈烈的爱情，持续了 15 年，直到这个男人去世。几年后，她 61 岁时，又跟 40 岁的画家查尔斯·马查尔（Charles Marchal）展开了一段短暂而热烈的性关系。“布鲁姆斯伯里团体”[1] 的保护人奥托琳·莫雷尔夫人（Lady Ottoline Morrell）在 50 岁出头的时候享受了一段最美好、最热烈的爱情：她爱上了一位 20 岁的园丁，并称呼他为“老虎”。西蒙娜·德·波伏瓦（Simone de Beauvoir）与记者克罗德·朗兹曼（Claude Lanzmann）维持了一段长达 7 年的爱情，他比她小很多，而且他并非唯一一个比她小的情人。还有著名的居里夫人，两次诺贝尔奖的获奖者，与科学家保罗·朗之万（Paul Langevin）有过一段不符合常情的恋情——他虽然只比她小 6 岁，却是已婚人士，这一点使丑闻升级。甚至循规蹈矩的埃莉诺·罗斯福（Eleanor Roosevelt），美国总统富兰克林·德拉诺·罗斯福（Franklin Delano Roosevelt）的妻子，也有一个比她小 12 岁的情人米勒（Miller）。那是她生命中最大的秘密，他们是如此相互依恋，34 年间，米勒每天给埃莉诺写一封信。

我想说的是，女性作为人类的一半，在数千年中往往是一种隐形的存在，正如与年轻男性的恋情总是被隐藏，或者“女书”这种秘密的语言那样，而且她们在很大程度上是被忘却的存在。然而这种存在远远超越了偏见和刻板印象，她们虽被禁锢于社会枷锁之中，生命却绚丽丰富。总之，我希望通过本书向这片黑暗投下匆匆一瞥，因为它们还未被写入历史的历史。要抢救这些记忆，只能竖起耳朵，倾听女性的窃窃私语。

1　布鲁姆斯伯里团体（The Bloomsbury Group），是 20 世纪初英国一些知识分子的小团体。他们聚集在大英博物馆附近地区，每周在自家花园里集会，因其自成体系的审美在当时的英国独树一帜。

AGATHA CHRISTIE

la eterna fugitiva

阿加莎·克里斯蒂

永远的逃亡者

COME,
TELL ME
HOW
YOU LIVE

照片中，阿加莎·克里斯蒂从不露齿大笑。她的牙不好，而且她对自己的外貌一向很有自知之明。确切地说，她对一切事物的外表都很关心。她需要的世界是一个冷静、精确、和煦、井井有条的地方。然而无论我们如何试图让现实顺从自己的愿望，它总是混乱的，天然趋于杂乱无章。从 40 岁开始，阿加莎体重暴增，变成了一个丰乳肥臀、体形壮硕的中年妇女。此前她一直纤瘦，她在所有的自传性文字中不厌其烦地重复这一点，就像某人提到一个近乎奇迹的事实，一个其他人都无法相信的事实，甚至也许连她自己都不信。而突如其来、无可挽回的肉体肥胖使她的后半生幽闭于一具庞大的躯体，这一点也许加剧了她内心的灾难意识。事实上，阿加莎·克里斯蒂的一生是一次对抗黑暗的漫长逃亡，一场与混乱的隐秘战斗。

她出生于 1890 年，属于不得不超越维多利亚时代遗产、第一次面对帝国衰败的那一代英国人。维多利亚主义构建了一种错觉：这个世界如铅桶般稳定、明确，一切都在该在的地方，一切自有其原因，现实是可以被完完全全理解的，美和规律是可对照的。这种精确性的幻梦在 19 世纪末变得支离破碎。达尔文解释说，我们如今的模样并非神的预言所创造的，只是因为在进化过程中出现了偶然和无缘无故的飞跃。人类发现了细菌，一种不可见却四处传播的有害微粒，这样一来，疾病不再是上帝的惩罚或上帝存在的证明，而成了运气问题。更有甚者，就在这样的不安和动荡之中，1905 年爱因斯坦提出了相对论，声称连时间和空间都是不可靠的。20 世纪的到来席卷一切而又不可抗拒，裹挟着所有的恐怖、无序以及战争。维多利亚主义那静止不动的巨大架构随着“泰坦尼克号”在海上的垂死喘息而轰然沉没。

维多利亚时代的继承者们急于证明这场海难，比如，布鲁姆斯伯里团体的作家们［弗吉尼亚·伍尔夫（Virginia Woolf）、里顿·斯特雷奇（Lytton Strachey），等等］在创作各自的作品时接受了存在的无序和碎片化，由此文学也进入了 20 世纪。相反，阿加莎虽然也属于同一代作家，比弗吉尼亚小 8 岁，却终其一生都在与混乱对抗。她试图无视混乱，恢复此前那个井然有序、规则明确的世界，那个完美无缺的童年世界。所以，她的侦探作品（79 部小说，19 部戏剧）都是可以清楚解释的闭环世界，是数学游戏，不但能放松头脑，也能宽慰心灵。这是一个可预见的宇宙，在这里，善与恶都占据着各自既定的位置。

那么，在一艘即将沉没的船上，人们为何还执着于填补漏洞？为何无力承受对深渊，哪怕是最隐约的窥探？有谁知道是什么让我们每个人成为各自的自己？是性格遗传，还是早年的变故？阿加莎是家中幼女，父亲是一位极富魅力的花花公子，他尽情挥霍自己的年金，去世时没有给家庭留下分文。那时阿加莎只有 11 岁，从那时开始，她就不得不负责照顾母亲。于是在如此幼小的年纪，这位未来的作家就开始面对丧父、破产的苦难，以及一个占有欲强、抑郁的母亲那令人窒息的爱。黑暗之魔就是从那时开始探出魔爪的。

阿加莎对自己内心的妖魔十分了解，她终生都在试图逃离这个迫害者。她在自传中非常准确地讲述过童年的一个可怕回忆：那是在法国度假期间，她在某个夏日外出散步，那时阿加莎五六岁。一个非常和蔼的导游为了送她礼物，抓住了一只美丽的蝴蝶，然后用别针穿过蝴蝶，钉在小女孩的草帽上作为装饰。这几个小时是她童年中一段无比漫长的时间：人们在田野间散步，而蝴蝶在帽檐上绝望地扑扇翅膀，垂死挣扎。阿加莎吓得不知所措，既哭不出来，也说不出话：她不得不极力忍受着蝴蝶所受的疯狂折磨。这种沉默，这种面对恐惧的无力感，多年后再次吞噬了她，那就是她生命中著名的也是标志性的一个片段：失踪。

在第一次世界大战中，阿加莎嫁给了阿尔齐·克里斯蒂（Archie Christie），一位体魄强健的空军飞行员。他极富魅力，却并不成熟，甚至还十分愚蠢。阿尔齐赋予了她“克里斯蒂”这一姓氏（阿加莎本姓米勒），也是她唯一的女儿罗萨琳的父亲。数年间，他们的生活青春洋溢又激情四射。阿加莎热爱冒险，乐意把年幼的女儿留给外婆照顾，自己则同丈夫离开一整年，环游世界。她这个游泳健将，曾在加拿大富含硫元素的水中游泳，也曾在夏威夷沉重的木板上冲浪。她的第一部小说《斯泰尔斯庄园奇案》出版于 1920 年，以波洛为主角，获得了巨大的成功。此时，世界看上去是一个完美的地方。

然而彼时，迫害者已近在咫尺。阿加莎跟丈夫的关系开始恶化，他只对打高尔夫球感兴趣。阿加莎总是努力成为理想的妻子以及理想的女儿，理想的邻居。（前面已经说过，对她来说，世界必须是一个舒适并且令人愉悦的所在。）她为了陪伴丈夫而学习了高尔夫球，但内心却感到无聊至极。无论如何，她从未主动结束这段关系：在那个时代，人们不会这样做，她更不会。在黑暗面前，她宁愿闭上眼睛，宁愿用想象来替代不喜欢的事物，习惯对自己假装。比如，只要紧闭双唇，人们就看不到她的坏牙，而只要看不到，就相当于不存在。

灾难始于阿加莎母亲的去世。克拉拉，占有欲极强的克拉拉，突然去世了。万分沮丧的女作家赶回家族的庄园料理后事，毫无疑问，她在那里陷入了混乱。童年时居住的宅院，如今却荒芜、破败，天花板摇摇欲坠，房间紧闭，厅堂塞满了逝者使用过的落满灰尘的家具和杂物。自私的阿尔齐对任何麻烦都避之不及，于是他搬去伦敦的俱乐部居住，直到几个月之后才再次露面，仅仅是为了宣布他爱上了一个叫南希·尼尔小姐的高尔夫球友。他要求跟阿加莎分开，这是压垮她的最后一根稻草。

阿加莎是在 1926 年 12 月 3 日夜里失踪的。11 点左右她开着自己的车离开了老旧的家族庄园，几个小时后，车子被发现就停在离家不远的一个路堤上。车门敞开，阿加莎的大衣和行李都还在车里，她本人却像被大地吞没了一样。那时她已经是著名作家，所以这次失踪引发了各种猜测：有人说她已经死了（或者被谋杀了），也有人说她跟一个男人私奔了，还有很多人认为，这不过是一种宣传手段，或是女作家一个夸张的玩笑——以亲自实践的方式来证明小说中不留痕迹的消失是可行的。

11 天后，也就是 12 月 14 日，人们在哈罗盖特的水疗酒店找到了她，那是一家非常高档的温泉酒店。正值晚餐时间，当阿加莎从房间下来去往餐厅的时候，接到警方通知的阿尔齐来到了她身边。女作家望着他，就像看着门卫，认不出他的脸，但欣然准许他陪伴自己到餐桌用餐。她完全失去了记忆，也逃离了自身。她在那个酒店住了十天，泡温泉，跟其他住客一起打牌，评论失踪女作家的离奇案件。她入住时使用的是特蕾莎·尼尔这个忧伤的名字，跟她的情敌同姓，而且因为没有收到任何信件，她感到焦虑不安，于是在12月11日的《泰晤士报》上刊登了一条广告："特蕾莎·尼尔的亲朋好友们，请联系她，哈罗盖特温泉酒店。"当然，她没有收到任何回复。

这件事一定令她感到深深的恐惧，厚厚的自传中没有出现关于这一插曲的任何内容，也从未提过南希·尼尔。事实上，终其一生，她都从未在公开场合谈起过自己这次奇怪的遗忘症。她接受了精神方面的治疗，并随着时间的流逝，逐步重建事情的经过，但似乎始终没能完全恢复那些天的记忆。克里斯蒂的书中从不留下任何有待厘清的线索、尚需串联的环节，或未及嵌套的部件。然而无论她如何努力，无论她如何试图用这些文学的魔咒来保护自己免于厄运，现实生活中却无疑出现了一块缺失、一个瑕疵、一条裂缝。她总是不得不在自己的内心拖拽着那些没有记忆的时刻，那保存着恐惧和疯狂的黑洞。所谓"疯狂"或许只是他人的误解，又也许只是对于"不存在"的尖锐恐惧，是对世界，对自己的不理解。

在阿加莎以玛丽·维斯特麦考特为笔名创作的六部"严肃"作品中，曾暗示性地出现这种令人不安的直觉——现实是不连贯的。那是一些没有侦探情节的情感小说，风格平实，不事雕琢，但女作家认为这些是自己最好的作品。阿加莎最偏爱的作品《幸福假面》(*Absent in the Spring*)，讲述的正是一位循规蹈矩、看似幸福的资产阶级女性所遭遇的危机。她突然明白自己的存在并非自认为的那样。也就是说，她突然发现了世界的缝隙，现实被撕裂的伤口。那正是阿加莎执意要去修补的。

不但要修补，而且要隐藏。阿加莎终其一生都在隐藏着什么，掩饰缺点、改变品行，把自己塑造成为一个令人感动的、想象中的人物。事实上，她是一个出色的演员，一个敏锐的说谎家。比如，她装出一副沉着的样子，似乎完全掌控着自己的生命，甚至假装漠然、冷淡，而实际上，她的内心充满了火焰和恐惧。表面上她对于自己的文学创作毫不在意，只是将其视为一种适当的消遣，然而她其实是一位具有强烈使命感的女作家，而且在后期非常激烈地捍卫自己的作品。她练出没有牙齿的微笑，而且从 63 岁开始努力阻止人们为她拍照，因为看到自己那时的样子让她感到不安。容颜易变，日渐衰老，她再也不是在宣传照中树立的那个尊贵、优雅、永恒不变的形象。全世界都认为她是一位正派而且乐于助人的女士，然而事实上她一生都致力于发明谋杀他人的方法。她的小说都是这样酝酿的：先想象出一种新的谋杀方式，一场完美的犯罪。

阿加莎是如此执着而又擅长建立各种不同的伪装，以至于很可能骗过了自己，当然也蒙蔽了她的传记作者们。比如，珍妮特·摩根（Janet Morgan）写了一部关于克里斯蒂的优秀作品，说她并不是一个知识分子，而是一位保守的乡土女士。虽然直到 80 岁阿加莎还在阅读，而且对一些人发表尖锐的评论，比如马尔库塞（Herbert Marcuse）、乔姆斯基（Avram Noam Chomsky）、弗洛伊德、荣格（Carl Gustav Jung）、帕特里克·摩尔（Patrick Moore）、维特根斯坦（Ludwig Josef Johann Wittgenstein）或邓恩（John William Dunne）。用这两个形容词来定义一位富于冒险精神的女性显得相当不合适。她热爱旅行而且经常旅行，可以在叙利亚沙漠的帐篷中住上几个月，也能够跟比自己小 15 岁的男人缔结第二次婚姻。而且在那个时代和那样的社会环境中，这些行为需要付出昂贵的代价。由于离婚和再婚这一不寻常的状况，阿加莎无法带着女儿出现在宫廷。年轻的罗萨琳只能由更加“体面”的朋友带着出席她的第一次宫廷舞会，而克里斯蒂只能留在家里。作为报复，她构思着一部关于几位少女初入社交圈、参加舞会，而“她们的母亲一个接一个暴亡”的小说。

不过，阿加莎丝毫无须伪装的是对生活的热爱、激情和那令人愉快的感受幸福的能力。只要读一读《说吧，叙利亚》（*Come，Tell Me How You Live*）这本非常优美的自传体小书，就能够欣赏到这位女作家的本性，看到血液如何在她的血管中流淌，日常生活中的事物如何成为真正的乐趣。这本书是克里斯蒂在第二次世界大战期间写的，当时她非常思念不在身边的丈夫，于是通过文字重现了20世纪30年代她跟丈夫马科斯·马洛文（Max Mallowan）在叙利亚的考古探索。这本书实际上是一种爱的见证，她对生活的爱和对马科斯的爱。他们结婚时，她40岁，而他只有25岁，45年后，死亡才将她从他身边带走。或许，富有想象力而且总是有备而来的阿加莎美化了她和马科斯的生活，添加了实际并不存在的高光，但即便是谨慎地淡化这段感情的浓烈程度，我们也必须承认，这场婚姻是她生命中最大的成就之一：一段充满了幽默、默契和冒险的关系。也许是为了表现对妻子的爱，考古学家马洛文衰老得十分迅速：他的身体急剧恶化，并未比他的妻子多活几年（虽然在此期间他再婚了）。

《说吧，叙利亚》这本书里的阿加莎·克里斯蒂是我最喜欢的：古怪、贪吃、快乐。在考古挖掘现场，她坐在拐杖椅上，一身高级的碎花丝绸套装紧紧裹住肥胖的身体，在沙漠中显得很不协调。但毫无疑问，正是这个阿加莎，为了买浴缸而穿着大衣、戴着帽子钻进商店橱窗陈列的浴缸里，因为这种东西必须事先体验。还是同一个阿加莎，跟她那位快乐而享受生活的父亲一样挥霍钱财，甚至因此陷入严重的经济困境。总之，就是这个女人，早上8点坐在土耳其边境一个开满黄色小花的山丘上，专注地欣赏着地平线处蓝色的群山。15年后回忆起那个情景时，她写道："那是活着令人愉悦的时刻之一。"阿加莎属于那一类人，他们知道"活着"的真正意义就在于这样的时刻。

阿加莎·克里斯蒂从1950年开始写丰富而有趣的自传，那时她60岁，正在尼姆鲁德（伊拉克）的考古挖掘现场陪伴丈夫，15年后，她在位于沃灵福德的家中完成自传。在饱含深情的后记中，她说结束自己的回忆录是因为"此刻，到了75岁的年纪，似乎已经是时候停止了。关于人生，这就是需要讲述的全部。"阿加莎曾非常近距离地忍受祖母暮年时的种种乖戾行为，所以很害怕自己有类似的结局。她在后记中写道："可能我会活到93岁，会耳聋到让全世界疯掉……会跟某位耐心的护士激烈争吵，控诉她要毒死我……会给我不幸的家庭带来无休止的烦恼。"事实上她活到了85岁，最后一部小说发表于去世前一年半，但编辑们不得不对其进行了大幅度的润色。在最后的几个月中，她对自己的诅咒应验了：她逐渐失去了理智，说胡话，一缕一缕地剪掉自己曾经非常引以为傲的头发，剪得乱七八糟。她不肯接受任何护士的看护，年迈的马科斯只得常年坐在她身边的椅子上。为了保持对生命的控制，她一直都在如此努力地斗争，奋力逃离内心的恐惧和黑暗，最终还是没有逃脱迫害者的魔爪。也许我们每个人内心都住着一个自我迫害者，而且也许终究会抓住我们。也许明白这一点而不感到害怕，就是生命的秘密。

MARY WOLLSTONECRAFT

ardiente soledad

玛丽·沃斯通克拉夫特

炙热的孤独

在西班牙，玛丽·沃斯通克拉夫特的确是个十分陌生的名字，然而她是现代世界的伟大人物之一。在盎格鲁－撒克逊区域，长达一个半世纪中，玛丽一直受到贬低和嘲弄。今天，虽然新近编纂的历史抢救出了对她的记忆，但人们主要还是把她作为《弗兰肯斯坦》的作者玛丽·雪莱（Mary Shelley）的母亲来纪念。

考虑到她不但取得了巨大的成就，而且极富人格魅力，这样被世人忽略实在令人惊讶。我们谈论的是一个18世纪的女人，她能作为一名独立的职业作家在伦敦安身立命，在那个时代是极其罕见的。她发表过短篇小说、长篇小说和散文，其中一部题为《维护女性权利》的作品（1792年）奠定了现代女性主义的基础，也使玛丽·沃斯通克拉夫特成为当时欧洲最有名的女人。在法国大革命期间，她孤身一人来到巴黎，在那里度过了令人痛苦的恐怖年代，更准确地说是“幸存”，因为几乎她所有朋友都被送上了断头台。此外，她跟一个北美冒险家生下了一个女儿，后来又跟英国作家威廉·戈德温（William Godwin）生下了另一个女儿（也就是后来的玛丽·雪莱），并最终跟威廉·戈德温结了婚。这种生活在当时是完全违反常规的，她不得不为此付出高昂的代价。

玛丽是一位激进的民主主义者，是那个时代的完美产物。在光辉闪耀又轰轰烈烈的18世纪，像她一样的改革者有很多——为争取普选权、个人权利、个人自由而斗争的男人们。在今天，这些概念无疑是基本的，无须讨论，在那时却是革命性的。然而，当这些进步绅士为所有人争取选举权时，这个“所有人”指的是所有男人；当他们谈论“个人权利”时，考虑的只是所有男性的权利；当他们提及自由时，则完全排除了女性的自由。

站在今天的角度，我们很难想象这样一个不公正的、从知识水平层面来讲完全不协调的世界，但当时的现实就是如此残忍。强加于女性的奴役，以及因偏见而造成的盲目，甚至连最智慧的头脑也不能幸免。比如哲学家洛克（John Locke）提出“人生而自由”，却坚持认为不管是动物还是女性都不享有这种自由，而必须从属于男性。卢梭（Rousseau）称：“一个智慧的女性是对她的丈夫、她的儿女，甚至对所有人的惩罚。”而康德（Kant）说：“如果一个女人在繁重的学习和艰苦的思考上取得成就，就破坏了这个性别本身的优点。”

就连那个时代最熠熠生辉、最新潮的思想家们都说出这种愚蠢言论，可以推想，对于像玛丽·沃斯通克拉夫特一样的女性而言，当时的总体环境无疑是令人窒息的。上天赋予她们极高的智慧以及足够的叛逆和勇气，来察觉自身因性别而遭遇的不公。但是没有人，或者说几乎没有人，关注她们。很少有女性有能力这样思考，在她们之中，西班牙人何塞法·阿马尔–博尔冯（Josefa Amary-Borbón）于1786年发表了《捍卫女性天赋的演说》，但有这种思想的男性更少。当然在这场斗争中，也有一丝不苟的、诚恳的男人，能够将其革命性的分析贯彻到底，比如伟大的法国哲学家孔多塞。

一个女人是如何成为时代先驱的？离开那个时代所谓“正常”的舒适区，坚持如此先进的立场，甚至因为过度领先于时代而处于边缘化，甚至是危险的境地。据我推测，这一过程并非源于一种早早萌发的、明确的历史使命感，而是以一种更加人性、更加平凡的方式逐渐发生的，沿着一条从认知层面上来讲不被承认的差异之路上渐行渐远。生命中，只有两样东西是真正不可逆转的：死亡和知识。已经了解的事物不可能重新变回未知，无知不可能被消除两次。玛丽逐渐明白了什么是不公正，不得不逐渐采取行动。

玛丽·沃斯通克拉夫特于1759年出生于伦敦，是一位织工的女儿。这位织工继承了丰厚的遗产，却因酷爱马和酒而将财富挥霍一空。令人惊讶的是，事实证明，很多作家在童年时都经历过经济和社会地位上的家道中落。玛丽从小就经常被迫保护母亲，使她免受醉酒父亲的棍棒，不过这应该并不是她女性主义思想的发端，因为这种暴行在那个时代是相当常见的。我猜测，对她影响更大的是对于知识的渴望以及她的聪慧。身为女孩，玛丽只在社区一所极差的学校里短暂地学习了一段时间，几乎连读和写都没学会，她愚笨的兄弟尼德却在一所很好的学校接受了完整的教育。

早期遭受的这种对比鲜明的侮辱一定灼痛了玛丽的心，这是社会不公正的一个明显例子。正因如此，玛丽在她的文章中一次又一次捍卫女童享有受教育的权利，同时强调女性缺乏职业选择的无助。一个中等阶层的正派女子只能成为保姆兼家庭教师、贵妇人的女伴或学校老师（也只是为女童维持最低水平的教育）。从18岁到29岁，玛丽一直在从事这三种艰难而痛苦的工作（之后她以写作为生），努力养活自己和姐妹们，但难免常常陷入经济上的窘境。尽管经历各种困难，玛丽并没有放弃她的求知热望。在这方面，她有幸可以利用那个时代的新事物，其中就包括变得易得且廉价的书籍。因此，虽然女性被排除在教育之外，知识却无法被剥夺。通过印刷的文字，整个世界都向她们敞开。玛丽·沃斯通克拉夫特就是这样完成了自我教育。

与此同时，18 世纪葬送了古老的封建制结构，那是一个等级制度不可撼动的世界，是由上帝创造的亘古不变的世界。个人主义的概念也出现了，这一概念与我们此刻理解的并无二致。在玛丽生活的英格兰，急剧的变化令人头晕目眩。比如，处决罪犯不再是公开的，又如，伦敦出现了第一批分桌就餐的餐厅。人们不再按照传统习惯使用拼接的平板同桌用餐，乱成一团。英国思想家塞缪尔·约翰逊（Samuel Johnson）的传记作者博斯韦尔（Boswell）对类似的革新抱怨说："很多人认为，这种晚餐的方式，或者更准确地说被喂食的方式……是极其反社会的，因为每一个人都在自己的餐桌上吃饭，而没有与任何人交谈的义务。"要知道，中世纪的世界是混居的、杂乱的：人们在公众场合吃饭，与陌生人共享餐桌；人们在公众场合死去，处决犯人是对民众的警示；人们在公共场合睡觉，因为客栈里每个房间住 10 个人。而 18 世纪则恰恰相反，现代生活的极端孤独开始出现，但同时个人主义也带来了好处：人权及民主推动力。

此外，社会等级也在迅速演变。现在不再必须出身高贵，自身的功绩便可以使你到达社会顶层。中层阶级地位上升，境况改善，这又营造了一种乐观氛围，也许正是从这种氛围中诞生了进步主义的理论，即认为人类正以永不停止的方式逐渐进步。那个时代狂热的改革家们对此深信不疑，而且认为人类所有的不幸——饥饿、暴力、战争，甚至疾病和死亡，终有一天将被战胜。世界的壁垒已经倒塌，对于人类而言，似乎一切美好都触手可及，而沃斯通克拉夫特所做的就是要求女性的手也有权利参与分享所有这些荣耀。

玛丽的个人演变是缓慢而痛苦的。一开始，她加入了“不同政见派”，这是一个民主派团体而非女性主义团体。在创作出令她一举成名的《维护女性权利》之前，她发表过另一本政治性小册子，题为《维护人类的权利》，支持法国大革命的思想，反抗英国保守分子的攻击，尤其是埃德蒙·伯克[1]（Edmund Burke）。玛丽成为女性主义者纯粹是将理性应用于现实，因为正如孔多塞所说：所谓自由，要么是为所有人共享，要么是谁都没有的。在此我没有足够的篇幅去一一描述玛丽为她特立独行的生活所不得不付出的昂贵代价：误解、争议和社会审查。一切对她来说都很艰难：受教育、独立、正当的谋生方式、爱，甚至写作。发疯倒成了唯一能够轻而易举做到的事。因此，她是一个易怒、忧伤的女人，对此我们不应该感到奇怪。

她的心像熔化的铅一样炙热，她的激情可能导致毁灭性的结果。然而，在那个时代，清教主义仍占主导地位。作为一个清教思想培育出来的年轻女子，在很长一段时间内，她认为性是肮脏的，因此将最初的恋情变成了纯粹的柏拉图式幻想。直到33岁只身前往革命中的法国时，她可能还是个处女，而且对生活充满渴望。

沃斯通克拉夫特于1792年12月底来到巴黎。1793年1月，路易十六

1　埃德蒙·伯克（Edmund Burke，1729—1797），爱尔兰政治家、作家、演说家、政治理论家和哲学家。他批判法国大革命，常被视为英美保守主义的奠基者。

被送上断头台，9 月，恐怖统治开始了。在大革命最初几年的陶醉之中，一大批女性以为《人权宣言》也包含了她们。社会辩论此起彼伏，女性俱乐部遍地开花，各种宣言层出不穷。然而，罗伯斯庇尔的独裁终结了这一片民主和人权的繁花。

在克莱尔·托马林（Claire Tomalin）撰写的关于沃斯通克拉夫特的宏大传记中，很容易发现那一时期的巴黎如何成就一个生命和一个时代的高光时刻，因为玛丽的一生都与那个时代的沉浮密切相连。就这样，在法国，沃斯通克拉夫特摆脱了最后的偏见，深陷情网。她投入了一个 39 岁的北美冒险家的怀抱。吉尔伯特·伊姆利（Gilbert Imlay）英俊、开朗、懂得生活，同时也善变、轻浮，是那种在越动荡的历史时刻越耀眼的人。跟他在一起，玛丽发现了肉体的火焰，并立刻怀孕了。

她逃离了恐怖，躲在纳伊，并在那里度过了 3 个月的蜜月期，享受完美的爱情。而彼时的巴黎，女性俱乐部被禁止，她的朋友们纷纷人头落地。女性主义者奥兰普·德·古热（Olympe de Gouges）和玛侬·罗兰[1]（Manon Roland）被送上了断头台。后者在登上断头台时，留下了名言：“自由，多少罪恶假汝之名。”被罗伯斯庇尔判处死刑的孔多塞藏身于一个简陋的公寓，继续撰写关于女性权利的作品，直至被发现，遭到逮捕。他宁可在入狱的第一个晚上服毒自尽，也不愿接受在断头台上被公开羞辱的结局。这一切让玛丽感到痛苦，但伊姆利的怀抱实在太过甜蜜：在鲜血与恐怖中，她是幸福的。她周围的整个世界都被倾覆之际，她孕育着新生命漫步于纳伊的田野，独自一人开心地在废弃的凡尔赛宫

---

1 即著名的“罗兰夫人”（1754—1793），法国大革命时期的政治家，吉伦特党领导人之一。她既不是议员，也从未担任过任何公职，但被巴黎政界尊称为“吉伦特的无冕女王”。

游荡，那些落满灰尘的大厅仿佛充满了幽灵。

然而，伊姆利的爱是如此短暂而空洞，所谓“本性难移”，因此当玛丽分娩时，他已经厌倦了。他去了英国，跟一个女演员同居。一往情深却被辜负，这让沃斯通克拉夫特变得病态。她追到伦敦，对他哭泣，苦苦哀求，还两次试图自杀——一次吞鸦片，另一次跳进泰晤士河。伊姆利最终对她说：“你在折磨我。”的确，玛丽对他的偏执变得令人难以忍受，但是应该理解，在那个时代，玛丽迈出的这一步对她来说意味着什么：她已经成了一个“失足女”。女性的命运既艰难又狭窄。在谈到新出世的女儿范妮时，玛丽从瑞典写信说：“一想到她将因为自己的性别受到压迫，我就感到痛苦。”母亲的恐惧最终变成了现实，范妮在22岁的时候吞食鸦片自杀了。

然而，突兀的结局已经近在咫尺。随着时间流逝，被伊姆利抛弃所带来的痛苦和羞耻感逐渐淡化。37岁那年，玛丽同她的朋友威廉·戈德温开始了一段感情。他跟她一样，是一位民主派作家。很快她又怀孕了，两人结了婚，但仍然分开居住。1797年8月底，未来的《弗兰肯斯坦》的女作者出生了。10天后，玛丽·沃斯通克拉夫特死于感染，终年38岁。

她死后，戈德温因痛苦而失去了理性。他发表了妻子的所有作品，包括她写给伊姆利的信。他的本意是以这样的方式向妻子致敬，然而此时的世界已经刮起了反动之风，保守分子企图利用玛丽生活的“越轨之举”（她的自杀企图、她“罪孽深重”的性关系）抹去人们对她的记忆。他们将她妖魔化，嘲笑她，否定她作品的意义。在一个半世纪中，他们成功地为她塑造了一个广为流传的错误形象：一个疯子，一个不祥的女人，一个荡妇，一个女性主义者。女性主义者都是不道德的、不幸的、疯狂的。

去世前玛丽正在写她的第二部小说《玛丽亚或女人的错误》(*The Wrongs of Women*)，讲述的是一个女人的恐怖遭遇：丈夫为了摆脱她，将她关在一所疯人院里。这种情况似乎在那个时代的英国相当普遍：已婚女人是丈夫的私有财产，不享有任何权利。小说的开头隐晦地批评了当时流行的哥特式小说，她说，充满了幽灵的城堡也远不如主人公所处的“绝望宅邸”恐怖，所谓“绝望宅邸”指的就是生命本身的可怕。讽刺的是，不到20年后，她的女儿玛丽将写作一部哥特式小说，正如很多激怒她的作品一样。但《弗兰肯斯坦》是一部很美的小说，在那个痛苦的怪物身上，有人看到受奴役的女性的影子。“如果人类鄙视我，我还必须尊重他们吗？”这位怪物问道，“无论在哪里见到幸福，我都不可改变地被排除在外。”这种被排除感正是19世纪被社会陈规和偏见所钳制的女性在生活中共同经历的，她们不可能获得一个完整的自我存在。迟至100年之后，欧洲人才允许女性进入大学，而女性的选举权直到进入20世纪很多年以后才在欧洲得到承认，西班牙是在共和国时期，法国是在1945年。玛丽·雪莱笔下那个令人感动的怪物只期望得到与人类相同的、人性的对待，然而没有人理解他，最后他在北极无垠的孤独中死去，成为自身火焰的祭品——和玛丽·沃斯通克拉夫特一样，在不被理解的冰冷海洋中燃烧着理性和激情。

ZENOBIA CAMPRUBÍ

la vida mortífera

赛诺维娅·坎普鲁维

致命的生活

有的人把任何情感都称为爱，比如对他人病态的需要，而这是最残酷、最具破坏性的寄生。毫无疑问，1956 年的诺贝尔奖获得者、作家胡安·拉蒙·希梅内斯（Juan Ramón Jiménez）就是以一种令人难以忍受的、不可描述的方式需要着他的妻子赛诺维娅·坎普鲁维，但这并不一定意味着他很爱她。一个如此魔鬼般地以自我为中心的人有能力爱别人吗？然而，一些勤奋的胡安·拉蒙研究者多年来坚持不懈地构建着他们夫妻恩爱的海市蜃楼，为这对“完美夫妇”编织彩虹般的谎言。于是在数十年中，关于这桩“模范婚姻”以及“他们保持得如此美好的关系”，人们写下了大量的文字。直到 1991 年，格拉谢拉·帕劳·德·内梅斯（Graciela Palau de Nemes）编辑并出版了赛诺维娅日记的第一部分。奇怪的是，帕劳教授在前言中仍试图挽救一些无可挽救的事物：一个玫瑰色的爱情故事。也许她没有注意到，自己发掘出来的材料无异于一个炸弹。这是一本悲伤而可怕的书，对人类病态细致而无意识的研究。这桩婚姻既如同一场毁灭，又仿佛邪恶的陷阱。

作为开始，我们先介绍一下：赛诺维娅于1887年出生于布拉瓦海岸，是一位富有的波多黎各女人和一位加泰罗尼亚道路工程师的女儿，简而言之，出身很好。她的母语是英语，也会说法语，年少时曾在美国待过几年，当她于1909年回到西班牙时，人们都叫她“美国姑娘”，因为她一点也不像当地出生的人。她有文化，活泼、开放，富有现代气息，以一种非常自由的方式信仰上帝，并拥有那个时代典型的服务他人的精神，一种上层社会的开明慈善（我们要记得，那时候社会是极其不平等的）。这种慈善在本质上是负责任的、清醒的，“自由教育学会”[1]的创立就是这一开明慈善的成果。回到西班牙后，赛诺维娅筹办了一所面向农村孩子的学校，并与多个社会福利组织展开合作。

赛诺维娅从母亲那里继承了几笔小额的年金，还从事多项工作贴补家用。流亡期间，她当过语言文学教授，刚开始是在华盛顿附近的一所大学，后来在波多黎各大学。战前，她在马德里拥有一家工艺品商店，为外国人租住的公寓提供精品家具。胡安·拉蒙的收入微薄，而且时断时续。这对夫妇在共同生活的40年中，基本上就是靠赛诺维娅的年金和薪水维持生计。在日记中，赛诺维娅多次苦涩地哀叹丈夫在经济方面显而易见的无能，他们经历了多次经济困境。但是相较于这段关系总体的灾难性，相较于日常生活中的其他痛苦，胡安·拉蒙在经济上的无能反而显得不那么重要，甚至有点可爱。

众所周知，他是一个病人。19岁时，他第一次进精神病院（那时候叫疯人院）。父亲在睡梦中突然去世，而他则在睡梦中被人摇醒，并

1 “自由教育学会”由弗朗西斯科·西内尔·德·罗斯里奥斯（Francisco Giner de los Ríos）创办于1876年，对西班牙19世纪至20世纪的社会改革产生了根本性影响。

被告知这个可怕的消息。他无法承受这一切：“父亲突如其来的死亡烙刻于我的灵魂和身体，就像印在一面镜子上，更准确地说，在一块感光底片上。父亲的死对我的伤害就像现实被投射于感光底片上。死亡被刻在我身上，每时每刻我都感觉自己正在死去。”他患上了疑心病，最糟糕的时候，甚至相信自己已经到了临终时刻。他不吃饭、不洗漱、不计划第二天要做什么，因为他认为自己已经死了。他有很多怪癖，比如收集数量惊人的报纸和剪报，而且不肯扔掉；把所有的窗户都关得严严实实，因为他无法忍受气流。

毫无疑问，他备受折磨。对于这一点，他所有的研究者都毫无异议，他们满怀同情，还带着宗教仪式般的虔诚。然而我认为，疯子跟疯子也有不同：有的病人保持尊严、令人感动，他们只伤害自己；有的病人邪恶狠毒，以毁灭他人为代价苟活于世。里尔克（Rainer Maria Rilke）说，我们每个人都只死于自己的死亡，同样的道理，我相信每个人都因自己的疯狂而疯狂。虽然胡安·拉蒙有时表现出宽宏大量的姿态，但他其实是，或者据说是，一个极其自私的人，一个脆弱、苦涩的厌世者，一个残忍而吝啬的男人。他树敌无数［贝尔加明（José Bergamín）、阿尔维蒂（Rafael Alberti）、纪廉（Jorge Guillén）、聂鲁达（Pablo Neruda）、佩德罗·萨利纳斯（Pedro Salinasy Serrano）］，因为他几乎对全世界都恶语相向。他似乎只对动物和孩子表现出柔情，而我怀疑，这不过是因为从某种意义上来讲，动物和孩子能折射出他自己的幼年，也就是说，他难以欣赏自身之外的事物。路易斯·塞尔努达（Luis Cernuda）写道，他在胡安·拉蒙身上看到了极端明显的双重人格，仿佛《化身博士》中的

“杰科和海德”[1]，而他跟海德先生一样，是一个“毁灭性的生物”。

对于疾病，对于如影随形的死亡的痛苦，以及那种灾难性的不存在感，胡安·拉蒙所做出的反抗就在于他的工作，一种偏执的文学创作。他通过一次又一次的修改和重新梳理，渴望获得某种不可能的东西——一部完整而完美的作品，从而将他从生命的逃亡中拯救出来。胡安·拉蒙用行动对抗“存在”的眩晕，这是一种传统的男性答案；相反，赛诺维娅却以毁灭“自我”的方式来对抗，将自己的人格溶解于丈夫的人格中，这是一个传统的女性答案。

类似的例子很多，但赛诺维娅的自我牺牲格外引人注目，因为这个女人在放弃自我之前具有极大的潜力。她聪明、慷慨、活跃、有文化、开朗，此外还从事写作。她很早就表现出非凡的小说天赋，少女时代就在北美的一家儿童杂志上发表短篇。我读过她 15 岁那年用西班牙语写成的小说《马尔格拉特》(*Malgrat*)。这是一篇非常有力的文字，尤其是相对于她的年龄来说，优秀得令人惊讶。而格蕾西拉·帕劳发表的赛诺维娅的日记既不具备这种力量，也没有任何风格意识。显然，那时赛诺维娅已经放弃了。除了零星的几个句子非常优美，能够让人隐约窥见她的文学才能，比如她描述胡安·拉蒙如何毁掉自己诗歌作品的草稿：“他欣然将纸撕成碎片，就仿佛工人在拆除脚手架。”这部日记是贫瘠的，以公证员般的口吻复述了他们在古巴度过的两年（1937 年至 1939 年）。1936 年 8 月，战争爆发，赛诺维娅带着胡安·拉蒙离开西班牙，“免得他疯掉”。

1 《化身博士》是英国作家罗伯特·路易斯·史蒂文森创作的短篇小说，书中塑造了文学史上首位双重人格形象，后来“杰科和海德”（Jekyll and Hyde）一词成为心理学“双重人格”的代称。

这是一本悲伤的书。赛诺维娅从他们的婚礼纪念日那天开始写日记。那时他们的婚姻已经度过了 21 年，她马上就要 50 岁，而他已经 56 岁了。总而言之，他们之间的关系准则已经完全确立，那是一种完全的和绝对的服从——只要丈夫需要她做什么，赛诺维娅就取消自己所有的计划和约定，为他誊写诗作，或只是陪伴他。跟这样一个充满了死亡阴影、几乎没有能力享受任何事物的男人共同生活，一定是件极其可怕而艰难的事。胡安·拉蒙不但任性，而且花样百出，像得了神经官能症一样，然而赛诺维娅对他百依百顺。因为拮据，他们住在旅店一个寒酸的小房间。胡安·拉蒙堆放的报纸越来越令她窒息，让她几乎发狂："结果服务员每 3 天才能进一次房间，我感觉自己好像住在一个猪圈里，时时刻刻面对着大堆的报纸，我感到恶心。"此外，胡安·拉蒙写作时"无法忍受任何响动，这一点是完全可以理解的"，因此赛诺维娅就在卫生间度过一天又一天。他睡午觉的时候也是如此："胡安·拉蒙睡觉的时候，我只能把自己关在卫生间里。我焦虑不安，因为天气好得出奇。"

她不能出门，不能留下他一个人。所以尽管赛诺维娅的肚子上长了一个脂肪瘤，胡安·拉蒙也不许她去做手术，因为做手术就得住院，而他无法忍受她不在身边，也许他也同样无法忍受她的疾病和她的脆弱。"我最大也是最热切的愿望，就是立刻去最近的诊所，请人做手术摘除我这个烦人的疙瘩，"她在日记中写道，"若不是背负着这么多愚蠢的传统观念，我一定会不计后果地离开，胡安·拉蒙也许只能徒劳地扭曲他的双手。把如此致命的东西强加于他人实在是太可笑了……可是只要胡安·拉蒙在我身边，我永远不会有足够的勇气和决心来解决自己的问题。"事实上，一年年岁月流逝，赛诺维娅依然养着她的肿瘤。

无论如何，古巴日记中最残忍的事，是一拖再拖的美国之行。赛诺维娅的家人都定居在那里，而她已经 21 年没去过美国了（除了流放之初极其短暂的停留），非常渴望去看望他们。一到达古巴，她就开始策划这次旅行：一次又一次确定出发日期、去海运公司咨询价格、预订船票，然而每一次到了约定的日子，赛诺维娅依然还在哈瓦那。胡安·拉蒙的阻挠战略一成不变：先是同意跟她一起去（所以她要找一个适合他怪癖的住处，并为他安排在美国的一切）；接着开始紧张，说最好还是赛诺维娅一个人去（于是她取消与他有关的一切安排，预订自己的船票，将行程缩短至 1 个月）；最后胡安·拉蒙感到她不在身边自己活不下去，所以赛诺维娅退缩了，不走了。这种缓慢的折磨一直持续了一年半，赛诺维娅才终于成行。

关于这趟一波三折的行程，赛诺维娅写下了对胡安·拉蒙最严厉的批评："我的整个家庭和朋友离得如此之近，而我却只能待在这里，我真的不知道如何忍受……如果不是决定独自前往，我会发现跟胡安·拉蒙在一起，自己将会更加备受折磨，因为他从来不肯做我想做的事，而总是要求我做他想做的事。"以及"跟胡安·拉蒙一起去美国意味着无尽的麻烦，我几乎宁愿不去。每次我想做什么，都会遇到重重障碍。我记得，在纽约的短短几天里，我甚至焦急地希望这些日子早点结束。这太可怕了。"还有"白白地为胡安·拉蒙的自私而牺牲自己是毫无意义的。"赛诺维娅在日记中显得十分克制，在谈到自己的不幸福和绝望时，文字都很简短。她从没说过自己哭泣，字里行间却饱含泪水。当然，也有一些美好的时刻，然而正因为罕见，所以显得尤为珍贵。

"如果我能清楚地看到事物，而他看不到，"赛诺维娅写道，"任凭他终结我的存在又有什么意义呢？"这是一个准确而适当的问题。身为受害者，他们有错吗？我认识很多像赛诺维娅一样的女性：既坚强又脆弱的女人。不独立女性的病态正是源于这种模棱两可，而对她实施专制的男人也同样病态地依赖她。在赛诺维娅和胡安·拉蒙的关系中有一个地狱，然而（如此清晰可辨、如此人性化的）魔鬼存在于双方。胡安·拉蒙对她的绝对需要最终禁锢了赛诺维娅："虽然他把我逼疯，但是我还是深爱他。"为他人而选择自我毁灭（尤其当这个人是世界闻名的艺术家），最终可能会变成一种邪恶而致命的快乐。无论如何，这种方式解决了那个令人痛苦的问题——生命该如何度过（或生命究竟是什么）。"我越发渴望能够实现社会价值，但是我很清楚，（想要从事其他工作）我将不得不抛弃胡安·拉蒙，而他此时此刻正需要极大的关注。我很困惑，哪一条才是更好的路。"

最后，她决定继续支持这位"天才"，而且随着时间的流逝，她越来越安于自己的角色（或者说她越来越沉溺于自己的病态？），以至于在他们的晚年，胡安·拉蒙因为极度失常而被送进精神病院，医生们告诉赛诺维娅，她的过分保护对丈夫有着负面影响。赛诺维娅似乎赞同了这一点，并且计划让他单独待一段时间，但一切都是徒劳，她最终从未这样做：那时，两人病态的互相依赖已经过于固化了。

1951 年，赛诺维娅被查出患有子宫癌。她在波士顿成功地接受了手术，但是 1954 年住在波多黎各的时候，癌症又复发了。人们建议她回波士顿去，但当时胡安·拉蒙的情况已经相当不好了，她不想丢下他，所以决定不走，就在波多黎各接受放射治疗。这个治疗是如此错误而粗暴，一个疗程接着一个疗程，让赛诺维娅被慢慢灼伤，直到最后被完全烫毁。1956 年当她最终前往波士顿的时候，医生们被吓坏了：烧伤如此严重，已经无法手术。她被告知只剩下 3 个月的寿命，于是她回到波多黎各，开始安排胡安·拉蒙的生活，整理他的手稿。

在生命最后的几年中，胡安·拉蒙开始给予赛诺维娅此前一直吝于给予的东西：确认她作为“灵感缪斯”的崇高地位。这不过是赛诺维娅日复一日地付出所应得的回报。1951 年，她在波士顿做手术的时候，胡安·拉蒙在写给她的信里详细说明了那些因她而写和为她而写的诗，并证明说：“你和母亲是我最好的灵感源泉。”与此同时，她也开始为自己编织关于过去的谎言——人类在生命的尽头往往都是如此，为自己的牺牲赋予一种宿命的意义（慈悲的记忆让我们在回顾一生时，能采用一个令人宽慰的视角）。所以赛诺维娅写道：“一个人从 14 岁开始就找到了自身财富的矿藏。跟他结婚的时候，我立刻意识到，自己这一生真正的目的就是为一个既成事实提供帮助。”

她的临终挣扎十分漫长。在她临终前不久，胡安·拉蒙拿到了诺贝尔文学奖。对于赛诺维娅来说，这相当于正式承认了她的存在并不是一种浪费。据理查德·古利翁（Ricardo Gullón）讲述，被告知胡安·拉蒙获奖时，赛诺维娅已经说不出话了。她小声哼唱着一首摇篮曲，并在两天后（1956 年 10 月 28 日）去世了。胡安·拉蒙痛苦得疯了。他不得不住院，并且此后再也没有写作，一年半以后，他也去世了。在他死后，人们找到一个记事本，上面写着：“致赛诺维娅——我的灵魂。”这是胡安·拉蒙最后的回忆，他把她当作世界上最完美的女人去爱，却没能使她幸福。

赛诺维娅与胡安·拉蒙相识于 1912 年。他对她一见钟情，她却长达两年不肯接受他执着的追求，因为她不想跟西班牙男人结婚，认为他们都很大男子主义。对于未来，她有很多自己的计划，而胡安·拉蒙在她眼中是一个古怪又过于忧伤的人。这个时期，胡安·拉蒙给她写了大量的信件，堪称一份感情陷阱的目录。他试图在赛诺维娅身上唤醒每个女人都有的天性，一种作为拯救者的使命感——让我来拯救这个人。他甚至许诺只要她爱他，他愿意信奉上帝。

但最后，助他成功的还是文学。赛诺维娅发现《小银和我》跟诺贝尔文学奖得主泰戈尔的作品有相似之处，翻译了这位作家的一本书，拿给胡安·拉蒙看。他没有错过这个机会，不但修改了西班牙语译文，而且以两人的名义发表了，还坚持应该翻译更多作品（他们一共翻译了20部）。总之，胡安·拉蒙向赛诺维娅提议，两人可以在文学创作上进行合作，为她提供一个志同道合的未来。胡安·拉蒙在一封征服她的信中说："我们翻译的那些美好事物都将以你的名字发表。然后你就能创作一些独特的东西，不是吗？我希望将来我们两个人在书中紧密相连。"怀抱文学理想的赛诺维娅最后终于放下防御，跟他结了婚……然而她从此再也没有写下任何自己的东西，除了这本极度贫乏的日记。也许，在写下古巴日记中这段令人感动的文字时，她正想着所有这一切，破碎的梦想以及没能体验的生活："当我们回来时，云已经向东北方飘散，黄昏的绚烂……使世界显得焕然一新……突然，童年时所有的梦想都变成了现实，我们沉迷于强烈的希望，希望整个令人无法置信的时光都是在挥霍快乐。"

SIMONE DE BEAUVOIR

voluntad de ser

西蒙娜·德·波伏瓦

自我的意志

西蒙娜·德·波伏瓦的诸多年轻情人之一娜塔莉说过，她就像冰箱里的时钟。娜塔莉心灰意懒，因为波伏瓦没有给予她所要求的全部的爱，但即便如此，她这个比喻堪称一针见血。“海狸”西蒙娜，作为力量和独立的典范影响了几代女性的伟人西蒙娜，似乎在私生活中也是如此：勤奋、精确、冰冷，一丝不苟地构筑着她的生活，包括她与别人的关系。

1908 年，西蒙娜出生于巴黎一个上流资产阶级家庭，充满了古老贵族的骄傲。跟其他很多作家一样，她在童年时品尝到了家道中落的滋味，这场家庭变故曾轰动一时，颇具文学性。她的祖父是银行家，因欺诈破产，并因此在监狱中度过了 15 个月，以资产阶级的方式背弃了家庭。西蒙娜和她的父母搬到了一个连自来水都没有的简陋公寓，更可怕的是，他们不得不辞退所有用人。她的父亲是位一事无成的右派，执着地向两个女儿灌输一种可笑的优越感——那是一种比老鼠还穷的贵族对于他人的可悲的轻蔑。随着时间的流逝，西蒙娜开始反抗她周围固有的资产阶级价值，却终身保持着这种精英意识。

出于这种高傲，她自认为优于全世界，当然，除了萨特（Jean-Paul Sartre）。她对于他的崇拜很可能远远超过了他应得的程度。两人相识的时候，她21岁，他24岁。在哲学期末考试中，萨特拿了第一名，西蒙娜得了第二名，但是评审委员会的成员们都认为“真正的哲学家是她”。萨特总是更富于创造力，而西蒙娜则更加一丝不苟，也许她更适合创作散文而不是叙事作品（她的小说十分平庸）。然而，出于某种她身上所具有的为数不多的女性传统弱点，她总是认为思想的伟大应归于萨特，而她只占据次要地位。

有一次，正值她跟美国小说家，也是她中年时期的爱人纳尔逊·艾格林（Nelson Algren）热恋正酣之际，她突然丢下他返回法国，只是因为萨特希望她帮助自己修改一部哲学著作的手稿。西蒙娜对目瞪口呆的艾格林说：“不管是你，还是我的生命，还是我自己的作品，没有什么能凌驾于萨特的作品之上。”她回到了巴黎，而那时萨特却在跟一个露水情人外出度假。通过付出，通过接受某个男人的主导角色（男人就像太阳，女人就像行星），西蒙娜继承了自身的文化遗产，顺从了古老的性别规则。然而在这个过程中，她所做的一切令人惊讶——不但展示出将自我建构为“一个人”的能力，而且使她成为新女性的象征。像胡安·拉蒙·希梅内斯（跟萨特一样是诺贝尔奖得主）的妻子赛诺维娅那般古老的女性牺牲，那种自我摧毁的仪式已经终结了。西蒙娜教给女性的是除了依赖他人，女性也可以自主地成为自己。

毫无疑问，波伏瓦能够实现这一飞跃得益于她强大的意志、她的自律和她的努力（外号“海狸”就是由此得来，海狸是一种永不停止工作和建设的勤奋小动物），但同时也得感谢那个时代的环境。西蒙娜的少年时期恰逢20世纪20年代：第一次世界大战结束，19世纪也随之终结；在俄国，布尔什维克似乎正在创造未来；世界是一个令人目眩的所在，科技革命如同飓风裹挟的火焰改变了地球的面貌。在这一切变化之中，“新女性”出现了——她们是“解放的”和“自由的”，这是两个时髦的形容词。束身衣和长及脚踝的衬裙已经被抛弃；女孩们剪成短短的“男生头”，露出双腿；她们强壮而健美，打网球、开敞篷车、驾驶危险的飞机。热烈而美妙的20年代，动荡而紧张的30年代，那是革新的时代，整个社会都在思考“自己”，寻找新的“成为自己”的方式。在那些年的狂热中，为了颠覆资产阶级的传统道德，所有过激行为都被付诸实践，后来的60年代，这些行为又卷土重来，再次被一一尝试：自由的爱、毒品、反文化。

那个时代的脉搏在巴黎的蒙巴纳斯街区体现得淋漓尽致，那是西蒙娜终身居住的地方。托洛茨基（Leon Trotsky）、列宁、莫迪利亚尼（Amedeo Modigliani）都曾寓居于此；以毕加索为首的立体主义大师们经常在此出入；超现实主义者们［安德烈·布勒东（André Breton）[1]、路易斯·阿拉贡（Louis Aragon）］组成了一支野蛮又欢快的队伍，到处在戏剧演出中起哄、喝倒彩，在晚宴和公共活动中打击思想正统的人，践行一种城市恐怖主义。酒吧中可卡因泛滥，人们热衷于幻觉试验，比如1935年萨特给自己注射了墨斯卡林，即仙人球毒碱，并在数年间处于半疯状态：一直说有只龙虾在街上追他。他们还服用安非他明、酗酒。事实上，萨特突如其来的早衰应该跟滥用药物大有关系，他很早就用上好

1 安德烈·布勒东（André Breton，1896—1966），法国诗人和评论家，超现实主义创始人之一。弗洛伊德关于潜意识的概念对布勒东的作品有重要的影响。1942年布勒东发表《超现实主义宣言》，对超现实主义运动的理论进行了最重要的阐释。

的酒吞服大量的安非他明和镇静剂。西蒙娜也过量服用兴奋剂药丸，而且严重酗酒，78 岁去世的时候，她得了肝硬化。

然而，在如此的混乱中，世界依然十分天真。比如，波伏瓦和萨特一直都明确表示他们想要出名："我很清楚，我是年轻时的萨特，就像有人提到年轻时的柏辽兹（Louis Berlioz）或年轻时的歌德。"并且他们还致力于"通过文学拯救世界"。而今天，只要是理智、健康的人，有谁会相信文学可以拯救世界？谁会相信世界还足够敏感，能以某种方式得到拯救？这一目标的幼稚程度，只有提出目标者所表现出的自大能与之相提并论。事实上，萨特和西蒙娜是一对孪生的灵魂：自恋、以自我为中心、充满精英意识、自大到令人无法忍受。西蒙娜说，她的小说《女宾》中的主人公们是对她自己和萨特的精确复制（波伏瓦如此缺乏想象力，真是令人惊讶，甚至在小说中也总是谈论自己的生活），说他们两个人"一同处于世界的中心，探索和揭示这个世界是他们一生最大的使命"。

这种使命是通过语言来履行的。我很少看到有人像西蒙娜和萨特那样，如此依赖语言，由语言构成，又为了语言而存在。他们从年轻时开始就不停地写作、谈话，生活就是一条无穷无尽的音节汇成的激流。他们在蒙巴纳斯酒吧中，在两人任教的学院课堂上，以及在与无数的情人一起度过的筋疲力尽的不眠之夜里不停交谈。男孩和女孩渴望跟他们做爱，也同样渴望聆听他们的语言。他们发表了浩如烟海的书籍、散文、文章，写下了不计其数充满怪癖的书信：有用于构建世界的美妙而伟大的语言（波伏瓦最好的作品是她那几卷回忆录，关于死亡和衰老的那几本书，当然还有那部重要的女性主义作品《第二性》），也有卑劣、浅薄、谎话连篇的语言——两人去世之后，随着他们私密信件和日记的发表，那些污秽、残忍的文字被公之于世。

事实上，有两个西蒙娜和两个萨特，这一对不可思议的伴侣有两种截然不同的诠释方式。第一种视角对应公共视线，是他们所希望呈现的形象，尤其是西蒙娜。正是她沉迷于撰写回忆录，一直在写作并论证自身内心经验这个单一主题。她试图将自己的人格（以及萨特的人格）构建成一种文学的成就和历史的成就。她是在叙述自己，或曰自我阐释。

根据这种正统的视角，西蒙娜和萨特都是我们所认识的伟大学者，他们反对偶像崇拜，热心政治。他们是敏锐的思想家，有能力概括那个时代的根本性理念：波伏瓦的女性主义和两者共同的存在主义。他们通过存在主义来捍卫一种新的无神论道德，并强调人类在构建其自身命运中的绝对责任。更加吸引人的是他们之间不同寻常的关系：始终互相以“您”相称，从未同居过，总是在酒店相邻的房间或是在同一个街区的不同寓所居住，而且各自拥有自己的大批情人。也就是说，这种关系重要而充满激情，却保持在次要位置。在外人看来，这对不同寻常的伴侣似乎美妙而坚不可摧，持续了51年，提供了另一种共同生活的范本。而从他们自己的角度来看，这一关系不过是关乎“忠诚”和“透明”——存在主义者和情人的图腾式话语。

然而，西蒙娜和萨特还有另一个私下的版本：在他们死后，随着私密信件的发表，两人像一片肮脏的泡沫逐渐浮现。由此我们知道，萨特是一个有强迫症的、可悲的唐璜，需要征服所有女人。对待每一个女人，他都用笨拙而高调的情书将其淹没：“我绝对的爱，我小小的激情，我伟大的爱，直至永恒。”他在同一天写下大量重复的句子送给他同时拥有的多个秘密情人。适用于西蒙娜和萨特两人之间的“忠诚”和“透明”，被用来厚颜无耻地相互评论各自风流情事中几近下流的细节。

不管是西蒙娜还是萨特，似乎都需要一群五体投地的仰慕者。他们很少有同龄的朋友，这一点很令人好奇（同龄的情人就更少了）。他们更愿意统治着那群他们称之为“家人”的人。那是一群年轻的学生和学徒，用爱和尊敬将他们包围。而他们则为这些人支付房租或医疗费用，保持终身的束缚，从不松开那根使这些人保持弱小并依赖他们二人光芒的脐带。双性恋的西蒙娜曾多次跟萨特建立三角关系：比如他们曾共同拥有女学生奥尔加和路易莎，这两个姑娘爱上同样年轻的波伏瓦时还不到 18 岁。女孩们的年龄最后给波伏瓦惹了麻烦。1943 年，娜塔莉的母亲控告西蒙娜性侵未成年人，西蒙娜因此被开除教职。总之，萨特和西蒙娜陷入的这种感情圈套是如此愚蠢、复杂，又如此可笑，仿佛一出拙劣的闹剧。

战时，西蒙娜跟萨特的一个男学生波斯特，还有娜塔莉、路易莎和奥尔加同时保持秘密关系，只有萨特知道所有人的存在。如果不是因为波伏瓦和萨特在信中常使用令人难以忍受的居高临下、残忍而轻浮的口吻，这一点并非必须受到谴责。这甚至不算罕见，谁还没有在一生中的某个时刻疯狂过？“万达的脑子跟蚊子一样大。”萨特对波伏瓦说。“万达”是他的一位情人，他也曾向她许诺永恒的、炽热的爱；对另一个情人，他评论说她“是个非常结实的女人，吮吸我舌头的力气就像电动吸尘器”。两人在向共享的可怜的路易莎许诺会保持不可阻挡的激情——我要你知道，我热烈地爱着你，永远永远。但随后，便冷漠地议论她，策划着将要对她说哪些谎言，“以便让她感到幸福而不至于有太多烦扰”。波伏瓦最恶毒的评论之一就是关于这位路易莎，她抱怨这个女孩身上有一种恶臭，使性生活变得“痛苦”，虽然西蒙娜并未因此就不同她上床。

这两人之间私密的信件和日记，最终勾勒出的是一个令人毛骨悚然的画面。从最糟糕的角度来看，他们仿佛是军营中的战友，分享各自征服的肮脏的荣耀；从好的方面来看，他们像是冷漠而残忍的昆虫学家，把所有生命都当作纯粹的文学材料来解剖。“我深信自己就是一头猪。”萨特经常这样说。而波伏瓦急于说服他，事实并非如此：是纯粹空洞的语言在自我吞噬。“每当看到所有这些失败的，以及像路易莎和奥尔加一样可爱又软弱的小人儿，再想到您和我，我们是多么坚强，我感到欣慰。”陶醉于自我满足中的西蒙娜对萨特说。似乎这就是波伏瓦在别人身上寻找的东西：反射出她自身伟大的镜子。因此对于娜塔莉，她评论说：“她对我的爱至少和路易莎对我的爱一样多。”这句话无疑揭示了她与他人相处的方式。一般来说，面对一段新的爱情，人总是强调自己的感情（我爱他/她甚于爱任何人），而不是像对待商品般将接受到的爱进行量化比较。

像研究昆虫一样冷漠地利用他人的心，终将付出代价。奥尔加在这段三角关系持续的两年中变得精神恍惚，以至于最后用手去熄灭香烟。萨特死后，波伏瓦发表了他的私密信件，不再年轻的奥尔加终于得知他们是如何谈论自己的，感到十分厌恶。她跟西蒙娜决裂了，没过几个月就去世了，至死也没有跟她和解。至于美国作家纳尔逊·艾格林，72岁那年接受记者采访时，回忆起西蒙娜如何滥用他们之间的关系，变得愤怒不已而死于心肌梗死——波伏瓦在小说《名士风流》以及回忆录中，都讲述了他们之间的恋情，而且“不知廉耻”地引用了艾格林信件的段落，这是他无法原谅的。

也许萨特没有能力真正爱上任何人，然而西蒙娜可以。她忠实地爱着萨特，至少是深深地爱着她为他“创造”出来的爱。我的意思是，在波伏瓦努力塑造的那个“自我”中，也为完美爱情设计了一个位置。从头到尾，一直在努力维持这个故事的人是西蒙娜，她忍受萨特的任性和轻视，甚至当她跟其他人保持亲密关系的时候也义无反顾，比如小她 17 岁的记者克劳德·朗兹曼（Claude Lanzmann），唯一一个跟她同居过的男人。

但生活总是残忍的。不管人类的意志多么强大，没有人能够抵御命运的飓风。随着时间的流逝，西蒙娜和萨特终于渐行渐远。他们两人都各自与比他们小 30 多岁的女人度过了余生：萨特和阿尔莱特，波伏瓦和希尔维。两人各自合法收养她们，使其成为各自的女儿。渐渐地，两人各自建立的关系世界不再是共同的。萨特生命中的最后 7 年是最糟糕的：这位哲学家双目失明，脑子可能也受了影响。这是最后的背叛——他们不再是共用同一副头脑的两个躯体。西蒙娜向她的传记作者弗朗西斯（C. Francis）和贡提尔（F. Gontier）这样描述萨特的最后时刻——他躺在医院的床上，闭着眼睛说：“我很爱您，我亲爱的海狸。”并向她献上一吻，她亲吻了他，然后他睡着了，与世长辞。这真是令人感动的场景，一段完美爱情的文学高潮。弗朗西斯和贡提尔信以为真，并将这个部分发表在他们精彩的书中。事实似乎并非如此：萨特去世时，陪伴左右的是阿尔莱特。西蒙娜是后来才赶到的，甚至试图爬到床上跟尸体躺在一起。

这个谎言不无哀伤，也凸显了西蒙娜此后一系列行为的凄凉。阿尔莱特是萨特的合法继承人，也是他所有文字作品的遗嘱执行人。对波伏瓦来说，萨特这样做极其残忍，令人无法忍受，因此为了将这个故事重新导入她的自我意志所设计好的框架内，西蒙娜写下了《永别的仪式》，一部讲述萨特生命最后几年的惊世之作。而当阿尔莱特在哲学家死后发表他的手稿时，西蒙娜发表了他曾寄给自己的信。语言，还是语言，作为纽带的语言将萨特的形象跟她自己的形象系在一起。

波伏瓦只比她神话般的伴侣多活了6年：她死于1986年。1990年，她的养女希尔维完整地出版了波伏瓦的个人信件，这些信件充满污浊，甚至堪称卑鄙。她为什么决定将其出版？是出于对西蒙娜的回忆和爱？是为了钱？还是为了报复？对于希尔维和波伏瓦的关系，人们一无所知。这段关系贯穿了女作家生命中最后的23年，而且西蒙娜有时还将这段关系跟她与萨特的关系相提并论。可以确信的是，这些私人信件的发表玷污了波伏瓦的神话。她曾如此不知廉耻地肆意谈论他人的隐私，自己也在一夜之间成为他人污言秽语、指指点点的对象，也许这算是一种富有诗意的正义。但无论如何，这样一来，她的形象变得更加复杂，也更加人性化。在私密的生活中，我们所有人都有着羞耻与不和谐的一面需要隐藏。在无穷的荣耀和无尽的悲惨之间，最终流传下来的是她的自由，以及对自我命运的负责这种美妙的壮举。不论是好是坏，波伏瓦成为她自己。

LADY OTTOLINE MORRELL

el exceso y la grandeza

奥托琳·莫雷尔夫人

过度与伟大

很多年以前我就知道奥托琳·莫雷尔夫人的存在，而认识她的方式就像一个人听说亚特兰蒂斯的存在那样：作为一个神话，在不同的情境中一次又一次地被提及。出现在大批英国学者和艺术家的信件和日记中的奥托琳，身高一米八五，一张长长的马脸，火红的头发。这些学者和艺术家大多在 20 世纪头 30 年里度过了成熟期。他们正是埋葬了维多利亚社会的那一代人，坚持不懈地颠覆那个死板而脆弱的社会伦理。他们来自一个被权力和秩序统治的世界，在那里既不存在肉体，也不存在感情，谈论前一天晚上的情人都是一种革命性的行为。因此他们崇尚感性，整天都在分析自己备受折磨的内心，哪怕是最微小的细节也不放过。

也许正因竭尽全力关注自己，这一代作家都痴迷于写回忆录，即便不在自己的日记中写下一笔，也会有无数信件往来。在所有这些材料基础上，人们已经编辑、出版了不计其数的书籍（传记、自传、书信集），其中很多都令人着迷。而一个万花筒般、庞大而古怪的奥托琳·莫雷尔则作为背景人物出现在这些作品中。正是这位奥托琳，在数十年中主持着一个极其重要的艺术和学术沙龙，颇具 18 世纪“法国沙龙”的风格。沙龙的常客不仅有所谓的布鲁姆斯伯里团体的成员们［弗吉尼亚·伍尔夫、里顿·斯特拉奇、爱德华·摩根·福斯特（E.M.Forster）、梅纳德·凯恩斯（Maynard Keynes），等等］，还有 D.H. 劳伦斯（D.H.Lawrence）、亨利·詹姆斯（Henry James）、托马斯·斯特尔那斯·艾略特（T.S. Eliot）、阿道司·赫胥黎（Aldous Huxley）、凯瑟琳·曼斯菲尔德（Katherine Mansfield）、尼金斯基（Nijinsky）、威廉·巴特勒·叶芝（W.B.Yeats）、伯特兰·罗素（Bertrand Russell）、罗伯特·格雷夫斯（Robert Graves）、萧伯纳（Bernard Shaw）、格雷厄姆·格林（Graham Greene）和查理·卓别林（Charles Chaplin）等人。这里仅仅列举了其中一小部分。

奥托琳是很多人的导师和保护人，是所有人的保护者，也是其中几个人的情人，比如画家奥古斯都·约翰（Augustus John），以及伯特兰·罗素。她跟罗素保持了一段长久的关系，这段关系至关重要，对这位诺贝尔奖得主的生活和作品都有着根本性影响。D.H. 劳伦斯以男性的敏锐评论她：“奥托琳极大地激发着男人的想象力，这也许是一个女人能做的最伟大的事。”的确，那个时代最重要的画家都为她画过肖像，十多位作家将她变成了各自虚构小说中的人物，比如阿道司·赫胥黎（《克罗姆·耶娄》），D.H. 劳伦斯（《恋爱中的女人》中的赫敏）或格雷厄姆·格林（《这是一个战场》）。

但所有肖像，或者其中大部分，都是粗暴而嘲弄的。那个时代的知识分子，尤其是布鲁姆斯伯里团体，出了名的爱搬弄是非，把恶意变成了一门艺术。他们依赖着奥托琳，却在书信和小说中将她描绘成一个古怪可笑的小丑。当你发现她对他们如此欣赏，如此照顾，在几十年中供他们吃食，却受到如此残忍的对待的时候，在更加感受到这个人物的魅力的同时，你不禁会问，奥托琳挑选朋友的眼光怎么这么差？

弗吉尼亚·伍尔夫在一封信中写道：“奥托琳不无夸大地炫耀伦敦，仿佛那是一艘被老鼠们啃掉船帆的船，桅柱已经锈迹斑斑，绿色的海蛇在甲板上滑行。”以及“虽然毫无疑问，从来没有哪个形象能够像她一样如此代表性地将显赫、谦卑与虚伪融于一身。她脸上的粉几乎掉了一地，竟还问：弗吉尼亚，女人为什么要化妆？”这是一个讽刺奥托琳的典型：用心险恶，却又入木三分。不过弗吉尼亚除了毒舌，也有一颗善良的心，因此她最终能够承认并欣赏奥托琳的价值。

总之，她的绝大多数形象是一位可怜的怪女人，一个古怪的贵妇，丑陋无比，年老色衰，红色的头发像是染坏了一样，脸上厚重的妆容好似一件旧家具。这一形象甚至已然根深蒂固。但如果你细读字里行间，并从其他信源寻找线索，尤其是西摩尔（Seymour）为奥托琳撰写的精彩传记，就会发现眼前浮现的形象是截然不同的。

首先，她一点也不丑。一直到四十多岁她都被认为是一位美人。她拥有一头红铜色闪闪发亮的秀发，深邃的绿眼睛，体态优美。作为那个时代最有名的美人之一，奥托琳在年老时却变成了凄凉、丑陋的象征，真是令人心酸。不过事实上，奥托琳的美正如她身上的一切，都处于濒临过度的边缘。她个子太高，面部线条过于粗犷，总之她的外貌太过与众不同。图像证实了这种不稳定的、异常的平衡：有的肖像画中她的美貌无与伦比，而在另一些肖像画中却出奇地恐怖。她从不普通，永远都令人难忘。

她的独一无二以及保持终身的优雅风度，一定招致了许多非议。每个团体都会攻击与众不同的人，尤其当受害者在面对攻击时不但不肯表露出痛苦，反而显得冷漠而高傲时。奥托琳在贵族家庭和维多利亚主义双重自我节制的教养下长大，总是努力保持冷静的外表。她出生于1873年，属于英国最高贵的家族。当她同父异母的哥哥继承波特兰公爵的封号时，她才6岁，从那时起她就被所有人毕恭毕敬地尊为“夫人”。她的成长环境古老、高贵，没有人会指望她自己穿衣或梳头。这样一位小小的贵妇，自然既不应该学习，也不应该从事任何工作，只要找一个合适的丈夫，然后扮演好自己就足够了。

但奥托琳却很不安分：她对艺术、学术、精神和博爱充满热情。她当然无法从事任何职业，像她这样的女人是不会这样做的。于是她将创造力用于为自己设计美妙的礼服，按照对东方的想象装饰她先后住过的三栋房子。那也是她的沙龙中心：伦敦贝德福德广场的豪宅、牛津附近嘉辛顿的乡村别墅，以及回到伦敦后在高尔街的寓所。她的博爱集中体现在帮助他人：艺术家和年轻知识分子。她善于以准确的直觉发现他们身上的特质。

开始举办沙龙的时候，她34岁，已婚。奥托琳喜欢创造一种童话般既神秘又浪漫的氛围。她的家里散发着熏香的味道，到处都是精致而具有异域风情的小物件。1915年她搬到了嘉辛顿的乡村别墅，在那里，她的聚会开始呈现一种神话般的色彩。嘉辛顿总是宾客盈门，她用丰盛的食物招待客人，这在战火纷飞的时代简直是个奇迹。别墅的中心建筑像一个精美小巧而舒适的糖果盒，花园被柏树覆盖，到处都是雕塑和孔雀，那是“第一花园”，是天堂。奥托琳不满足于做传统意义上的保护人（支持他们的工作，将他们介绍给有影响力的人，在某段时间内维持他们的生活），她试图用一种神话般的气氛将他们包围，把自己作为女主人的生活打造成一件艺术作品。她组织猜谜会、假面舞会、精致的花园野餐、月光舞会、彻夜音乐会。她渴望绝对的美，而她的宾客对此嗤之以鼻，因为他们比她年轻，属于20世纪——一个犬儒主义的时代，人们已经发现，绝对的事物是不存在的。

奥托琳是一个完全不合时宜的人。她的时间是不真实的，她的行为、穿着和言谈都像是一个文艺复兴时期的人，而且是一个从浪漫主义角度，用大量金属粉末和硬纸板虚构的，想象中的文艺复兴。“在嘉辛顿，至少太阳光应该是正常的吧？”弗吉尼亚·伍尔夫在一封写给女性朋友的信中说，“不，我认为甚至连天空都被一层浅黄色的丝绸蒙住了。当然，连卷心菜都是熏过香的。”这种无微不至、精心粉饰的热情，让她那些坏心眼的朋友感到好笑。虽然所有人都是活跃的艺术家，但他们并不理解奥托琳那令人感动的需求：她要在自己唯一的领地中创造美，也就是在家居生活的所有琐碎中创造美。

也许奥托琳有时显得荒唐，她渴望创造幸福，而将这种幸福强加于他人的方式却有些霸道。不过，嘉辛顿一定是个美妙的地方，一种奥林匹斯山一样的存在。在那里，年轻的知识分子占据着诸神的位置。有一天，当时的首相阿斯奎斯（Herbert Henry Asquith）跟梅纳德·凯恩斯一起到访，被禀报为“凯恩斯先生和另一位绅士”。那是一个遍地福利的庇护所，所有的宾客都如同苍蝇般蜂拥而至，无论过后人们如何嘲笑奥托琳，显然他们都喜欢去那里做客。那时的嘉辛顿就像是一个文化的迪士尼乐园，没有人愿意公开承认自己享受着这种单纯的艺术氛围——美丽而幼稚的氛围。“在那样的场合我感受到可怕的孤独，”里顿·斯特拉奇在一次拜访之后，给朋友写信说，“有一种18世纪阴郁的狂欢将你击溃，很难把人和摇尾乞怜的狗区分开。”但是他又同时写信给奥托琳，告诉她自己在那里度过了多么令人愉快的时光，并迫不及待地想要参加后面几次聚会。

奥托琳不只是一个完美的东道主和文学艺术的积极保护人，正是她跟罗杰·弗莱（Roger Fry）一起坚定地将后印象主义引入英国。她还在第一次世界大战期间，在英国的和平主义中扮演了一个突出的政治角色。如果说伯特兰·罗素是这一运动的英雄，最后因为发表的批评而入狱，那她就是那艘旗舰。她鼓励她的丈夫，工党议员菲利普·莫雷尔，在议会发表一个和平主义演说。菲利普不顾所有人的反对，勇敢地做了这件事，从而葬送了自己的政治生涯（当然，到那时为止也并未多么出色）。随后，嘉辛顿变成了一个不同政见者的援助中心，她雇用这些人照料土地，当时政府将种植田地视为首要工作。

就这样，在战争年月中，他们供养了近十名不同政见者，并向他们支付工资，而这些人里面大部分都是懒散的艺术家，对农活一无所知。他们只是在利用奥托琳，以为她的财富之巨超乎想象。但事实并非如此，母亲剥夺了她的继承权。作为慷慨的东道主，巨额的生活开支逐渐耗尽了她的资产。事实上，她最后陷入了极大的经济困境，以至于不得不卖掉贝德福德广场的宅邸和嘉辛顿的别墅，搬到高尔街上一座狭小、阴暗、简朴的房子里。但是这些经济上的窘迫，以及身体和心灵上的诸多痛苦，她对朋友们一向绝口不提。

奥托琳的丈夫菲利普是一个难以捉摸的人物。他很有魅力（奥托琳所有的情人，除了罗素，都非常英俊），有些时候，他的行为表现出一种奇怪的崇高，比如在议会发表和平主义演说。还有一次，他到一家德国酒店跟奥托琳会面。此前几个星期罗素经常来访，因此酒店的清教徒老板告诉他，有一位先生天天进出他妻子的房间，甚至用香烟烫坏了卧室的沙发。菲利普微笑着赔偿了沙发的损失，并说他为妻子不缺少陪伴而感到高兴。但是从另一层面来说，菲利普似乎软弱而优柔寡断。奥托琳试图帮他开启一段政治生涯，终身宠爱他，保护他。从结婚伊始，菲利普就说得很清楚：她对他没有性方面的吸引力。不过他对女性服务人员倒是很有兴趣。他有两个私生子，一个是跟女佣生的，另一个是跟女秘书生的。此外，他的心理也十分脆弱，容易失衡，中年时曾多次遭遇严重的精神危机。

我们常常发现，女性处于一个令人不安的伦理位置——被他人的需求牢牢束缚，受制于弱者的依赖。这样的事也同样发生在奥托琳身上（“我是自私者的磁铁”）。她受到一个残疾的、控制欲极强的母亲的压迫，从那时起，她所有的情感故事都如出一辙：她总是付出更多的那一方。或许她并没有投入更多激情（罗素为她疯狂，但奥托琳拒绝离开菲利普），但的确付出了更多的照顾、更多利益、更多宠爱、更多亲密。直到莱昂奈尔出现，她中年时遇到的那只美丽的“老虎”。

爱上“老虎”时她已经年满50岁，而他是一个不到20岁的小伙子，是嘉辛顿的园丁。“老虎”善良、慷慨，为她着迷。奥托琳在日记中说，自己终于找到了理想的伴侣：“我的爱情一向只有付出，现在终于轮到我接受爱了。这是一个奇迹。”她跟“老虎”的关系持续了两年，直到有一天他突发脑出血去世。这一离奇的死亡又为奥托琳的传说添上一笔：既然人们热衷于编造荒诞不经的罗曼史，为什么不把这桩猝死想象成是她的丈夫在精神极度失常时投了毒？这种无可想象的闺閫秘闻，秘而不宣的隐私，是所有人都要守护的秘密。

奥托琳以非凡的勇气承受了失去“老虎”的巨大打击，正如她承受一切那样。从小她的健康状况就十分脆弱，不仅患有严重的偏头痛，还有一些并不十分明确的病痛，或许是糖尿病的症状。此外，她还是个慢性病患者，这在19世纪上层社会的女性中十分普遍。她年轻时曾经拒绝进食，跟得了厌食症的弗吉尼亚·伍尔夫一样，这也是那个时代女士的常见病症。55岁的时候，她被检查出患有颌骨癌，粗暴的手术使她面目全非。正是到那个时候，她的朋友们才发现奥托琳承受着如此多的痛苦却从不抱怨。

她的生活就像在穿越沙漠。她不得不为自己的“离经叛道”付出高昂的社会代价。她常说“墨守成规和自我满足就是死亡”，这是一种多么生机勃勃的想法。被同阶级的人排斥，却又从未被自己所帮助的那些学者接受，奥托琳是一个被疏离的、孤独的人。她破产了，丈夫疯疯癫癫，最爱的人突然离世；她忍受着身体疼痛的折磨，容貌变形，耳朵渐渐失聪，不得不借助可笑的助听器；她被迫变卖自己心爱的嘉辛顿庄园；最糟糕的是，她不得不一次又一次遭遇朋友的背叛。陆续发表的一些小说中开始出现对她的残忍描写，最令人痛苦的是劳伦斯和赫胥黎，他们曾与她如此亲密。接着她又通过朋友的朋友逐渐得知了人们在她背后的嘲讽。她在日记中写道：“大家都认为我是一个阴险歹毒、淫荡、肮脏的女人……没有人喜欢我……我至今赖以生存的一切全都轰然倒塌。我一直认为自己在为他人付出，但其实那只是我自己的想象，我对他们来说毫无价值。如果我能丢下菲利普，我一定会远离这里，在别的地方开始新的生活。但是我不能这样做。”

无论如何，她努力不让别人从外表上看出自己所受的侮辱和折磨。她继续在高尔街简朴的家中接待客人（虽然此时只能请人喝茶），花白的头发只能用女贞叶粉末粗糙地染一下，穿着廉价的金色衣服，加倍化妆来掩饰疾病和岁月的灾难。总之，在任何环境之下，她都努力对自己保持忠诚，总是致力于继续将生活变得美丽而宜人。弗吉尼亚·伍尔夫震惊于她的冷静，最终深深地仰慕她、爱她，事实上两人后来变得十分亲密。一场漫长而神秘的疾病之后，奥托琳在64岁那年去世，伍尔夫跟T.S.艾略特一起为她撰写了墓志铭："忠诚、勇敢/最慷慨、最精致/在她脆弱的身体中/蕴藏着/无畏而不屈的灵魂。"因为拥有不同寻常的高情远致，奥托琳虽然逐渐变成一位没落而凄凉的人物，却始终保持着绝对的尊严（她如此爱慕绝对的事物）。

ALMA MAHLER

con garras de acero

阿尔玛·马勒

钢爪

阿尔玛·马勒，出生时名叫阿尔玛·辛德勒（Alma Schindler），是知名画家埃米尔·雅各布·辛德勒（Emil Jakob Schindler）的女儿。她是一位艺术家。9岁开始谱曲，20岁已经写出上百首艺术歌曲[1]、器乐片段和歌剧片段。她还是一个出色的钢琴家，在维也纳，她的天赋得到众人赞誉，堪称前途无量。当然，人们更津津乐道的是她的美貌，因为在那个时代，女人的天赋不过是一种点缀或一件奇怪的事。阿尔玛是当时的美人之一：颀长，丰满，深蓝色的眼睛，完美的面部轮廓。以今天的眼光来看，她的面容也许显得过于标致，过于甜美，体形也稍显壮硕，但在那个时代，她身上集中了所有美的流行元素。而且，她神秘的吸引力并非单纯在于外表，也在于自身的人格魅力。她风情万种、聪明、文雅、光芒四射又独一无二，毫不夸张地说，她周围的男人们纷纷为之疯狂。

1 艺术歌曲（Lied）通常特指欧洲古典音乐中的一种歌曲形式，典型的表演形式是由一位歌唱者与钢琴伴奏一起演出。

魔法师、善良女巫、大地母亲、妖女，男人用这些词来形容她。这些传奇性的词语、重要的词语，将阿尔玛定义为女性的楷模。她就是“女人”，是从男人的头脑中、梦中和恐惧中脱颖而出的典范。而阿尔玛也让自己成为他人的想象，她最大的成就和最大的失败就在于满足男性的欲望。阿尔玛在男性目光中作为缪斯存在，也是以下这些人生命中最重要的组成部分：她的第一任丈夫是作曲家古斯塔夫·马勒（Gustav Mahler）；她热恋过 3 年的情人，是重要的表现主义画家奥斯卡·科柯施卡（Oskar Kokoschka）；她的第二任丈夫，是建筑师瓦尔特·格罗皮厄斯（Walter Gropius），也是魏玛包豪斯大学的创始人；第三任丈夫弗朗兹·魏菲尔（Franz Werfel），是一位小说家，虽然今天已被很多人遗忘，但在那个时代却非常有名，备受推崇。还有很多绅士拜倒在她的脚下，不过她跟这些人的关系都是柏拉图式的，比如著名的现代主义画家古斯塔夫·克里姆特（Gustav Klimt），以及剧作家戈哈特·豪普特曼（Gerhart Hauptmann），也是诺贝尔奖得主。阿尔玛有着出色的直觉，能够从他人身上发现创造性的天赋，而这正是她受人爱慕的原因。

对于她的男人们来说，阿尔玛无可替代。她是母亲，也是情人。她负责一切后勤杂务，事无巨细，以令人钦佩的方式管理财务，精心组织家庭生活，高效地协助爱人们的工作，比如，抄写马勒的乐谱，并为之配器。而最重要的是，她能为伴侣打造光环，从他身上找出作为艺术家的最优秀特质，让他充满力量。科柯施卡对她说：“你能让无用之辈起死回生。”甚至连求爱从未得到过阿尔玛回应的生物学家保尔·卡摩尔（Paul Kammerer）也评论说：“跟她在一起，便能积累起足够创造的能量。”阿尔玛仿佛是一种生命的电池，有能力点亮这个五彩缤纷的世界。

这种内在的电流，这种生命力，必须一次又一次地通过爱情充电。

这并不是简单而日常的爱情，而是另一种势不可当的激情。这种浪漫而无坚不摧的感情是想象的产物，它寻求的是与另一个人绝对的融合，是孪生的灵魂。这是一个非人性的目标，因而也是不可能的目标，只会导致永远、无限次地反复寻找爱情。阿尔玛在 13 岁时失去了深爱的父亲，因此将男人和艺术家都理想化了。当她爱上一个人的时候，便将他想象成完美的化身，而当她的伴侣看到自己在她眼中反射出神一般的形象时，当然更加自我欣赏——既然一个如此美丽、聪慧又光芒四射的女人都认为我是天才，那说明我本就如此。然而，糟糕的现实很快使她的白马王子们逐渐露出马脚，于是阿尔玛的爱也逐渐消逝。她痛苦、沮丧，需要重燃激情，再次爱上其他人，才能感受到自己还活着。于是，冲突便开始了。

她的内心繁杂纷乱，周围的环境也同样动荡不安。阿尔玛于 1879 年出生于维也纳，也就是说，出生于震荡的中欧，这一衰败世界的心脏。那是一个时代的结束，正如所有巨人的陨落，奥匈帝国的垂死挣扎伴随着学术和艺术上的激变。一个世纪之前，维也纳正快乐地耗尽它最后的风光日子：在文学沙龙，在人满为患的咖啡厅，人们讨论着神性与人性、调情、谋反、创造。彼时彼处出现了重要的哲学流派，即所谓的“维也纳学派”[1]。阿道夫·路斯（Adolf Loos）发明了现代建筑，阿诺尔

1　也称“维也纳小组”，是 20 世纪 20 年代在维也纳形成的一个学术团体，成员多是当时欧洲优秀的物理学家、数学家和逻辑学家。他们关注当时自然科学发展成果（如数学基础论、相对论与量子力学），并尝试在此基础上去探讨哲学和科学方法论等问题。

德·勋伯格（Arnold Schönberg）创造了音乐上的“十二音体系”[1]，而罗伯特·穆西尔（Robert Musil）等人，尤其是卡夫卡，发起了文学革命。弗洛伊德发现的（更确切地说是命名的）“无意识”，永远地改变了人类对自我的认知。在那个紧张的维也纳，生活在燃烧。

这也是一种疯狂的、沸腾的、享乐主义的生活，女性在其中扮演着特殊的角色。在当时的欧洲，维也纳女人热辣、性感、神秘、危险，忧郁又开朗，热烈而不可捉摸，被视为男性神话里“女人中的女人”。梅尔塞·罗多雷达（Mercé Rodoreda）在小说《破碎的镜子》中描绘了一个典型的世纪末维也纳女郎：一个年轻的女性小提琴家，爱上了主人公，最后自杀了——一个完美的女性之谜。阿尔玛·马勒便是所有维也纳女人中最“维也纳”的，是这些浮华女人中的女王。她们紧贴着男人的胸口跳着华尔兹，轻盈的花边舞动成旋涡，生命随着脉搏跳动，巨大的枝形吊灯令人目眩神迷。

不过，我们还是回到最初的话题。阿尔玛是一位艺术家，而且严肃地自认为是作曲家。与此同时，她渐渐长大，开始受人爱慕。她年少轻狂，又表现出美少女特有的那种无所适从。她几次坠入爱河，到处散发自己的照片，享受着男人们的殷勤。但是对她来说，音乐仍是第一位的，直到21岁时认识了古斯塔夫·马勒。他是维也纳歌剧团的指挥，年纪是她的两倍。我可以想象阿尔玛在剧院看着他指挥乐队——他站在正中央，仿佛权势无限，是所有注意力的焦点，集万千荣耀于一身。他

1 阿诺尔德·勋伯格（Arnold Schönberg，1874—1951），无调性音乐的鼻祖。他创造的“十二音体系”于20世纪初在欧洲兴起，该体系使用十二个半音作为一个“音列”或“音组”，任何一个音都互相独立、地位平等。为了避免产生调性，在十二个音没有出齐之前，任何音不得重复。

就是那种“伟大的男人”，她能够在他身上创造出“伟大的激情”。他们立刻结婚了，这一点也不奇怪。

但是在婚礼之前，一项极其古老又传统的仪式使他们最终走向了毁灭：取消阿尔玛作为一个“人”的资格。马勒写了一封令人毛骨悚然的长信，其中概括了那个时代所有的陈词滥调、所有的偏见以及所有的不公平。首先，他从年龄和成就的角度居高临下地嘲笑阿尔玛的学术能力（虽然事实上，阿尔玛阅读广泛而且知识渊博），指责她“高傲”，因为是她竟敢在特定的事情上不同意他的意见。“阿尔玛，我的姑娘，我们将通过爱与心结合在一起……但是我们的思想呢？我的阿尔玛，你的想法是什么？也许是叔本华关于女人的那一章节？”在用类似的论证打击了年轻的阿尔玛，也动摇了她坚持原则的信心之后，马勒进入正题：“我还在不停地想，在我如此深爱的这颗小脑袋里有一个固执的念头：你想要继续做你自己。你写道：‘你和我的音乐’。原谅我，但是我们必须对此进行讨论！一个男人和一个女人，两人都是作曲家，你如何想象这样的婚姻生活？你有没有意识到这将是多么可笑？夫妻二人长期保持竞争关系，将不可避免地互相伤害。如果正当你来了灵感，却不得不照顾家庭或处理任何突发的家事，你怎么办？既然你在信中说，想为我分担日常生活中所有的琐碎事务，如果为了拥有我、成为我的妻子，你不得不完全放弃你的音乐……难道这意味着摧毁你的生活吗？……你该拥有的事业只有一个：让我幸福。你必须放弃所有那些肤浅的东西，所有跟你的‘个性’和‘工作’相关的东西。你应该无条件地将自己奉献给我，你未来的生活中每一个细节都应该服从于我的愿望和需求，而你也不应该奢望得到除了我的爱情之外的任何东西。”

收到这封信以后，经过彻夜的失眠和哭泣，阿尔玛顺从了，或者说发誓顺从了。无论如何，“她的”音乐还是太年轻，才刚刚起步，她还有那么多东西要学习。她的放弃似乎并不意味着世界将会失去一个优秀的超级艺术家，相反，马勒却是一个重要的音乐家，这是显而易见的。此外，周围的一切都在说服女人放弃职业追求，一切都在强化女人作为配偶和家庭主妇的作用。于是阿尔玛牺牲了自己的事业，并于 1901 年结婚。在谈到自己光彩夺目的丈夫时，她忧伤地说：“我唯一的愿望就是让他幸福！他值得我这样做！”然而事实上，他似乎完全不值得。灾难就是这样形成的，其根源在于男人和女人对彼此根本性的误解——男人认为婚姻是为自己服务的机构，女人视之为甜美的童话故事。

阿尔玛与古斯塔夫一起生活的 10 年毫无光彩。在她有趣的自传中，阿尔玛抱怨丈夫以自我为中心，而且很少理会她。所有的消息来源都显示，古斯塔夫沉浸于自己的作品中，严肃、乏味，而且似乎性无能。阿尔玛哭泣、痛苦、生病、抑郁，想念自己的音乐，不愿接受这空洞的生活。一次在温泉浴场，她刚从沮丧中恢复过来，就认识了比她小 4 岁的瓦尔特·格罗皮乌斯。两人相爱了，开始了一段热烈的地下恋情。一个月后，因为一个失误，格罗皮乌斯把写给阿尔玛的一封情书错寄给了古斯塔夫，这简直是个弗洛伊德式的笑话。马勒读了信，大吃一惊。于是阿尔玛向他坦白了一切：她跟格罗皮乌斯的恋情，以及她在这段婚姻中的不幸福和挫败感。失去了阿尔玛的目光所赋予他的神圣光环，马勒陷入深深的绝望。此刻他才发现自己多么爱她，而之前对她是多么糟糕。这时，他才第一次倾听妻子的歌曲（此前他从来都不屑一顾）。“可是，我都做了些什么！”他追悔莫及地喊道，“这些歌曲太美了，你应该继续谱曲。”他开始对她充满爱意，关怀备至，在圣诞节送她礼物，但一切为时已晚。阿尔玛深受感动，承诺会留在他身边，并同格罗皮乌斯断绝关系。但她还是继续与情人偷偷会面，因为她虽然对马勒还有感情，但已经不再爱他，而她需要爱情才能活下去。最后，受到打击、惊恐不安、努力感动爱人的马勒因扁桃体发炎而病倒，很快被诊断为败血症，半年以后就去世了。毫无疑问，如果这两个人能够在没有偏见、更加平等的条件下缔结婚姻，他们会更加幸福。

丈夫去世的时候，阿尔玛 31 岁，她在谈到自己作为作曲家的事业时说："我不可能现在再重新开始学习走路。"她永远放弃了音乐，而且从此再也没有让哪个男人像第一任丈夫那样支配她的生活。无论是比她小 6 岁的科柯施卡 ——他们之间的故事最富于激情（当阿尔玛离开他时，科柯施卡发了狂，他请人将她的五官刻在一个真人大小的玩偶上，并跟这个玩偶共同生活了一年，最后在某次狂欢过后砍下了玩偶的头）；还是格罗皮乌斯 ——她所有男性伴侣中最令人尊敬、最慷慨的那个，或许正因如此，也是最未受她善待的那个（"我别无所求，只希望能让这个男人幸福，"阿尔玛在跟他结婚的时候也说了这句话，但这次她加上了一句："愿上帝让我的爱不要消逝！"她已经知道，永恒的激情很快就会消退）；或者她的第三任丈夫弗朗兹·魏菲尔 ——他比阿尔玛小 10 岁，为人随和，但不成熟。

与此同时，生活逐渐向她索取昂贵的代价。阿尔玛经历了 3 次丧子之痛，3 个孩子都遭受了巨大的折磨。马勒的女儿在 5 岁时死于白喉，死前在没有麻醉的情况下紧急做了气管切开手术。魏菲尔的儿子，一个婴儿，只活了 10 个月就死于脑炎，而最可怕的是失去马农·格罗皮乌斯，他 16 岁时因为脊髓灰质炎而瘫痪，痛苦挣扎了一整年后死去。阿尔玛的世界，她成长的世界，也同样病入膏肓。她恰巧生活在非常艰难的时代：第一次世界大战、战败、《凡尔赛条约》、战败国被强加的一些粗暴的和平条件，接着就是纳粹主义的地狱。

希特勒的火焰（我们还记得，他是于 1933 年通过几轮民主选举掌权的）在一片充满了屈辱、贫穷和绝望的土地上点燃。德国的通货膨胀极其严重，以至于工资要按日支付，市民才能买到晚饭。所有的积蓄都蒸发了，银行通知你账户关闭的信件上贴的邮票，比你 30 年间在这个账户中储蓄的钱更值钱。关于这一切，阿瑟·索姆森（Arthur Solmssen）都在他那迷人的小说《柏林公主》中进行了非常充分的解释。在这样的痛苦和茫然中，革命席卷了大街小巷——这是一场破坏了沙俄帝国秩序的革命，对于资产阶级来说是一场令人恐惧的革命。所以，资产阶级为逐渐崛起的纳粹撑腰，以此对抗布尔什维克。甚至连犹太富豪们在一开始都是支持纳粹的：在奥地利，极右分子依赖一份犹太人报纸，并从一位犹太企业家那里获得武器。

阿尔玛曾是亲纳粹的，更准确地说，是亲法西斯的：她相信墨索里尼计划的善意，拒绝希特勒的反犹太主义。奇怪的是，阿尔玛的日记中充斥着愚蠢的反犹太主义言论，而她却跟两个犹太人结过婚（马勒和魏菲尔）。当希特勒的恐怖蔓延整个欧洲时，她又勇敢地将自己的命运同魏菲尔的命运连接在一起，在法国境内四处逃亡，徒步穿越比利牛斯山脉（那时她已经 60 多岁了）。那时希特勒似乎胜券在握，阿尔玛无疑可以采取另一种姿态：事实上，她全家在维也纳都是支持纳粹的。与此同时，魏菲尔是支持共产主义的（“弗朗兹为列宁去世写了一首诗！”阿尔玛在 1928 年的日记中惊恐地写道）。他们之间激烈的政治争论还曾让婚姻濒临危机。随着时间的流逝以及事态的发展，两人的关系缓和了许多。“魏菲尔和我，我们都品尝到了失败的苦果，”阿尔玛在数年后写道，“他年轻时相信通过布尔什维主义可以发起世界性的革命，却没能预见它会如何逐渐演变。我则相信通过墨索里尼的法西斯主义可以拯救世界，却也同样未能预见它在希特勒的行为之后会如何发展。”

除了亲法西斯的任性态度以及自相矛盾的反犹太主义偏见，阿尔玛还有其他的阴暗面。比如，她十分善妒，占有欲极强，几乎到了厚颜无耻的地步。为了在男人面前争夺优越感，她跟其他的女人进行激烈竞争，以至于她从来没有女性朋友（我认识那些必须让自己独一无二的女人，她们真的很令人讨厌）。我很同情她可怜的妹妹格雷特，阿尔玛一定给妹妹带来了一个恐怖的童年。她从未在回忆录中提起过这个妹妹，虽然格雷特的命运十分悲惨。她患有抑郁症，多次试图自杀，后来被送进了一家精神病院。希特勒入侵奥地利（1938 年）后，纳粹颁布了消除所有疯子的法令，她就在精神病院中被处决了。

然而即使阿尔玛并非圣女（谁又是呢？），我也无法理解人们对她的厌恶和吝啬。比如，她竟然被塑造为一个卖弄风情、轻浮淫荡的女人，而事实上她一辈子只跟 4 个男人（也许是 5 个：有一位神父，尚存疑）上过床，而且其中 3 个是她的丈夫。她分别跟两个丈夫生活了 10 年（马勒）和 30 年（魏菲尔），直到他们去世。这听上去并非是一个毫无廉耻的女性征服者的故事。法国前文化部部长弗朗索瓦丝·吉鲁（Françoise Giroud）女士写了一部关于阿尔玛·马勒的有趣传记，书中对她的批评简直到了不体面的地步。不过这位前部长本人是一位右派女士，而对于打破陈规的女人来说，最可怕的敌人就是保守派女人。比如讲到当马勒在生命的尽头发现自己正在失去妻子时，吉鲁写道：“日后她将成为这位疯狂臣子的残忍女王。”然而事实上，阿尔玛从来就不是残忍的女王：在马勒去世前的六个月时间里，她全情投入，悉心照料多年以后，在魏菲尔病危的两年间她也是这样做的。

阿尔玛很早就开始酗酒，早在她跟马勒那段失败的婚姻期间，并且在她生命的最后30年中，每天都要喝一瓶本尼迪克特甜酒。尽管如此，她还是很长寿：85岁那年，她死于纽约的一间小小的公寓。我相信，如果她生活在我们这个时代，她不会放弃音乐。她一定会成为作曲家，发展出一项面对公众的事业，不管成就如何。可是在她的时代，以她的身份，她不能也不懂得这样做。虽然她的确对自身的矛盾有着清醒的意识，并在日记中写道："婚姻总是以一种奇怪的方式剥夺女人的自我。"接着，对自己在男性面前的从属地位，她又以一种苦涩的自嘲补充道："我用钢爪逐渐筑起自己偷来的巢穴……每一种天赋对我来说不过是一根筑巢的麦秸……用于筑巢的一点点战利品。"然而，就是凭借这一对钢爪，她抓紧了自己的生命；她的生活，丰富精彩的一生，超越了自身无尽的苦难和外界无穷的桎梏。"我拥有过美丽的一生，"阿尔玛在自传的最后写道，"任何人都能够做点什么，但他们也必须愿意去做。"并不是所有人都有能力表现出如此的勇敢无畏。也许这就是她不被原谅的地方。

MARÍA LEJÁRRAGA

el silencio

玛丽亚·莱哈拉加

沉默

我接下来要讲的故事令人惊讶，不仅因为主人公一生跌宕起伏，也因为我们居然对她一无所知。我说的是玛丽亚·莱哈拉加，格雷戈里奥·马丁内斯·塞拉（Gregorio Martínez Sierra）的妻子。格雷戈里奥是20世纪初西班牙最有名的剧作家之一，由加尔西（Garci）搬上大银幕的《摇篮曲》就是他的作品，更准确地说，是由他署名的作品。事实上，跟她丈夫的所有其他作品一样，那是玛丽亚创作的。格雷戈里奥几乎没有，甚至完全没有参与创作，这是一个已经被确认的事实。帕特里夏·奥康纳（Patricia O' Conner）、阿尔达·布兰科（Alda Blanco）、安东妮娜·罗德里格（Antonina Rodrigo）提供了无可辩驳的研究成果。

因此，她才是为数众多的优秀剧作的作者，作品在国外上演，并被拍成好莱坞电影。作曲家华金·图里纳（Joaguín Turina）的《旅行相册》和马努埃尔·德·法雅（Manuel de Falla）的《西班牙花园之夜》都是受到她的启发。此外，她还为法雅创作了《魔法师之恋》和《三角帽》的剧本，以及大量的西班牙说唱剧，比如乌桑迪萨加（Usandizaga）非常著名的《燕子》。不仅如此，她还是散文家、女性主义者、社会主义者和西班牙共和国时期的议员（第一批女议员之一）。战后她流亡在外，为报纸和广播电台工作。她在布宜诺斯艾利斯去世时，离百岁生日只差几个月，此时她依然清醒而活跃。那是1974年，就相当于昨天，可我们甚至都没听说过她的名字。当左派开始追封他们的圣徒并将其塞进神龛供奉时，她被遗忘了。

玛丽亚于1874年出生在圣米兰·德拉·科戈雅（属于拉里奥哈省），但她却在卡拉万切尔镇（今天马德里的一个街区）的一家孤儿院旁边长大。她的父亲在孤儿院里当医生，因此，她从小就目睹了贫穷的恐怖和痛苦。那时的西班牙是个一成不变、落后、封闭的国家，拒绝任何历史变化。在西方，一切都在改变，妇女参政论者开始争取女性的投票权和发言权，但是在西班牙，我们依然固守着由极端保守的教会统治阶层强加的、陈腐的女性和家庭观念。比如，迟至1920年，女性参政的主要世界性组织“国际妇女参政联合会”（IWSA）计划在西班牙召开第八届大会。这本是一个极其正常而且毫无威胁的会议，但由于政府和教会组织的强烈反对，活动被迫取消，并移至日内瓦举行。

1870年，费尔南多·德·卡斯特罗（Fernando de Castro）建立了“女性教育协会”。1876年，弗朗西斯科·西内尔·德·罗斯里奥斯（Francisco Giner de los Ríos）创建了“自由教育学会”。这是西班牙现代化的两个基本支柱。进步主义者深知，没有文化就没有进步，而不发动一场根本性的革命，就无法把国民从知识的贫困中解救出来：在20世纪初，70%的西班牙人都是文盲。这种对于现代化和未来的极度渴望集中体现在被称为“1914年一代”那批伟大而不安分的知识分子身上：格雷戈里奥·马拉尼昂（Gregorio Marañón）、费尔南多·德·罗斯里奥斯（Fernando de los Ríos）、萨尔瓦多·德·马达利亚加（Salvador de Madariaga）、马努埃尔·阿萨尼雅（Manuel Azaña）、克拉拉·坎博阿莫尔（Clara Campoamor）、阿梅里克·卡斯特罗（Américo Castro）、维多利亚·肯特（Victoria Kent）、拉米罗（Ramiro）和玛丽亚·德·马艾斯图（María de Maeztu）……还有我们的玛丽亚·莱哈拉加，她是一位教师。所有这些人，还有其他人，使这个国家在短暂、耀眼而又悲剧性的第二共和国时期实现了几个世纪的飞跃。

但即便如此，总体环境仍然令人窒息，对女性来说尤其如此。1908年，耶稣会教士阿拉尔贡在一本书中声称解放女性是错误的："必须立刻将那些复仇女神关进教管所或者疯人院。"1927年，宗教杂志《和平彩虹》猛烈抨击"里塞乌姆"[1]的成员们（莱哈拉加是其中一员），这个温和的女性俱乐部是由玛丽亚·德·马艾斯图创立的，俱乐部的活动不过是组织女性参加一些文化讲座、茶话会，学习一些知识。"把她们像疯子和罪犯一样囚禁起来，社会就会变好。只要将这些古怪的、失常的女人收入疯人院或者关禁闭，社会上和家庭中的道德氛围就会大有改善。"这样的愚蠢言论在今天看来未免可笑，但是只要想到这两位神父的言论都是建立在经验的基础上，可笑难免沦为心酸——在18世纪、19世纪，把不听话的妇女关进疯人院是全世界范围内都十分普遍的做法。

玛丽亚·莱哈拉加就是在这样的环境中成长、生活并进行创作的。当代人都说她崇尚丑，我们找到了她年轻时的照片，照片上的是一个好

---

1 "Lyceum"一词来源于吕克昂（Lykeion），是亚里士多德于公元前335年创办的学校，因临近吕克昂神庙（阿波罗神庙）故得其名它也被称为逍遥派学校（Peripatetic School），后转而指代所有的文化团体。此处为该女性俱乐部名称。

看的、一头黑发的女孩。也许她"自认为丑陋"，尤其认为自己与众不同：有文化、会写作、喜爱戏剧、会说多种语言、受过高等教育（师范），而且有一份工作。23岁时她委身于第一个也是唯一一个男朋友：格雷戈里奥·马丁内斯·塞拉，邻居的儿子，一个矮小羸弱的17岁男孩，患有佝偻病和结核病（他的兄弟姐妹中有5个死于杆菌）。没错，他是一个奇丑无比的男孩：大脑袋，没有下巴，招风耳，容貌像极了一只老鼠。但是他喜欢戏剧，喜欢写诗，爱好文学。

3年之后，也就是1900年，他们结婚了。婚礼过后他们回到自己的公寓，相互拥抱并高呼："现在谁也无法支配我们了！"那时她26岁，已经当了5年教师，但是身为女性，她只能通过婚姻来取得独立。至于他，到了20岁也还是个孩子，而且永远也没有摆脱这个状态：一个被宠坏了的、极其脆弱的孩子。翻阅那些坚强而才能卓著的女性的传记，会惊讶地发现，她们中有很多人都是跟极其软弱的男人结成配偶的。也许在对于女性来说非常艰难的时代，只有这样的男性才能够容许她们发展某些才能。

在结婚之前他们就已经开始发表作品。她发表了《短篇故事集》，一部给孩子们看的书，第一次也是最后一次署上了自己的名字。接着格雷戈里奥出版了4本她创作的书，虽然他的确可能参与了最初几部中某一部的写作，年轻时他就不乏诗人的自负。婚礼之后，一切照旧。他们靠玛丽亚教书的微薄薪水为生。她不得不每天早上5点起床备课、收拾屋子，8点钟去学校，12点回家做两人的饭，下午再回去上课，晚上回到家，就投身于小说和戏剧作品的写作，然后以他的名字发表。她筋疲力尽，骨瘦如柴。医生给她开药方，要她吃带血的肉，但玛丽亚觉得无法下咽。她的好朋友胡安·拉蒙·希梅内斯从药店买来空胶囊，将肉糜填进去，然后强迫她像吃药一样吃下去。

与此同时，格雷戈里奥却磨蹭到很晚才起床。不过公平地说，他并非完全无所事事。他似乎具有作为集体事业组织者的巨大天赋，有能力以一种惊人的方式进行自我推销，甚至能从石头底下掏出钱来。于是，凭借这种能力和出众的胆略，他陆续创办了几个文化刊物，最后创立了重要的“文艺复兴出版社”。作为负责人，他是西班牙现代主义的重要人物。当然，写杂志的人是玛丽亚，修改样稿的人是她，管理财务的也是她。

数年后，格雷戈里奥把这份商业天赋用于获取私利：他创建了一家演艺公司，演出自己的作品。他拼命压榨可怜的玛丽亚，让她像炸糕一样不停写出一部又一部滑稽可笑的商业剧。而他自己，年轻时曾是优秀的现代主义者，“荣誉和美”的领袖之一，后来却沦为“文化贩子”，把自己卖给了名声和金钱。

所有这一切都始于《摇篮曲》轰动一时的成功（1911），但是灾难在此之前就已经发生了。1906年，格雷戈里奥出轨著名的年轻女演员，美丽的卡塔丽娜·巴尔塞纳（Catalina Bárcena）。这个故事是如此俗套，而格雷戈里奥如此无趣、丑陋，让人不禁怀疑他对于戏剧的热爱不过是源于一个不可告人的梦想：成为商人，以便有机会染指当红女演员。这正是他的所做所为。事实上，格雷戈里奥征服了卡塔丽娜，但是出于显而易见的原因，他不敢抛弃玛丽亚。令人难以置信的是，玛丽亚忍受了这一切。她非常痛苦，并在1909年试图自杀。她跳进了巴塞罗那的海，但被一个男人救了起来，但无论如何，她忍受了。她默默地为格雷戈里奥写作，默默地跟卡塔丽娜分享丈夫，也默默地忍受着女演员的粗鲁和卑鄙。卡塔丽娜对这位比自己老、比自己丑，永远保持沉默的情敌恨之入骨（我想，在某种程度上我能理解她），但她永远无法摆脱她，因为玛丽亚“是她情人的一部分”，而且是最具吸引力的一部分——他的天赋、金钱和成功。就这样，玛丽亚创作剧本，构思情节，只为了使卡塔丽娜在舞台上熠熠生辉。可以想象，对于卡塔丽娜来说，这样的成功令她如鲠在喉。所有这一切都呈现出某种病态。

这种不可思议的状况持续了数年，直到1922年卡塔丽娜跟格雷戈里奥有了一个女儿。于是，玛丽亚终于与格雷戈里奥分居并前往法国生活，但是她继续为丈夫写作，一直到最后都保持沉默。格雷戈里奥写给妻子的信是可悲的，他向她索取文章，更多的文章，仿佛她是一部机器。他不但要戏剧作品，还索要报刊作品（20篇、20篇地索稿）、会议发言，甚至讣告——比如卢卡·德·泰纳（Luca de Tena）逝世的讣告]。几年后，公司的提词员说：“我们整个剧团都知道，这些作品是玛丽亚写的，格雷戈里奥连家书都不写。”这也正是格雷戈里奥给人留下的印象。

不仅如此，他还十分愚蠢。比如他吹嘘说：“我思考了很多，也跟很多人交谈，逐渐在各地留下了崇高而稳固的个人威望，只要有这些，我们就能创造辉煌。”又如1931年，西班牙刚刚宣布成立共和国，玛丽亚满怀社会责任感，踌躇满志，他却像个小商贩一样从好莱坞写信给玛丽亚，要求她紧急寄去“所有你能想到的情节，不用担心原创性或者色彩。因为电影是面向全世界的，制片厂更偏爱基本的题材。”

1930年，在他出行之前，为了让玛丽亚能够得到版权利益，格雷戈里奥签署了一份私人文件（并一直保密），宣称“我所有的作品都是跟我的妻子共同创作的”。当然了，所谓的共同创作只是一种委婉的说法。就在几个月前，玛丽亚卧病无法工作，格雷戈里奥在给她的信中写道：

“我正在付出前所未有的努力，尝试写作，直到你好起来。我相信自己早晚能够做到。我已经逐渐摆脱了与人对话的羞怯，因为我告诉自己，写作只是为了让自己阅读。”

在西班牙内战以及战后的流亡时期，格雷戈里奥跟他的情人一起去了阿根廷，完全抛弃了玛丽亚，甚至不再给她寄作品的稿费。第二次世界大战期间，玛丽亚住在法国，不但要躲避纳粹（德国人迫害西班牙共和派人士），而且穷困潦倒，忍饥挨饿，双眼都得了白内障，几乎失明。1945年，一些朋友终于找到了她，并把她带到了美国。他们也找到了格雷戈里奥，并强迫他履行自己的义务。格雷戈里奥给玛丽亚寄了数目很小的一笔钱，还有几封写满了自我怜悯和请求原谅的信。1947年，这个男人回到西班牙，并在几个星期后去世——玛丽亚作品百分之五十的版权落到了丈夫和情人的女儿手里。

78岁时，还在流亡中的玛丽亚出版了自传《格雷戈里奥与我》（墨西哥甘德萨出版社，1952年。这本书早已绝版，应该找一家出版社重新出版），书中给出了3个放弃署名的理由。首先，她出版的第一本故事集被家人冷眼相待，以至于她发誓再也不用自己的名字发表任何作品（这是个苍白无力的借口，也反映了一个女人想要让自己的生活稍有不同就不得不面对的那种窒息感）。她补充说：“在那个时代，当一名文学女性就像是做了什么不正经的事一样，作为教师，我不希望可疑的名声玷污自己清白的姓名。”最后，玛丽亚认为“最重要的原因”或许是爱，更准确地说，是一种近似于病态的爱：“我那时新婚、年轻、幸福，为自己的谦卑感到骄傲，这种谦卑与骄傲同样支配着每一个真正爱一个男人的女人。”既然这是一桩合法婚姻，她总结说，女人当然会给自己的作品署上“孩子父亲的名字”。

值得一提的是，玛丽亚没有儿女。我想象着，她察觉自己日渐衰老，又无法生育，必然对比自己年轻的丈夫感到歉疚（这种长期束缚女性的深刻歉疚究竟源自哪里？）。然而当她写自传时，已经经历过太多痛苦、太多人生，所以才会谈到这种“因谦卑而骄傲”。那个清醒的玛丽亚（她的散文多么生机勃勃，多么充满智慧）明白：这种态度是千年偏见的产物，是女人的不幸。

这个故事虽然令人难以置信，不过其中最特别、最迷人的部分还没讲到。玛丽亚从1917年开始撰写女性主义的散文、演讲稿和书籍，而所有这一切都署上了丈夫的名字。玛丽亚当时已经被格雷戈里奥抛弃，受到卡塔丽娜的虐待。她一边在病态的自我封闭中默默地忍受着，一边开始反思自身的矛盾，并让她的丈夫像口技表演中的木偶一样，公开宣传并捍卫她的观点。有男性作者的支持，会取得更好的宣传效果。于是我们看到了一个自相矛盾的格雷戈里奥：他参加女性主义集会，公开控诉其实自己正在犯的那些错误。比如，他在一篇散文中说：“女性沉默是因为在宗教的教育下，她们坚定地认为顺从就是美德。她们沉默是因为害怕男人的暴力。她们沉默是因为习惯性的屈服……总而言之，她们沉默，是因为在几个世纪以来的奴役压迫之下，具有了奴隶般的灵魂。”

这种清算也体现在戏剧文本中。阿尔达·布兰科（Alda Blanco）教授尖锐地指出，写于1939年的作品《她母亲的美德对她无用》中的人物仿佛在为这位女作者发声。一位岳母严厉训斥她的鳏夫女婿：“她是你的伴侣，却无法与你平等……她跟你一起思考，一起战斗，一起工作……而得到成功的却只有你！是谁，在胜利的时刻默默引退，只为将所有的虚荣全部留给你一个人？是谁，在自己周围制造沉默，以便人们只能听到你一个人的声音？她正是那个从数百年的梦中醒来，却将享受自己的权利视为罪过的女人；她就是那个明明了解自己的聪明才智，却将之当作一种罪恶并希望得到原谅的女人。”这番苦涩的话，也许玛丽亚从未在私下吐露，但她让一个虚构的格雷戈里奥在公共场合说了出来。从某种意义上来说（性别主义就是这样），不管是玛丽亚还是格雷戈里奥都只是半个人，是被截断的、不完整的人。

在共和国期间，玛丽亚恢复了话语权。她开始以自己的名字发表女性主义演讲，成为社会主义者，并在1933年参加了大选。她在优美的自传《一个走在西班牙道路上的女人》中讲述了这场竞选：在一个饥饿、破碎的西班牙，这是一个史诗般重大的、激动人心的事件。在贫穷的村庄里，玛丽亚以她刚刚恢复的发言权披荆斩棘。她以自己的名义发声，正是为了告诉女性同胞（那时大多数妇女都是文盲，浑身污垢、裙边牵着成群的儿女），必须走出几个世纪以来的沉默。正是在那次竞选过程中，女性的选举权得到了合法化。那是明确的语言、公正的语言、振聋发聩的语言。然而，因为战争、战败和流亡，这个声音再次沉默了。

20世纪50年代初，玛丽亚出版了前面提到过的那两部自传。在《格雷戈里奥与我》中，她承认了自己对那些作品的著作权，但她谦虚地称之为一种合作关系：“此刻我已经年迈孀居，为了争取自己的版权，不得不宣布我的作者身份。”虽然这本书在回忆丈夫时充满敬意，然而全世界愤怒的绅士都在猛烈抨击玛丽亚的“文学企图”。正如安东尼娜·罗德里格在她那部不可或缺的莱哈拉加传记中幽默地说，这是“古老的男性团结的产物”。谁知道呢？也许这种充满了偏见的怒火使玛丽亚再次沉默了。遗忘和女性沉默的河流再次残酷地将她淹没。

LAURA RIDING

la más malvada

劳拉·莱汀

最邪恶的女人

让我们在一开始就说清楚：劳拉·莱汀是一个女巫。我所说的“女巫”是各种意义上的，从最隐喻的到最字面的意义层面：因为她相信自己拥有神的权力。她自认是一个超自然的生灵，一个女神，在生命的某个时期，她将自己命名为“终结”，谁知道这是出于什么奇怪的逻辑。或许是因为她精神失常，但是她的疯狂来自黑暗。这种炙热的、可怕的黑暗就隐藏在人类的心中：一个清晰可辨的迷失的深渊。因此聪明却叛逆的女诗人和文学评论家劳拉·莱汀用她谵妄的语言逐渐俘获了不少有识之士：作家、画家、摄影家。这些男人和女人有着聪明的头脑，也许还有一颗善良的心，却没有足够的冷静和平衡来面对劳拉——她是一股堪比龙卷风的邪恶力量，所到之处，一切夷为平地。

她一生中最辉煌的时期是跟杰出的英国诗人、小说家，《克劳狄乌斯自传》的作者罗伯特·格雷夫斯（Robert Graves）共同生活的那13年。罗伯特·格雷夫斯是一个年轻的天才，但在精神上十分脆弱：在亲历了第一次世界大战血流成河的战壕之后，他患上了战争神经官能症。他虚弱而满心惊惧地回到家，跟同时代的人一样，他明白大家所认识的那个世界已经支离破碎，必须创造一个新世界，从道德的视角来看尤其如此：既然资产阶级的伦理导致了如此恐怖的战争，那么它的原则本身就是错误的。必须重新定义什么是善，什么是恶，将已经错位的宇宙重新组织起来。

此时，在大西洋的另一边，一个年轻的美国女诗人，作为“逃亡者”现代主义团体的一员，恰好也在做同样的事：她用幻觉般的语言，预言了一个新的伦理秩序。她说，一场精神的革命应该由诗人来引领。这个女孩就是劳拉·莱汀。1925 年，她通过书信联系上了罗伯特·格雷夫斯。那时她 24 岁，刚刚同第一任丈夫［路易斯·戈特沙尔克（Louis Gottschalk），后来成为杰出的历史学家］分手，而在当时格雷夫斯已经是一位知名的诗人。劳拉那富有启发性的语言让格雷夫斯非常着迷，于是他邀请她随他和妻子一起前往埃及——这位一贫如洗的作家刚刚签了一份在开罗执教三年的合同。劳拉一夜之间就准备好了行李，乘船前往英国。“逃亡者”团体的创始人之一，曾跟劳拉有过一段暧昧关系的诗人艾伦·塔特（Allen Tate）写信给一个朋友说：“我预感到一场灾难即将到来：劳拉无疑是我认识的最疯狂的女人。如果格雷夫斯还没有疯的话（很遗憾我怀疑他已经疯了，他竟然盲目地邀请一位只读过其文，从未见其人的女士），不到一个月他就会变成一个狂躁症病人。”

那时格雷夫斯已经 30 岁了，跟南希·尼克尔森（Nancy Nicholson）结了婚，还有 4 个孩子。南希的父亲是画家，她自己也是画家，还是一位左派分子和女性主义者（她让两个女儿随她的姓，两个儿子随格雷夫斯的姓），而且跟丈夫一样，她对世界雄心勃勃。寻找一种新的伦理道德，首先要从家庭关系和性关系开始，因此在整个欧洲，年轻的进步主义者决定“诚实地”对待爱情，不受资产阶级偏见的干扰（我们已经看到，西蒙娜·德·波伏瓦和让-保罗·萨特正在法国做着类似的事情）。于是，三角恋、不忠、感情的怀疑和二重性……总之，所有这些人类最本源的需求和最细枝末节的生活，与世界一样古老的内心的冲动不安，突然变成纯哲学问题，一个先验的、空话连篇的沼泽（同样的情形在60年代末又再次上演）。因此，在英国一直被视为下流的“三角家庭”，在劳拉的影响下，变成了“三位一体”，或者叫“神圣圈子”。

劳拉·莱汀就是这样浮夸地命名了她跟罗伯特和南希之间的关系。简单说来，就是她跟格雷夫斯在楼上睡觉、写作，而南希和孩子们幸福地生活在楼下。当然，毫无疑问，现实很快就变得不那么幸福。这种三角关系，以及随之而来的各种问题在旅居埃及的时候就已经开始显露：劳拉坚持说开罗的那栋房子被施了巫术，让所有人都产生了糟糕的感觉，最后，半疯的格雷夫斯毁约回到了英国。正是劳拉创造了这种胶着的、令人窒息的氛围。这是她此后将不断重复的行为模式。

回到英国后，南希试图勇敢地去适应自己在“三位一体”中的角色（劳拉跟格雷夫斯上床，但脖子上挂着南希的肖像），而当她终于忍无可忍之后，便跟孩子们搬到了泰晤士河一艘破旧的驳船上生活。即便如此，所有人还是继续在一起。“如今连土耳其人都放弃了一夫多妻制，很不幸，罗伯特却决定践行。”南希的父亲说。与此同时，劳拉不停地创作越来越黑暗、越来越放肆的诗句和散文，有时是跟罗伯特合作，有时是独立写作。这些晦涩难懂的书籍只有靠罗伯特向编辑施压才能得以出版，他威胁说，只有出版劳拉的作品，才能得到他的作品。劳拉的书只卖出去25册，最多不超过100册，但她在少数英国和美国的知识分子中却保持着一种奇怪的威望。劳拉正是典型的被诅咒的作者，那种因为不被理解而受到仰慕的艺术家。一个人通过这种仰慕，感觉自己优于他人，并成为某一掌握秘密的精英团体中的一员。

劳拉统治一切。她吸着罗伯特的血，掌控着南希，使两个人都脱离了各自的环境、家庭和熟人。她开始组建自己的宫廷，其中有卑微地崇拜着她，渴望靠近“神圣圈子”的新朋友。她是女神，格雷夫斯是她的神父。他们就这样一起生活了 4 年，接着便发生了 1929 年的灾难。格雷夫斯的侄子理查德撰写的格雷夫斯传记（我读过的最引人入胜的书之一）以幽默而生动的方式讲述了这场惊人的危机。

一切都始于劳拉邀请爱尔兰诗人杰弗里·菲布斯（Geoffrey Phibbs）来到伦敦。此前他们并不相识，跟格雷夫斯一样，控制是从通信开始的。菲布斯跟他的画家妻子诺拉一起抵达，受到“三位一体”的全体欢迎。他们让诺拉住进一家酒店，给她一瓶白兰地，并对她说：“喝了这个，然后忘掉你的眼泪。”菲布斯则被安顿在家里。在烧掉了他们所有的财产后（劳拉声称这些东西都被他的妻子污染了），劳拉将他变成了自己的情人。罗伯特很受伤，但顺从地接受了这个状况。至于菲布斯，他已经完全沉溺于劳拉那宗教教义般强大的谵妄中。在加入“神圣圈子”的头几个星期里，菲布斯说：“我从一个无意识、无幸福的状态进入了有意识的幸福状态。”跟任何一位“大师”一样，劳拉承诺放弃“自我”就能得到个人救赎——这是一个既令人恐惧又令人着迷的黑洞，吞噬一切。

尽管如此，3 个月之后，菲布斯的一部分，最健康的那部分，让他匆忙逃离了伦敦。劳拉疯了（更加疯狂），命令罗伯特和南希去找他。最后他们在法国找到了他，他跟诺拉在卢安的一家酒店里。一天早上，3 个人一起出现在那里，劳拉提出了一个方案：当初没有把诺拉吸收进这个圈子是错误的，现在她主动提出让她也加入，4个人的生活将变成美好的5人生活。但是诺拉拒绝了，劳拉扑倒在地上蹬腿打滚。

诺拉和菲布斯逃回了爱尔兰。劳拉寄给他用过的汽车票、扭曲的金属丝、巫术物品，最后，她派去了罗伯特，后者将把菲布斯拖回伦敦。在那里，4个人争论了整整一夜，这是一场令人备受折磨的论战：他怎么可能产生离开的念头？怎么可能拒绝劳拉？怎么可能不愿意继续跟她合作撰写伟大的作品（劳拉跟她所有的男人合作，试图创作一部狂妄自大的文学巨著）？天亮时，劳拉发现自己已经对菲布斯失去了控制力，她认为这是魔鬼的胜利（因为她代表善，而不爱她就意味着投身于恶），于是优雅地坐在窗台上，看着他们3个人说“再见了，朋友们”，然后就从四楼跳了下去。罗伯特冲下楼梯，在到达第三层的时候，也从窗口跳了下去。菲布斯也飞奔下去，但是没有停留。他打开临街的门，消失在远处。至于南希，她是唯一一个能保持些许冷静并通知警察的人。

罗伯特只有少许磕伤，但劳拉的四节脊椎摔得粉碎，骨髓都露了出来。出乎所有人的意料，她不但没有死，甚至没有瘫痪。这个令人惊讶的事实让她更加谵妄地确认自己的神性：她是有魔法的、神圣的，她本已经死去，又因他人的罪孽而重生。与此同时，菲布斯与南希相爱了（他们共同生活了5年，后来菲布斯成了“维多利亚式花园”那种理智却无聊至极的话题的权威）。格雷夫斯试图向一个朋友解释当时的情况，他的语言无疑来自劳拉，从中可以窥见她混乱不清的理智：“疯了的杰弗里死了，过于清醒的杰弗里也一样。于是中间的杰弗里出生了，那就是杰弗里 - 南希。劳拉可以很爱这个新的杰弗里 - 南希，但是现在她作为劳拉写作，而不是作为劳拉 - 杰弗里。至于他，他住在驳船，不住在公寓。他作为杰弗里写作，而不是作为杰弗里 - 劳拉。”

在事故——或者重生，取决于如何看待——发生之后，罗伯特与劳拉迁居西班牙，住在德亚城的一栋小房子里，位于帕尔玛·德·马略卡岛。在德亚的那几年（自1930年至1936年）是“劳拉帝国”的全盛时期。通过深奥而富于启发性的话语，充满暗示又不连贯的诗歌，劳拉·莱汀就像塞壬把可怜的水手吸引到礁石那里一样，把一群充满理想主义的年轻男女和脆弱的艺术家吸引到身边，从知识上和感情上折磨他们，向他们索取无限的崇拜。那个时期的照片中，她的样子十分恐怖。她穿着古代马略卡人的服装，满身珠宝，戴着一顶金王冠，上面还有她名字的希腊语拼写［她的受害者之一汤姆·马修斯（Tom Matthews），作家，后来成为《时代》杂志的总编，描述说：“她犹如一位赫梯女王”］，天使般友善的微笑使她女巫般薄薄的嘴唇向上弯曲。同时，格雷夫斯每天都把早餐送到她床头，为她卷烟，为她捎口信，送给她无数礼物。她已经不再跟他上床了（事实上她已经把性视为肮脏的事物，公开弃绝了），对待他就像对待一条狗。

劳拉于1901年出生于纽约，是一个贫穷的波兰犹太移民的女儿。这三个当时象征社会底层的标签给她打上了自卑的烙印。她的父亲是一个狂热的马克思主义者，希望将自己的女儿变成像罗莎·卢森堡（Rosa Luxemburgo）那样的活动家。她从父亲那里继承了拯救世界的热情（以及为实现它所必需的信仰）。从母亲那里接受的遗传则令人更加混乱：这是劳拉多次提及的可怕的秘密，似乎它是对疯狂的恐惧，同时又可以成为一种诗意的、预言性的天赋。劳拉唯一的兄弟在疯人院度过了半生，母亲是一个古怪的人：她相信自己视力出了毛病，总是用一只袜子绑住眼睛，在家里用白袜子，出门用黑袜子。

关于劳拉·莱汀的资料很少，黛博拉·贝克（Deborah Baker）于

1993 年出版的传记显得尤为可贵。这是一部细致而出色的作品，唯一的缺点在于这本传记一字一句地解读劳拉的作品，试图以连贯的方式诠释她那谵妄的文字丛林，而没有从她席卷一切的疯狂力量以及它对许多人产生的悲剧性吸引力的角度去理解。事实上，这反映了我们所有人内心都蕴含着无序和混乱，所谓“疯狂”并不是我们自身以外的东西，而是人类一贯的组成部分（也许只是比例和平衡有所差异）。

劳拉·莱汀的诗很奇怪，尤其是最早期的作品，既令人不安，又引人入胜。劳拉感觉自己跟全世界都不同，想把世界变成和她一样的存在，为此她使用语言。另一位和她异曲同工的现代主义者詹姆斯·乔伊斯（James Joyce），也是一个错乱的、恶毒的人。然而他在 1922 年出版的无法理解的小说《尤利西斯》却成了一部受人崇拜的作品，从而将作者从一个可能被边缘化的、疯癫的命运中解救了出来。但是莱汀没有这么走运：世界不愿意倾听她与众不同的声音。因此，她不得不建立个人化的狭小空间作为庇护所（比如德亚王国），在与世隔绝中，她变得越来越疯狂。一开始她计划撰写一套百科全书《卜尔加塔》[1]，用以重新定义所有现存的概念。几年后她又决定潜心创作另一部“宏伟作品”：一部词典，因为重新创造词语就是在重新创造世界。汤姆·马修斯敏锐地概括了莱汀的悲剧命运，他说读她的文字就像“在听一个充满激情、渴望被倾听的人说话，可是她发音缺陷太大，没有人能听懂”。与此同时，劳拉还在推进另一个项目——撰写《第一议定书》，一篇彻底疯癫的宣言，声称历史已经结束了，并预言女性将拯救世界。最令人难以置信的是，这份《第一议定书》得到了英美数十位知识分子联名支持。因为他

1 《卜尔加塔》原指拉丁文本的《圣经》。

们生活在一个酝酿着巨大灾难的时代，第二次世界大战一触即发，似乎历史真的已经永远结束。劳拉的追随者相信她能够阻止战争，这一点足以让我们了解劳拉那海市蜃楼般的虚妄力量，以及签名者对于拯救如此迫切的需求。

其中一位签名者是舒勒·杰克逊（Schuyler Jackson），北美诗人、《时代》杂志的文学评论家。舒勒是一个很容易盲信的人（他曾追随一位亚美尼亚的"导师"整整 8 年），也是一个跟劳拉很相似的人。朋友们认为他是个天才，但他一直处于社会边缘，是个贫穷的农场主，跟妻子凯特和 4 个儿女一起生活。舒勒和劳拉并不相识，他们的关系始于书信往来，同样的情节再次上演。1939 年，劳拉决定跟格雷夫斯和几个朋友一起搬到美国。他们住在舒勒的农场，劳拉跟他关在一个房间里整整两天，出来的时候她宣布："舒勒和我，我们做爱了。"守身如玉的时期结束了。

汤姆·马修斯讲述道，环境再次变得紧张，像噩梦般令人恐惧。渐渐地，气氛开始白热化。一个下午，舒勒的妻子凯特爆发了。她趴在桌布上哭泣，接着把孩子们带到田间，并试图扼死当时 12 岁的大女儿。她被人强制带走了。劳拉宣称她是一个女巫，并强迫所有人举行一个净化的仪式，焚烧凯特的私人物品。孩子们也被告知他们的母亲中了邪，必须不停地举办可怕的黑魔法仪式。正是在这些时刻，劳拉的邪恶达到了最令人发指的地步：可怜的凯特被她毁了（被送进精神病院，长期接受电击治疗），孩子们也被她百般折磨。此前，格雷夫斯的孩子们也同样被她忽视并遭到残酷的虐待。

结局即将到来。劳拉遇到舒勒，仿佛是鞋子找到了自己的鞋楦。舒勒跟她一样强势而疯癫，他强迫劳拉跟所有朋友断绝联系，包括格雷夫斯。格雷夫斯后来跟一位理智的姑娘结了婚，又回到了理智的世界。劳拉跟舒勒也结了婚。他们在30年中过着与世隔绝又一贫如洗的生活（他死于1968年，她死于1991年），沉浸于编撰那无穷无尽而又不可能完成的宏伟词典，当然，永远都没有完成。劳拉为舒勒刷洗、做饭、打扫卫生，再也没有写下任何一行诗。他终结了她，她也终结了他。

在与劳拉·莱汀断绝关系7年后，格雷夫斯出版了《白色女神》，一篇以劳拉为灵感的紧凑、优美而神秘的散文。这段回忆给他带来的震撼如此深远，1960年，他又为这部作品添加了一篇后记，并写道："没有哪一位诗人能有幸认识缪斯，除非他有过跟某个女人相处的经历，而这个女人是女神的化身。"被一个伟大的作家定义为女神的化身，对劳拉来说无疑是一种胜利，但对我来说，她所代表的不是神性，而是深刻的人性。她就是本质的恶，是黑暗的灵魂。

GEORGE SAND

la plenitud

乔治·桑

怒放

巴尔扎克称她为“贝里母狮”，当然，乔治·桑符合人们对这种大型猫科动物的印象：一种动物性的力量，一个强大而不驯服的生灵。从小她就被视为一个很有魅力的女人，尤其是她的眼睛，黑得像邪恶的思想。那双异乎寻常的眼睛像深邃的湖水淹没了她的面庞（肖邦说：“她炙热的目光让我的心飞翔。”），但是她最大的魅力还是在于另一种美：她的真诚、智慧，以及慷慨的激情。这些品质随着时间的流逝变得越来越耀眼，因此随着年龄的增长，乔治·桑，即奥洛·杜宾（原名）的吸引力也不断增加，获得了越来越多而且越来越深厚的友谊，比如居斯塔夫·福楼拜和小仲马的友谊。事实上，桑也设法保持肉体的诱惑力，比如她 60 多岁时，还跟比她小 22 岁的英俊画家乔治·马查尔（George Marchal）有过一段热烈的肉体关系。她一直是个极为自由的女人。

毫无疑问，这种完全的内心自由来自她的勇气和智慧，但同时也得益于时代创造的可能性（正如，百年之后波伏瓦能够成为波伏瓦，而早半个世纪，沃斯通克拉夫特却无法做到这一点）。她正好生活在一个进步主义破灭、社会趋于变革的历史时刻——浪漫主义时期。维克多·雨果说："文学、艺术、工业、贸易、意识上的自由，就是这个时代的标记。"这句话定义了浪漫运动的精神。雪莱在1814年发表了关于生命的散文，要求爱情的自由。虽然几年后保守主义卷土重来，但那时人们与旧规则斗争着，或者准确地说，跟一切规则斗争，因为浪漫主义就在于永恒的演变、永恒的寻找、永恒的学习，所以旅行和旅行者的形象是浪漫主义的象征。乔治·桑出生于1804年，她的生活如此现代而大胆，自然引来了不少丑闻和排挤。但面对社会主流的严厉斥责，她总是拥有同伴们的支持：艺术家、学者和进步的读者。她并不孤单，而能够得到他人的认可则决定了被边缘化还是被接纳融合，划下理智与疯狂的分界线。正因如此，玛丽·沃斯通克拉夫特感觉自己是一个无人理解的怪物，而乔治·桑却在她的支持者中一呼百应。

与桑有关的一切都显得不同寻常，连她的身世也是如此。她的父亲出身于一个非常高贵的私生子族系，她的曾祖父是一位公爵，是波兰国王奥古斯特三世[1]承认的私生子。但是桑的母亲出身低微，在士兵的军营里当军妓。正是在从事这个职业的时候，她认识了桑的父亲，那时他是个中尉。他们相爱了，并在桑出生的20天前结了婚，当时她31岁，他26岁。年轻军人的贵族家庭对这桩婚姻气愤不已。

5年后，她的父亲从马上掉下来摔断了脖子，祖母杜宾想把奥洛（乔治·桑）留在自己身边，便向儿媳妇提出，只要她离开并留下小女儿，就为她提供一份年金。奥洛恳求妈妈不要"卖掉"自己，但那个女

1　奥古斯特三世（August III of Poland，1696—1763），是1734年至1763年的波兰国王和立陶宛大公，也是1733年至1763年的萨克森选帝侯，被称为弗里德里希·奥古斯特二世。

人接受了这桩交易，去了法国。奥洛留在了诺安，祖母名下一个位于法国贝里地区的古老的美丽庄园，她梦想着有一天母亲会回来把她接走。然而母亲永远没有那样做。

奥洛在诺安无拘无束地长大，读遍了图书馆里所有的书籍，穿着男孩子的衣服，以便长时间地在周围骑马，从少年起就开始写情感小说。祖母去世后，17 岁的她继承了庄园。她感到自己已经长大成人，渴望自由，但那时母亲却坚持要照管她，可能是因为现在她是一个相对富有的女儿。奥洛一生中经常陷入不堪的经济纠纷，她对此感到十分烦恼。也许正因如此，出于逆反心理，她一向对钱财毫不在意。她自己是一位非常简朴的女人，有一点钱就足够生活，但对他人却非常慷慨。她对儿女、情人、前男友慷慨解囊，热心资助她的朋友、政治斗争的伙伴（她是共和国、无产阶级和 19 世纪法国数次革命的热情拥护者）和所有那些向她寻求帮助的人。尽管如此，或者更准确地说，正因为如此，她的经济状况相当窘迫。诺安庄园入不敷出，可怜的乔治·桑经历过真正艰难的时期，不得不一辈子都在勉力写作（她的全集共有 105 册）。

为了逃离母亲的监护，奥洛在 18 岁的时候嫁给了不名一文的男爵卡斯米尔·都德万特，并立刻生下了一个儿子，就是备受宠爱的莫里斯。卡斯米尔并不是一个坏人，但的确迟钝又无趣。他终日打猎，酗酒，完全不理解妻子，有一次还在公开场合打了她一个耳光。其实打得并不重，只是轻轻打了一下，但是屈辱及其带来的痛苦是一样的。奥洛痛苦不堪，头晕，感觉自己已经死去，想要自杀。那桩被动的不幸婚姻既没有意义，也没有实质。她写道，“如果不是为了儿子”，她“已经自杀了”。乔治·桑饱受当时流行的抑郁症困扰多年，尖锐的忧伤和自杀的冲动时时侵袭于她。

就在这种无力的挣扎之中，年轻的法官奥瑞利安出现了。他们立刻相爱了，但是奥洛不愿意婚内出轨，所以他们的关系一直是柏拉图式的：说不完的热烈情话，无数次绝望的牵手，流不尽的浪漫眼泪。有一天，卡斯米尔突然走进客厅，正好撞见奥瑞利安跪在地下哭。奥洛发誓自己是清白的："我完全明白你已经不爱我了，因为你只相信自己的眼睛所看到的，而不相信我对你说的。"对丈夫说的这番话表露出她被冒犯的尊严，理由是双重的：第一，她跟奥瑞利安确实没有肉体关系；第二，在任何情况下，所谓爱情，就是在面对欺骗时也宁可选择盲目相信，因为我们所爱的对方并不是这个真实的人，而是我们希望他（她）扮演的那个角色（像男演员、女演员一样）。

爱情是自相矛盾的，激情都是谎言。这些令人痛苦的伟大真理，乔治·桑懂得很多。她拥有一种热烈而毫无保留地爱上别人的能力（"我不能也不愿意没有爱地活着"），并充分利用这种能力。跟生活中的其他方面一样，在"爱"这一点上，她希望能作为"人"得到更好的发展。随着时间的流逝，她终于越来越幸福，并越来越懂得恰当地爱。但她成年后的最初几年是混乱而狂热的，满怀被激情裹挟的冲动。

在生下女儿索兰格之后（据说孩子的父亲是一个叫史蒂芬的人，她的第一个情人），奥洛立刻同卡斯米尔决裂，并前往巴黎。那时她 26 岁，身无分文——丈夫得到了诺安庄园、孩子们，占有了她的一切。一到达法国首都她就说："我登船驶入暴风骤雨的文学海洋，必须活下去。"然后，她开始为报纸撰稿，为了省钱穿男装（灰色男士礼服、背心、领带、帽子），见识了 1830 年的大革命和放荡不羁的生活。她身边围绕着年轻的艺术家和活动家，她去观看戏剧，在政治和文学集会上参与讨论、在咖啡厅抽烟，凌晨两点在人声鼎沸的酒馆吃晚餐——品着雏鸽，喝着红酒。她爱上了一个19岁的文学青年朱勒·桑多（Jules Sandeau），跟他合著了第一部小说《罗莎与布兰科》，署名朱勒·桑，并取得了巨大的成功。第二部小说《安蒂亚娜》是她独立写作的，那时她已经跟朱勒分手，小说署名乔治·桑。从那时起，她就永远是乔治了，甚至连她的儿女和情人们都这样称呼她。

采用男性笔名是19世纪女作家常见的做法。她们借助这种方式保护自己的身份和社会名望（智慧的女性都引人侧目），同时也能够让公众不带偏见地阅读（年轻“小姐”写的书被认为是初级、幼稚的文学）。另外，那时世界上存在严重的性别歧视，有一种社会和文化的语言是女性无法触及的。比如在《马略卡的冬天》中，乔治·桑化身为一个年轻男子，以第一人称讲述自己的回忆。只有这样她才能说出“渴望独立，受那不驯服的、任性的怪癖驱使”。考虑到那个时代被苛刻局限的女性人格，这句话如果从一个女人的嘴里说出来，会显然很突兀，也毫无可能。因此，虽然所有的读者都知道她是一个女人，她却不得不继续以男性的身份写作，以免她的作品显得过于格格不入。

总之，乔治·桑打破了陈规，也打破了女性宿命般的禁锢。她在私人生活中也采用了“乔治”这个名字，并非因为她想要变成男人，而是因为她是那种规则之外的女人。她完全是个另类：骑马、登山，在徒步远行时穿着男装，一个人露天而眠。桑明白，社会对于性别的顽固印象是荒唐而局限的，所以她致力于摧毁它。比如《一个旅行者的信札》用男性的口吻（跟她其余的作品一样）说：“我是一个诗人，换言之，实际上是一个女人。”就这样，性别的模糊和禁忌都变得自圆其说：这个假装成男人的女人坦白自己是女性。

乔治·桑的所有作品都是从这种强烈的个人自由观念出发而创作的。

《安蒂亚娜》一经面世，立刻取得了成功。故事的女主人公婚姻不幸，她转而投向情人的怀抱，却被无情伤害，最终在第三个男人那里找到了幸福。这个大胆的主题表现了那个时代与传统决裂的风气。桑立刻成了名人，一个异类，浪漫主义者的英雄，保守主义者的耻辱和丑闻。

但是她继续寻找自己的路，无视任何中伤或谄媚。她拥有令人惊讶的自由，时刻愿意冒险、尝试、犯错。她无所不为：不停歇地写作，跟丈夫打官司，想要回诺安庄园和儿女们的监护权（出乎所有人的意料，这场官司她居然打赢了），还拥有众多的情人。她性感、活力四射、无拘无束——“今天晚上我还希望你来，”她在日记中提到桑多的时候说，“我被一口一口、一拳一拳地打碎了，站都站不住。我感到非常幸福。”总之，她懂得欣赏肉体的美好。

她曾跟诗人阿尔弗雷德·德·缪塞（Alfred de Musset）有过一段痛苦且广为人知的激情，他患有神经官能症，而且心地恶毒。她跟既是律师也是革命家的路易斯·米歇尔（Louis Michel）在一起时，坚定了激进的意识形态，并开始谈论无产阶级。中间还有不少其他男人，她的风流韵事是整个巴黎的八卦。她声名狼藉却保持沉着，专注于感受生命的搏动、创作自己的作品：“写作这项职业是一种磅礴的激情，几乎不可摧毁。”她的风格强大、流光溢彩、振聋发聩。在一个多世纪之前，她的作品获得了巨大的成功：福楼拜、陀思妥耶夫斯基、夏洛蒂·勃朗特、乔治·艾略特和屠格涅夫都对她推崇备至，亨利·詹姆斯称她为“伟大的女魔术师”，普鲁斯特赞美她语句流畅。到今天，桑的小说已经显得落伍，但是她反思性的书籍和散文（《马略卡岛的冬天》《一个旅行家的信札》《我毕生的故事》）继续保持着独一无二的魅力。这些作品充满了生命力。

34 岁的时候，乔治·桑厌倦了自己，厌倦了对爱情的强烈需求。正是这种需求让她一次又一次地虚构激情："永远在追逐阴影，我烦透了。"她渴望一种稳定、平静的爱，有时她害怕自己不懂得爱。就在这时，肖邦出现了。那时他 28 岁，性格孤僻，患有结核病，对性很反感。乔治让他战胜了这种反感，至少在开始的时候。乔治·桑对他全身心地投入：照顾他、溺爱他、保护他。随着时间的流逝，肖邦最终成了她的另一个儿子。（"我有三个孩子要照顾。"）乔治·桑跟这位音乐家在一起 11 年，后面 7 年"像处女一样跟他和其他人共同生活"。然而，最后令关系破裂的并不是她。让·查隆（Jean Chalon）在他轰动一时的传记中讲述，乔治·桑的女儿索兰格嫁给了一个负债累累的无赖雕塑家，他企图榨干女作家的财产。因为无法达到目的，索兰格和丈夫极力诬蔑桑，而柏拉图式地爱着索兰格的肖邦选择站在他们一边。就这样，乔治同时失去了女儿和伴侣。失去后者，让她感到如释重负："啊！终于休息了，终于解放了！我一直在忍受他那狭隘而专制的灵魂，总是因为同情他、害怕他痛不欲生而受到羁绊！"

此外，那时的桑非常忙碌，她在巴黎积极地参加 1848 年的革命："我会跟受害者站在一起，反对刽子手，直到最后一刻。"她深深地参与其中，以致在革命失败之后，因为担心被捕而躲在诺安庄园。自我流放的那几个月非常灰暗，没有钱，也无法在寒夜里生火取暖。也正是在那时，她认识了儿子莫里斯的朋友，32 岁的版画家亚历山大·芒索（Alexandre Manceau）（那时她 45 岁）。芒索是她的一生挚爱。《邦皮亚尼作者词典》称诺安男爵夫人成熟稳重，"虽然居心叵测的人指责她身边有一个年轻高傲的男秘书"。这个年轻人就是芒索，他并不高傲，反而随和、感性。他们共同生活了 15 年，直到他死于结核病。

“现在我明白，人们爱成熟女人甚于爱年轻姑娘。”桑在跟芒索开始恋情时得意地写道。她有理由感到满足，她已经很久没有自杀的念头了，忧郁早已从她的文字中消失。她越来越严肃，也越来越深沉地去爱，去生活。这种通往怒放的演变是乔治·桑最大的成就。虽然生活艰难，死亡夺走了她爱的人们；虽然身体每况愈下，革命失败了，经济上捉襟见肘，桑却在理性和智慧之中，在一种东方的、深沉的平静之中，逐步构建自我。“我们又老又丑，”55岁那年她写道，“芒索正在发胖，莫里斯已经秃顶，我仿佛100岁那么老。但如果我们对彼此的爱足以让大家互相欣赏，那又有什么重要的呢？”

失去芒索和孙女妮妮让她心碎，但桑总是有能力重新开始写作、重新梦想、重新去爱：“懦弱不是自我牺牲：逆来顺受的人啊……一声叹息。”她当然从不屈服，63岁的时候她写道：“我感觉自己正在重新开始生活。”那时她正跟年轻的马查尔维持着一段充满激情的性关系。“对我来说，生活永远是现在时。”70岁的时候她还在诺安冰冷的激流中沐浴，写作、做李子酱，跟福楼拜、左拉、勒南、龚古尔兄弟一起，定期参加著名的“半月晚餐”聚会，深受朋友们的敬爱。“老了真好。这是最好的年纪，是最能清晰洞察的时期。”

72岁的一天，她得了肠梗阻。几个星期中她没有感觉不适，但已猜测到自己大限将至。终于，疼痛开始了：痛楚如此强烈，让乔治大喊大叫，祈求死亡的降临。然而死神姗姗来迟，九天之后才到。总而言之，她的死亡是一种完满的、清醒的终结，和她生命的其他部分一样紧凑。

不过，如果她事先预见到这种折磨，勇敢的桑一定会将之当作某种和谐一致的东西加以接受。我突然想到，她一定愿意用这九天的痛苦来换一个没有毁伤也没有衰老的晚年，和直到最后都在怒放的生命。在疼痛开始前的三个小时，她在给一个侄子的信中写下了最后几行文字：“不用担心。我见过他人的死亡，此外我也已经活得够久了，任何一种结局都不会让我感到悲伤。我相信一切都很好，所谓的生与死，就是死与更好的生。爱你的姑妈，乔治·桑。”

ISABELLE EBERHARDT

hambre de martirio

伊莎贝尔·埃伯哈特

殉道的渴望

VENGEA

1904年10月21日，一场洪水摧毁了半个名叫艾因·萨福拉的阿尔及利亚村庄。当洪水退去，法国驻军的士兵在一间简陋茅舍的废墟中发现了陷在淤泥中的女人的两条腿。这两条腿是伊莎贝尔·埃伯哈特的，她又名尼古拉斯·坡多琳斯基，或穆罕默德·萨阿迪——一位打扮成小伙的27岁瑞士女作家，精通阿拉伯语口语和书写。

虽然伊莎贝尔·埃伯哈特死时很年轻，但足以在她身后积累起一个神秘而不同寻常的人生。她女扮男装走遍了马格里布[1]，跟贝都因人一起睡在沙漠里，在沙丘间骑行，白天跟那些“马拉布特”（宗教领袖）谈论神秘主义，夜晚则逛遍北非所有的妓院。她的生活很古怪，含混不清，充满了痛苦和矛盾。比如，她曾协助法国帝国主义管理当局收税，也曾参加独立示威；她曾被殖民地政府视为煽动性的政治家而被逐

1 马格里布位于非洲西北部，原指阿特拉斯山脉至地中海海岸之间的地区，19世纪末，该地区绝大部分成为法国殖民地，其余部分落入西班牙手中。今日，除休达和梅利利亚两个地区尚属于西班牙外，其他地区均已合并入摩洛哥、阿尔及利亚和突尼斯三国。

出阿尔及利亚，然而几年后，她又成了法国元帅利奥泰（Louis-Hubert-Gonzalve Lyautey）的间谍。

这个古怪的女人（她把自己描述为“一个独特的女人”）最先让我着迷的是她发表在《少女的旅行》中的一篇文章的结尾：“据我所知，没有比狂热更高的精神之美，这种狂热如此真诚，只能终结于殉道。”这些可怕的、令人眩晕的词语指的是人类意识中的黑洞，那里燃烧着吞噬生命的烈焰。从一开始我就希望弄明白（正如人们渴望理解“恶”的本质一样）像伊莎贝尔这样聪明的人，为何会秉持这种观点？这种人类身上普遍存在又至关重要的需求——寻求教义的庇护并栖身于地狱的需求，究竟来自哪里？

伊莎贝尔的母亲娜塔莉来自俄国贵族家庭，嫁给了比她大 40 岁的沙皇顾问莫尔德将军。1871 年，娜塔莉带着 3 个儿女和特罗菲莫斯基永远离开了俄国。特罗菲莫斯基是一个中年人，无政府主义者，孩子们的监护人，也是她的情人。他们共度了余生（20 多年），却从未公开两人的关系。娜塔莉离开俄国 9 个月后，生下儿子奥古斯丁，还是姓莫尔德。5 年以后，也就是 1877 年，伊莎贝尔出生了，她登记的身份是私生女。因此在 5 个兄弟姐妹中，只有她带着异姓的烙印。而最糟糕的是，特罗菲莫斯基从未承认她是自己的孩子。伊莎贝尔一定是从同母异父的哥哥姐姐那里知道了自己是监护人的女儿，但父亲和母亲都从未告诉过她真相。她的出身一直被包裹在恶毒的沉默和一团浓雾中。在书信和文章中，伊莎贝尔经常虚构出不同的父母，为自己编造各种不同的身世。

母亲娜塔莉性格软弱，几乎到了病态的程度，而特罗菲莫斯基则是一个十分古怪的人。在流亡生活中，他同巴库宁（Mikhail Alexandrovich Bakunin）密切合作，是无政府主义刊物的创立者之一，然而后来却日益与世隔绝。他很有学问，有亚美尼亚血统，精通多种语言（伊莎贝尔遗传了这种天赋，她会讲法语、德语、俄语、拉丁语、阿拉伯语、意大利语和一点英语），相信神秘主义，患有妄想症。他在日内瓦郊区购买了一座大而杂乱的房子，有一个巨大的花园（内薇庄园），跟娜塔莉和5个孩子一起隐居在那里。内薇庄园那无人照料的花圃仿佛是一座被杂草吞噬的热带雨林，而大房子内部像幽灵一样空空荡荡，每个房间都只有一两件家具，仿佛是以前的主人搬家时遗落了几件陈旧的破烂。这个不像家的家是谁也没能离开的监狱，孩子们连学校都不去，特罗菲莫斯基负责他们的教育。大一点的孩子们恨他，一次又一次地试图逃离（特罗菲莫斯基请警察去追他们）。最后，年长的两个莫尔德终于逃脱了：长子去了俄国，在那里继承了父亲的遗产；二女儿嫁了人，一心报复特罗菲莫斯基，指控他性骚扰，并且在1873年远程指使他人毒死了莫尔德将军。

惊恐、偏执而穷困潦倒的特罗菲莫斯基继续蛰居在内薇庄园，跟他生活在一起的还有莫尔德的第三个儿子，乖巧却疯癫的弗拉基米尔；第四个儿子奥古斯丁，他同样精神不稳定，酗酒，鸦片成瘾；还有小伊莎贝尔，特罗菲莫斯基给她剪成短发，把她当作男孩一样打扮和对待。此外，这位监护人还十分热衷于种植仙人掌，他非常喜爱这种植物，在它身上倾注了自己没有能力对他人表露的感情。也许只有脆弱的弗拉基米尔得他垂怜，那是他最爱的孩子，二人同样热爱仙人掌。很多年以后，在可怜的弗拉基米尔自杀身亡后，不善表达的特罗菲莫斯基拍了一封电报说："我那爱仙人掌的儿子死了。"他找不到更好的方式来表达自己的痛苦。

伊莎贝尔就在这种险恶而令人窒息的氛围下长大，周围充满了迷雾和毒草，充满了沉默和威胁。从小她就开始写作：短篇小说、未完成的小说、日记。正如她19岁时对一位阿拉伯朋友所说："我那（在文学界）

成名和挣得一席之地的野心都是次要的。于我而言，我写作是因为我喜欢，也许这就是我的命运，也是我唯一的安慰。”她使用过多个笔名，在信中冒充男人，很快就开始在法国的杂志上发表文章。年少的伊莎贝尔似乎在绝望地寻找着自己的根、自己的身份，而沙漠是如此洁净、纯洁、毫无隐藏，在那里，所有的事物都显而易见，与内薇庄园恰恰相反——那阴暗、混乱的花园，那个被不明之物压垮的童年空间。

伊莎贝尔很不幸，而这种不幸成了她人格的重要组成部分，也是她对自我的定义。19 岁时，她在日内瓦一个摄影工作室中拍摄过两幅肖像，一张打扮成阿拉伯青年男子，另一张穿着水手装，戴着一顶帽子，上面赫然写着假想之船的名字——“复仇”。那时她在日记中写道：“我想变成某个人，并以这样的方式完成我生命的神圣目的：复仇。”伊莎贝尔感觉自己一出生就被打上了烙印：“我发现从出生那天起我就是被诅咒的，注定要受折磨，受到孤独和绝望的惩罚。”她想要弥补的正是生命的无尽痛苦。

伊莎贝尔第一次去北非时 20 岁，跟母亲一起。她剃了光头，穿着男装，自称穆罕默德，认为骗过了所有人她的真实性别是什么。然而，看到那个时期的照片，很难相信人们会把她当作男人：她很美，嘴唇丰盈，身材娇小。很可能那时阿尔及利亚人都对外国人的古怪行为见怪不怪了，所以都假装按照她希望的方式看待她。在那样一个时代，深入沙漠腹地的旅行是极其危险的，而伊莎贝尔跑遍了半个马格里布却没有发生什么大的意外。当然了，她会说阿拉伯语，并且十分了解当地的习俗和宗教，尤其是她非常渴望融入他们。

她的母亲，脆弱的娜塔莉没过多久就突然离世了，伊莎贝尔痛苦得发狂。回到日内瓦时，她正好赶上哥哥弗拉基米尔自杀，又见证了特罗菲莫斯基在喉癌折磨下可怕的临终时刻（据说伊莎贝尔出于同情，用大剂量的氯醛杀了他）。她独自回到北非，身无分文。遗产已经花完，埃伯哈特在贫穷的深渊中越陷越深，直到陷入极端的困境中——没有吃的，寒夜里没有钱买柴火，靠苏菲教团中教友们的施舍过活。

伊莎贝尔的性取向总是引起人们近乎病态的好奇。似乎只有男装打扮的时候她才会兴奋，尽管似乎也只有男人才会吸引她。她喜欢跟别的男人一起逛妓院，虽然她只是看着。她的生活十分混乱，最后患上了梅毒（和疟疾），但同时她又十分看重精神。她过着一种双重而分裂的生活：白天纯洁、禁欲，孜孜追求神秘的真相和文学之美，而到了夜里却是阴暗扭曲的。她在日记中经常提到自己的“堕落”：“还没有任何人能够透过我看到我真实的存在：敏感、纯粹，而远不是我选择混迹其间的那种日益堕落的低贱。我选择沉溺其中，一方面是因为对墨守成规的厌恶，另一方面是出于对受苦的奇怪渴望。”不过，她嫁给了年轻的阿尔及利亚士官斯利梅内（也叫斯利姆），并维持了4年的婚姻，这段关系显得出奇地单纯而保守。

伊莎贝尔的传记女作者安妮特·科巴克（Annette Kobak）认为她患有厌食症，很可能事实正是如此：对纯洁的渴望与求之而不得的绝望，与自我身份以及自身肉体的斗争，都是该病症的常见特征。伊莎贝尔对存在的无意义、生命的空虚、生存还是毁灭的眩晕感，有一种敏锐的洞察。这些人类基本的痛苦，尤其是在这个时代里，无法找到令人安慰的答案，而在她身上，这种不安达到了令人无法承受的程度。

伊莎贝尔这种激烈和狂热，这种着魔一般要填补“生存”空虚（终究无法填补）的坚持，让我想起另一位强大而令人着迷的女子：法国哲学家西蒙娜·韦伊（Simone Weil）。1943年，34岁的她绝食而死（她也是个厌食症患者）。这两个女人一样聪慧，一样濒临疯狂，虽然各有各的方式。乔治·巴塔耶（Georges Bataille）说，西蒙娜·韦伊“拥有某种魔力，既因为她的清醒，也因为她迷幻般的思想”。这句话同样适用于伊莎贝尔：有时她显然是一个严谨的知识分子，有时却迷失在遥远而令人不安的逻辑中。这两个女人都拥有一种受虐狂般的不安和一种对于殉道的渴望，这种不安和渴望有时在某类女人身上可以找到：如果社会环境对她们有利，人们会把她们视为“圣女”（比如另一个厌食症患者——圣女贞德，现在人们又开始要求对西蒙娜·韦伊追谥圣号）；但如果她们没有这个运气，就会变成单纯的疯子。韦伊在理智和风格上更加纯净，而埃伯哈特的文字则不具备太高的文学质量。它们过于贫瘠，既没有实质性的内容，又局限于缺乏生机的描述，太像少年的日记。不过她确实离世得太早，否则随着时间流逝，想必会大有进步。

伊莎贝尔生前相信自己是特别的，并被禁锢于独一无二的命运中，也许令人害怕，也许崇高优美：她不知道自己是天使还是魔鬼。“我将永远不会知道‘我是谁’，也不会知道自身命运的意义，这一前所未有的非凡命运之一。”而最令人好奇的是，她的人生似乎对这种夸张的感觉有所应验：她整个一生都充满了神秘和奇怪的事情。比如她被当作反动的间谍（这使她受到法国当局的长期迫害，并被暂时性地驱逐出阿尔及利亚），又如 1901 年她遭遇的那次谜一般的行刺。当时她正在卡迪尔一个领袖的家里，一个年轻人闯进来，一言不发，砍了伊莎贝尔三刀，一刀砍中了头部，另外两刀砍中了一条胳膊。一根晾衣绳奇迹般地缓解了头部受到的重击，否则那一击会是致命的。但她的伤势还是很严重（刀砍断了她手肘的肌肉和骨头，那条胳膊永远僵硬了），伊莎贝尔不得不在医院住了两个月，承受了巨大的痛苦。

一段时间之后，凶手受到了审判，最后司法机关认定这是一起宗教袭击，因为袭击者属于一个与卡迪尔敌对的教派。但是伊莎贝尔一直怀疑那是一场政治阴谋，而且有法国的参与，目的就是除掉她，这种想法似乎颇有道理。毫无疑问，经常触犯规则（一个西方人打扮成东方人，一个女人打扮成男人）使她不断被边缘化，也使她不断遇到问题。尽管如此，在翻阅埃伯哈特的传记时，还是会惊讶于在她身上发生的那么多事情。你不禁问自己，正如她自问，为什么事事都对她穷追不舍，为什么人们都对她产生误解，为什么被袭击的人会是她？而事实上她真的“什么都没做”，她更多的是一个观察者、边缘人、被动的人。不过可以说，这种身份的缺失以及可以变成任何事物的可塑性（变成男人或女人，西方人或东方人，神秘主义者或罪人）对他人也是有用的：她是一片空白，其他人可以用自己的想法将她填满。

在整个一生中，伊莎贝尔·埃伯哈特都在试图填满这个空白，用教义和盲目的信念为自己建造一个借以支撑的脊梁。但奇怪的是，她越努力去“生存”，却越走向自我毁灭，甚至在外表上也是如此。在她最后几张照片中，她的样子十分可怕。或许在经历所有这一切之后，人格分裂不但是一种选择，而且是唯一的可能。她的姐妹西蒙娜·韦伊就说过：“在这个世界上，我们无法拥有任何东西（因为命运可以剥夺一切），除了自称为‘我’的权利。那是必须奉献给上帝的，也就是说，必须要毁灭的东西。除了毁灭‘我’，我们不享有任何其他自由行动的权利。”这段病态而绝望的话概括了伊莎贝尔·埃伯哈特的一生，或尼古拉斯·坡多琳斯基，或穆罕默德·萨阿迪。邻居们说，她小时候整天都在内薇庄园那杂草丛生、腐叶满地的道路上独自跳舞，在她童年时地狱般的花园，天堂花园的对立面。

FRIDA
KAHLO

el mundo es una cama

弗里达·卡罗

世 界 就 是 一 张 床

对于床在生活中扮演的重要角色，我们往往没有给予其应有的重视。我们在一张床上出生，又在另一张床上死去，一半的时间都在床上度过。床是我们生病时的庇护所，是我们的梦巢，也是爱情的战场。床是我们最私密的空间，是我们内心那个动物最重要的巢穴。而对于壁画家迭戈·里维拉（Diego Rivera）的妻子，墨西哥女画家弗里达·卡罗来说，床意味着更多：避难所、刑椅、祭坛。当然，弗里达是一只受伤的动物。这具惨不忍睹的残损躯体（常常虚弱到只能躺在床上），以及永恒的伤口，成了她的生活和作品中绝对的主角。

弗里达死于 1954 年 7 月 13 日，47 岁生日之后的那个星期。几个月后，迭戈·里维拉把妻子的家改造成了一个博物馆，到今天还可以参观。博物馆里有弗里达死去的那张床（很可能也是她出生的那一张：那栋位于科约阿坎的美丽蓝房子也是她童年的居所）——那是一张巨大的床，有四根柱子和一个华盖。周围也摆了一些在生命的最后几年中，弗里达就躺在这张床上的照片。那时床头摆满了她所爱之人的照片，床顶还有一条荣誉雕带，上面都是她的大英雄，他们占据着宗教神像的位置。对她来说，他们最后都成为某种意义上的神。

此外，华盖上悬挂着一副卡纸做的骷髅，讽刺地提醒着一直在她身边徘徊的死神。在华盖平整的顶棚上还有一面镜子，她通过镜子观察自己，并画下那些著名的、令人不安的自画像。弗里达·卡罗是一个产量极少的艺术家，一生只创作了不到200幅画，而且大部分都是在再现她自己的形象：有很多目光富有穿透力的半身像，还有一些全身像的主题性油画——肉体被撕裂，血流如注。“我画自己是因为总是独自一人，而且因为这是我最熟悉的题材。”

人都有一种令人感动的热情，喜欢为自身的经历加工润色，以便让绝对混乱的生命呈现出有序的外表。出于同样的愿望，弗里达总是说自己是在18岁时才开始因为无聊而画画的：一切都源于那场令她双腿粉碎、脊背折断、腹部穿孔的可怕车祸。在漫长的恢复过程中，母亲在床上安了一面镜子，她就是这样开始以自己为模特作画的。但事实并非如此。她有一幅在车祸发生几年前创作的自画像，笔触稚嫩、粗糙，但是清晰可辨，画中她有着同样的姿势，同样的目光。所以，她在身体受创之前就已经画画了（而且是自画像）。

这并不是弗里达在传记中修改的唯一细节：她致力于将自己塑造成一个拥有丰富想象力和强大意志力的人。所以，她一生都坚称自己出生于1910年，正是在那一年，埃米利阿诺·萨帕塔（Emiliano Zapata）和潘乔·比利亚（Pancho Villa）领导发动了墨西哥革命，那是一场浪漫的、悲剧性的冲突（造成了超过100万人的死亡），撼动了这个国家原来的寡头政治，并使印第安主义得到了承认。弗里达自称是革命的女儿，但实际上她出生于1907年，父亲是一个匈牙利裔的犹太摄影师，母亲则有一半的印第安血统。

无论如何，卡罗的生活充满了神秘的巧合，仿佛命中注定。比如她很早就饱受身体创伤的折磨，6 岁时患上了脊髓灰质炎："我记得右腿疼得受不了。"那一次她在床上躺了 9 个月（像一场生出残疾的分娩）。这张无法摆脱的，将要成为她生活中心的床，仿佛一艘孤独而痛苦的小船（因发烧而汗湿的、被鲜血和眼泪浸染的床单就是船帆）。她在小船里缓缓划向生命的尽头，成为生命和折磨的遇难者。因为那场脊髓灰质炎，她的右腿比左腿细，而且有点跛，像瘸腿的小鸟。

18 岁的时候她坐公共汽车去上学（她打算学医），一辆电车撞上了那辆公共汽车。车祸很严重，造成了多人死亡。据在场的目击者说，车祸发生得很离奇，缓慢、几乎无声无息，电车无法阻拦地一点一点撞上公共汽车，却把后者的侧面撞得粉碎，一切都像噩梦般生动。弗里达在一堆烂铁中赤身裸体：扶手穿透了她的身体（杆子从她身体的一侧穿入，从阴道穿出）。某个乘客携带的一罐油漆倾洒在她身上，她全身盖满了金色的粉末——就像一尊由肉、血和金子打造而成的痛苦的雕塑。总之，甚至连她的车祸都像是在被灾难传染的床上做了一场噩梦，那个梦的世界也使她的画作充满了奇怪而强大的象征意味。

车祸使她的脊柱 3 处断裂，股骨梢和肋骨粉碎，骨盆 3 处骨折，双腿 11 处折断，右脚（因脊髓灰质炎而残疾的那只脚）被完全压扁。得知女儿的状况后，母亲震惊到失声，整整一个月都无法去看望她。患有癫痫的父亲病倒了，20 天后才出现在医院里。弗里达独自一人，身体被毁得支离破碎，忍受着无法忍受的痛苦。事故发生于 1925 年 9 月 17 日，可以说从那时起弗里达·卡罗就开始死去，此后在科约阿坎度过的整整 29 年，就像是一场漫长的临终。我们所有人体内都孕育着死亡，人的一生就是在逐渐死去，而经历了近30年漫长而可怕的恶化后，弗里达终因事故的创伤撒手人寰。

然而，在此期间，她做了很多事情。她具有如此强大的意志力，又拥有非凡的勇气和强烈的求生意愿，两年之后，通过艰苦的手术、牵引、悬挂和使用束身衣，她竟然得以过上一种基本正常的生活，虽然她常常感到筋疲力尽，背部和腿部也时时疼痛。在从医院寄出的信中，她不断地反复说："除了忍受，我别无选择，因为绝望会让事情变得更糟糕。"那时她就已经表现出英雄般的坚毅，在换作其他人可能早已死去的情况下，她活了下来："我已经开始习惯痛苦了。"

一回到这个世界，弗里达就开始频繁出入左派艺术家和知识分子的圈子。在女摄影家提娜·莫多提（Tina Modotti）家里，人们正式把她介绍给迭戈·里维拉。那天晚上，他在混乱中开了枪，打坏了一个留声机。弗里达对他一见钟情："虽然他吓到我了。"也许她喜欢上他正是因为被他吓着了。他们立刻结了婚，在婚礼仪式上这位画家再次扣动扳机，打伤了一位客人。弗里达哭着回了娘家，待了好几天，直到她那光芒四射的丈夫找上门来。那年她22岁，他42岁。

那时迭戈·里维拉已经是墨西哥最著名的画家之一。他创作了一些革命题材的宏大壁画作品，色彩和笔触直到今天还充满力量，虽然其现实主义的风格已经略显僵硬（我本人对卡罗的作品更感兴趣）。他身形高大，大腹便便，面目吓人，眼睛鼓胀，长着一张两栖动物的脸（"你的青蛙－蛤蟆"，他在写给弗里达的信中这样署名）。但他却在女人中享有一种令人无法理解的威望。他有过两个妻子，跟所有能追到手的女人都有染。跟卡罗在一起之后，他依旧本性难改，使她非常绝望。据说，迭戈知名的情人有女演员宝莲·高黛（Paulette Goddard）和玛丽亚·菲利克斯（María Félix），此外他还跟弗里达的妹妹克里斯蒂娜上过床。卡罗无法原谅这种伤害，于是离了婚。但是两年之后，他们又复婚了。

迭戈也是一个难以定义的人。在很多方面，他的行为是令人厌恶的：内心空洞，热衷于成为主角，待人残忍。他的政治轨迹极其不连贯：一开始属于共产党，后来加入了托洛茨基派——正是因为他，托洛茨基才得以在墨西哥避难——最后又想尽办法让共产党重新接纳他，甚至吹嘘说自己把托洛茨基带到墨西哥的唯一目的就是刺杀他。这种满口胡言大话也很招人讨厌。

但迭戈一定也是个想象力丰富的人，只要他愿意，他可以很幽默，独一无二，而且感情丰富。弗里达描述他就像在描述一个神、一个原始生灵："他巨大的肚子好像一个皮球，光滑又柔软，憩息在他强壮的腿上，宛如靠在两根美丽的柱子上……他是一个古老的生物，一个亲爱的魔鬼。"对她来说，迭戈是一个神话，是最初既善又恶的吃人魔，是生命的初始本身。虽然迭戈的确在精神上折磨她，在她最需要的时候离开了她，但他也确实在其他时候给予了弗里达巨大的帮助，而且从未完全抛弃过她。迭戈是卡罗艺术最热情的捍卫者（"她是比我更好的画家"），也是对她的创作给予最多支持的人。说实话，迭戈和弗里达之间的关系时而充满甜蜜，时而又显得残酷。

对迭戈来说，卡罗一开始像是一个女儿，但是在第二次婚姻期间（她提出，再婚的条件就是两人之间不发生性关系），两人的角色对调了，身体每况愈下的卡罗变成了他的母亲。比如，她经常用海绵给迭戈洗澡，这个白皮肤大肚子的巨人在浴缸里弄得水花四溅，玩卡罗给他买的漂浮小玩具。最后，在卡罗最后一次病痛发作时，迭戈已经60多岁，得了前列腺癌（对大男子的一种圣经式的惩罚）。有一次，他出走了几天后回到家，她从床上呼唤他：“我亲爱的孩子，来这里。你想吃个果果吗？”而他则用小婴儿的嗓音和表情回答说：“好呀。”

弗里达非常美丽。甚至不只是美丽，是摄人心魄。她的眼睛狂野而美妙，嘴唇完美，眉心浓密，长着清晰可见的小胡子。有一次她刮了胡子，迭戈大发雷霆：从某种程度上来讲，两个人的第二性征有点错乱，比如他的胸像女人一样大，而弗里达很喜欢。除了强大的外表，弗里达还具有令人难以置信的戏剧感：她总是穿蒂华纳印第安女人的美丽长裙，搭配着衬裙和蕾丝；她用缎带、鲜花和天鹅绒把头发编成辫子，还用前哥伦比亚时期和殖民地时期的沉重珠宝装饰自己。穿着打扮对她来说是另一种艺术表达方式。对着镜子精心打扮和画自画像，两者之间想必没有太大区别。通过这两种活动她“构建”自己，在跟身体状况恶化的赛跑中，这是一种绝对的需求。她的身体正在崩溃，在可怕的最后几年中，她在日记中写道：“我就是瓦解本身。”

弗里达很重视性，拥有众多情人，尤其是在迭戈出轨，跟她妹妹上床之后。她是双性恋［有传言说，她的女性情人包括女画家乔治娅·奥·吉弗[1]（Georgia O' Keeffe）］，但她最激情的恋爱还是跟男人在一起的那几段：雕塑家野口勇[2]（Isamu Noguchi），她为之神魂颠倒的摄影师尼古拉斯·穆雷（Nickolas Muray），还有一个西班牙共和派的画家，他的名字一直不为人所知。他跟她在一起 7 年，是继迭戈之后她最重

1　乔治娅·奥·吉弗（Georgia O' Keeffe，1887—1986），美国 20 世纪杰出女画家，她的画作构图极简，结合了音乐与舞蹈，常以宏伟却意象简单的花卉为主题。

2　野口勇（Isamu Noguchi，1904—1988），日裔美国人，20 世纪最著名的雕塑家之一，率先尝试将雕塑和景观设计结合，主要作品包括日本广岛和平公园内原子弹爆炸死难者纪念碑和拱形桥梁、耶鲁大学的下沉花园、以色列博物馆的比利玫瑰雕塑花园、IBM 总部花园等。

要的爱侣［资料源于海登·贺蕾拉（Hayden Herrera），她的作品是所有关于卡罗的传记中最出色的］。此外，年迈的托洛茨基刚到墨西哥的时候，他们也有过一段短暂的关系，但后来弗里达又回到了最初的信仰中，也开始厌恶自己的老朋友。当西班牙人拉蒙·梅尔卡德尔（Ramón Mercader）用一把冰雕的刻刀杀死托洛茨基的时候，弗里达也作为嫌疑人被拘捕了（那时迭戈正在美国）。有些人声称里维拉夫妇参与了谋杀，但是这种指控缺乏依据。不过3个月前，两个人共同的朋友，艺术家大卫·阿尔法罗·西奎罗斯[1]（David Alfaro Siqueiros）参与了对托洛茨基夫妇宿舍的机枪扫射，这却是事实。托洛茨基和他的妻子躲到床底下，奇迹般地逃过一劫。那是黑暗的时刻。

弗里达画的画尺寸很小（而她的丈夫则创作巨幅壁画），她对自己的作品总是表现得极度谦虚。很多年里，她从不把自己的画作示人，能成为一个著名的女画家完全得益于里维拉的鼓励，可以说是他强迫她参加了1938年在纽约举办的展览。那一次，她认识了超现实主义的主要理论家安德烈·布勒东，他被这位女画家迷住了，认为她是一位“不自知”的超现实主义画家。1939年她在巴黎举办展览，人们也普遍将她归入这场美学运动。几年后，弗里达抛弃了超现实主义，因为那是“资产阶级艺术堕落的表现”。

弗里达最终为何极力拥护苏维埃？要谈论这一点，就不得不讲述这个故事中最苦涩、最可怕的部分——无法言喻的肉体痛苦与噩梦。弗里达的身体是如何逐渐破碎的？她的脚溃烂了，脊柱扭曲，她渴望有孩

1　大卫·阿尔法罗·西奎罗斯（David Alfaro Siqueiros，1896—1974），墨西哥社会现实主义画家，以大型壁画闻名。他与迭戈·里维拉（Diego Rivera）和何塞·克莱门特·奥罗斯科（José Clemente Orozco）并称“墨西哥壁画三杰”。

子却得不到（她经历过 4 次或 5 次流产，卧室里保存着一具不知名的人类胎儿，用福尔马林泡在罐子中）。人们用器具将她钩住，在她腿上悬挂 20 千克的重物，用铁质的、皮质的和熟石膏质的束身衣将她禁锢起来（从 1944 年到去世，她一共用了 28 件束身衣）。为了对抗疼痛，她每天喝一瓶白兰地（最后几年每天两瓶）。她至少接受了 32 次外科手术，仅在 1950 年 3 月到 11 月就做了 6 次脊柱手术。医生们在她刚刚缝合的部位打上石膏，当里面开始发臭了，人们才发现她的伤口正在腐烂。从 1944 年开始，剧烈的疼痛迫使她依赖吗啡生活，她的右腿坏死，1953 年 8 月接受了膝盖的截肢。如此简单而冷漠地逐一列举她所受的折磨便足以令人窒息，仿佛在目睹生命的恐怖。总而言之，最后几年她过着令人惊惧的生活。药物和酒精让她失去了理智，她创作的几个为数不多的作品表现出笨拙和凌乱的笔触。就是在那时，她更加紧紧抓住自己的信条。弗里达不相信上帝，但面对如此的苦难和恐惧，她需要找到某种安慰、某种意义。“我不过是复杂革命机制中的一个细胞。”她写道。她在自己的束身衣上画崇拜者的肖像，以及镰刀和锤子。还有一幅令人感动的画作，画面上一个自天而降的人用双手抱着弗里达，她容光焕发，扔掉了拐杖（那时她的腿已经截肢了）。但是她最后的作品是一幅西瓜的静物画，鲜红的果肉上写着“生命万岁”。

1953 年 4 月，弗里达第一次大型画展在墨西哥开幕，当时她已经奄奄一息。组织者以为她无法出席，但是迭戈想到了一个办法，把床搬了过去（就是那个带华盖的笨重之物），安置在展厅的中间，然后用救护车把弗里达接了过去。就这样，卡罗躺在床上参加了自己的开幕仪式，全靠药物支撑，她皮肤青紫，却仍精心地梳妆打扮（她坚持重塑自我）。朋友们一个接一个地上前问候：那场面仿佛一种宗教仪式，信众排着长队前去亲吻圣女的斗篷边缘。她躺在床上，她那永恒的床——世界，在她苦难的小帆船上，用失色的微笑和戴着闪闪发光的戒指的双手，向所有人告别。

AURORA RODRÍGUEZ
HILDEGART RODRÍGUEZ

madre muerte

奥洛拉·罗德里格斯
希尔德加德·罗德里格斯

死神母亲

从希尔德加德·罗德里格斯流传最广的那张照片上看，她是一个恬静的女孩，胖胖的脸上有种无药可救的愚蠢。她确实胖，这一点毋庸置疑，不过她并不愚蠢。恰恰相反，她是一个智慧超群的天才少女。至于恬静，我怀疑她一生中是否有过真正恬静的瞬间。外表都是骗人的，在这样一个如此隐秘又如此不堪的故事中尤为如此。

1933 年 6 月 9 日，希尔德加德在被母亲杀害之前，认识她的人都说她是一个充满活力和欢乐的女孩，跟她的母亲堂娜·奥洛拉截然相反。那是个冷漠、令人厌恶的女人，堂娜站在出类拔萃的女儿身边，显得完全无足轻重。没错，她们总是形影不离，不过由于女孩年龄尚小，这一点也不足为奇，毕竟那个时代的习俗就是如此。一直到最后，恐怖都是不为人知的。

我猜一切始于堂娜·奥洛拉的出生。1880 年左右，她出生于埃尔费罗尔，父亲是一位以古怪出名的律师（全家都被认为有点古怪）。奥洛拉没上过学，但在父亲的图书馆里学到了很多知识，尤其被乌托邦社会主义著作及其代表人物：欧文（Owen）、圣西门（Saint-Simon）、傅立叶（Fourier）和他的农业合作社（或者叫“法郎吉”[1]）所吸引。19世纪初，这些马克思之前的改革家试图创造新的社会模式，为突然被工业化打碎的、垂死挣扎的世界寻找一个答案。通过阅读，奥洛拉心中燃起一股革命热情，而从疯狂中又产生了救世主的冲动，将自己视为人类的救星。

她的一个姐姐未婚生子，然后留下孩子去了巴黎。那时，14岁的奥洛拉全身心地照顾这个小生命。在他还是个小婴儿起，她就对他说话、给他唱歌、为他弹钢琴。有一天，小男孩意外地把手放在琴键上，敲打出类似音乐的声音。这个小男孩就是佩皮托·阿里奥拉（Pepito Arriola），他是当时著名的钢琴神童，获得了国际声誉。孩子刚刚崭露头角，母亲便从巴黎回来，把他带走了。这让奥洛拉难以释怀——她相信自己偏执的教育方法是佩皮托年少有为的根源。这一点也许是对的，因为离开她以后，佩皮托丧失了作为钢琴演奏家的活力，最后一无所成。历史上也有很多类似的例子，童年就开始受到特殊方式指导的男孩和女孩得以将自身的天赋发展到极致，比如出色的象棋手波尔加三姐妹（Zsuzsa，Zsófia，Judit Polgár）。然而，奥洛拉对此的解释显得十分自大且令人不安：“我感觉到自己的灵魂附身于那个孩子，从而使他的灵魂得以被塑造。”这描述的不是一种教育方式，更像是一种魔鬼般的占有。

奥洛拉曾经希望在阿尔卡拉·德·埃纳雷斯建立一个“法郎吉”，但

1　法国空想社会主义者夏尔·傅立叶为自己的理想社会设计了一种叫作“法郎吉”的“和谐制度”，是一种工农结合的社会基层组织。

见证了外甥的成功之后，一个更加宏伟的计划照亮了她的人生。她不再满足于改革社会，而是立志创造新人类［“我就是新人类即将来临的奥洛拉（她的名字本意为曙光）”］。后来，奥洛拉生下一个女孩，并对她进行特殊的教育，目的是使她成为人类的救世主，这样她自己将不只是圣母玛丽亚——顺从天意的被动载体，而是新弥赛亚的真正创造者。总而言之，奥洛拉想要成为上帝。

父母去世给她留下了一笔宽裕的年金以及实现计划必要的自由。她不带感情地寻找合适的孩子父亲，最后似乎选择了一个名叫阿尔伯特·帕亚斯的冒险家，他是神父，也是海员和作家。奥洛拉跟他“毫无乐趣”地同床了3次，一确定怀孕，便去了马德里。那是1914年，在欧洲，战争刚刚爆发，世界在沦陷。在末日般动荡的环境中，一个女婴出生了，她注定成为光明未来的引领者。母亲给她取了一个野心勃勃的名字：希尔德加德，意为“智慧花园”。

奥洛拉爱她的父亲，却病态地厌恶自己的母亲。她仇恨女性，也厌恶男性，然而她的谵妄思想总是赋予男性更加优越的地位，在这一点上她总是极端保守。她希望自己创造的弥赛亚是位女性，那是因为“没有人比女性更亟待拯救。女性是最糟糕的人类，虽然承认这一点很令人痛苦”。她还说过这样的话：“普遍来看，女性缺少灵魂。甚至有些动物都拥有比女性更高尚的灵魂。”顺便提一句，在她之前很多博学的绅士、杰出的哲学家和著名的思想家都提出过类似的观点，但谁也不会认为他们疯了。

我想说的是，奥洛拉·罗德里格斯的偏执跟那个时代的偏见和总体环境是一致的。因为身为女性而无法接受正式教育，她成了典型的19世纪资产阶级的女儿，那个阶级和时代剥夺了女性所有的生存空间。如果女性身份就意味着“放弃成为人”，要怎样才能承担起这个身份？拥有文化方面的志趣、聪明、独立，就连对自己的人生负责，都不是女性该做的事情，女性甚至无权对事物持有自己的观点。如果不适应这种残缺的女性模式，你就是荡妇，是病人，是怪物。奥洛拉用幻觉来诠释这种残酷的冲突。她认为自己拥有“男性的”大臂、前臂、脖子、锁骨、双腿、大脑和“女性的”心脏、胸、臀部和髋部。混合而变异的她将创造“第一个自由的女人”。

她以狂热的方式投身于此。比如，在怀孕期间，为了不让胎儿受罪，她在床上每一个小时就变换一次姿势。她从希尔德加德出生的第一天就开始训练她，就像在驯养一个动物。她坚持不懈地跟婴儿说话，让她选择彩色的字母方块。不到 3 岁的时候，希尔德加德已经能正确地说和写，8 岁就已经掌握 4 种语言（法语、德语、英语和西班牙语），精通哲学和性教育问题（这是母亲让她从小就开始学习的课程，因为母亲认为“女人会为性而堕落”）。14 岁的时候，她开始投身于公众生活：加入了“社会主义青年团”和“劳动者联合总会”（UGT），并开始在《社会主义报》上撰写文章。刊物的主编安德雷斯·萨博里特（Andrés Saborit）在选用希尔德加德第一篇文章时并不知道作者的年龄，所以在见到她的时候十分震惊，并断言她将成为国际社会主义的伟大人物。3 个月后，她在一片欢呼声中当选社会主义青年团的副书记。那时，她已经一举成名。

接下来的几年中，她马不停蹄地开展活动，名气越来越大。她撰写文章，在全国各地参加集会和讲座。毫无疑问，那是一个炽热的时期。1931 年，人们梦寐以求的共和国宣布成立，希尔德加德跟西班牙其他许多进步人士一样积极参与。然而情况变得日益艰难。1932 年，共和国政府开枪镇压工人示威，杀死女人和小孩，将上百位参与运动的工人流放至撒哈拉沙漠。希尔德加德那时 17 岁，刚刚完成法律专业的课程（不过她继续留在大学研读医学），对西班牙工人社会党（PSOE）产生了越来越多的疑问。她出版了一本书，题为《马克思错了吗？》，书中对马克思主义提出了尖锐的批评，因此被社会主义青年团开除了。随后，她加入了联邦党，在《大地》上撰写了一系列批评社会主义者和政府的文章，引起了一场激烈的论战。她甚至收到不少匿名的恐吓信，奥洛拉后来说，就是在那时候，她购买了最后结束希尔德加德生命的手枪，讽刺的是，那原本是为了保护她女儿的生命。

在她生命的最后一年，希尔德加德创立了“性别改革联合会”，出版了另外几本书，并在英国、德国和法国声名鹊起。她跟作家赫伯特·乔治·威尔斯（H.G.Wells）和著名的性学家哈夫洛克·埃利斯（Havelock Ellis）保持着活跃的通信，两人都为她着迷，坚持邀请她前往英国。希尔德加德决定遵从他们的建议，而这次英国之行成为最后的导火索。

其实冲突由来已久。日复一日，年复一年，希尔德加德因母亲那吞噬一切的控制欲越来越感到痛苦。她接受正规教育是为了获得自由，可事实上，她只是一个傀儡，一个奴隶。在被杀害之前不久，她在一次讲座上说：“一个尚未开始解放自己的人，不要妄想解放任何人。”据说，她柏拉图式地爱上了联盟党的书记，一个名叫阿贝尔·贝利亚的年轻律师。但我相信她是爱上了爱情，爱上了成为她自己的那种可能性。她的面前是整个人生。

两个女人之间的矛盾虽然隐秘，却日益激化。奥洛拉感到她的“造物”正在逃离自己。她得了妄想症，将一切视为一场国际阴谋，并认为赫伯特·乔治·威尔斯和哈夫洛·埃利斯是诱使女儿堕落的间谍，最终的目的就是毁掉这位姑娘的母亲——奥洛拉总是把自己放在宇宙的中心，对她来说，希尔德加德从未独立存在过。女儿不过是一个工具，是创造者那无上荣耀的枝蔓。最后，她最担心的事情真的发生了：希尔德加德告诉她，自己将独自前往英国。离出发还有3天，奥洛拉守在女儿床前，彻夜无眠，看着她睡觉。凌晨时分，天开始亮了，她近距离地朝女儿开了4枪，一枪击中头部，另外3枪打在胸口，她当场死亡。那时希尔德加德18岁。

法庭上，奥洛拉声称这场谋杀是一桩"杰作"。她害怕被视为疯子，所以努力证明自己引以为荣的行为并非因为精神失常："杀死一个女儿比生下一个女儿痛苦得多。所有女人都有能力生育，但不是所有女人都有能力杀死自己的孩子。"那个时代的精神病学家就这一事件展开了颇具政治性的激烈辩论：奥洛拉冷静而振振有词的荒唐言行，究竟是否正常？最后，认为她的大脑功能运作正常的荒谬观点占了上风，她被判处26年监禁。

在此我必须说，如果没有记者兼作家何塞·马努埃尔·法哈尔多（José Manuel Fajardo）的帮助，我不可能写出这一章，本文使用的所有材料都是他提供的。1987年，法哈尔多在《变化16》杂志上发表了精神病学家吉列尔莫·雷恩杜埃雷斯（Guillermo Rendueles）和心理学家亚历山大·塞斯培德斯（Alejandro Céspedes）的发现，他们在西恩波苏埃洛斯找到了奥洛拉·罗德里格斯就诊的病历。人们一直以为奥洛拉始终待在监狱里，在1936年被释放出狱之后，失去了踪迹。但事实上，她的精神疾病严重恶化，所以1935年12月，她被移送到西恩波苏埃洛斯疯人院，后来就再也没从那里出来。她死于1955年。

阅读奥洛拉·罗德里格斯20年间住院的诊疗记录是令人悲痛的。首先是因为文风，从记录的字里行间可以看出这是一家极其严厉、传统的精神病院。三十来页的文件与其说是医学报告，不如说是某一案件的证明材料，奥洛拉说的话以一种明显的冷漠态度被记录下来。当然，在古老的疯人院里，疯子说的只能是疯话，没有意义（而事实上我们所谓的“疯”不过是赋予现实了另一种意义）。

此外，这份史料也让人窥探到一个令人颤抖的毁灭过程。在监狱中，奥洛拉可以自视为受到迫害的、英雄般的女改革家，而在疯人院中，她不过是一个无人倾听的疯子，谁都对她视而不见。精神治疗逐渐将她封闭于虚无的状态之中。头几次面谈时，她还是那个一如既往的奥洛拉：卖弄学问、废话连篇、以自我为中心、令人恐惧（她还像弗兰肯斯坦博士那样，执着于创造自己的造物——她制作真人大小，有着生殖系统和勃起阴茎的玩偶）。10年之后她几乎不再说话，只是哭泣，并反复倾诉自己受到的可怕折磨，她唯一的希望就是死在疯人院外面。最后5年住院期间，她断然拒绝去见精神病医生。“她不肯来办公室，不肯跟我们有任何接触。”报告重复说。住院记录的最后一条备注显得十分可笑：“除了精神更加错乱，没有其他变化。”在20年中，人们没有从她身上看到任何别的东西。

阅读这份记录了漫长垂死挣扎的医疗记录，难免让人对奥洛拉·罗德里格斯产生同情，但同时也会本能地感到她罪有应得，这是公正的惩罚。奥洛拉是一个无情的刽子手，一个充满仇恨、令人厌恶的人。从她医疗记录的头几页，以及记者爱德华多·德·古斯曼（Eduardo de Guzmán）撰写的《血淋淋的奥洛拉》中（他是《大地》的总编辑，对这两个女人都很熟悉）可以清晰地看到这个女人恶毒的性格，她不同寻常的自私、卑鄙、自大，以及如何残忍地利用他人来获取自己的利益。而且所有这一切都隐藏于一种自我牺牲和奉献的扭曲论述之下：我只为了我的女儿活着，为了造福人类活着。奥洛拉把伤害子女的致命母亲这一典型形象推到了可怕的极致——一个充满了控制欲的吸血鬼母亲，一边吞噬着儿女们的生命，一边将完全的恶伪装成爱与牺牲。一个无所不在的母亲，几乎不可能挣脱的母亲。希尔德加德试图逃离，却为此付出了生命。

人们常常认为这个故事的恐怖之处在于1933年那个凌晨，奥洛拉击穿女儿头部的时刻。然而对我来说，真正可怕的是在此之前，在于18年的幽闭和漫长的折磨，在于那个被禁锢于虐待狂母亲的偏执而不得不屈服的小女孩。“我没有童年。我的整个童年都在日夜不歇地学习。”希尔德加德曾对爱德华多·德·古斯曼说。奥洛拉严密地监视女儿，不能忍受她跟别人交谈或有一丝消遣。如果某天在去《大地》编辑部交稿的时候她停留了片刻，跟记者们开起了玩笑，永远陪伴左右的堂娜·奥洛拉就会严厉地打断他们的交谈，强迫她离开（有时候是含着眼泪的）。母女之间从不互相亲吻，一位女邻居在法庭上说。奥洛拉疯了，而且疯得越来越厉害（被母亲杀害前一个月，希尔德加德曾建议她去看精神病医生）。她认为有人在迫害自己，还认为女用人伙同女儿和赫伯特·乔治·威尔斯一起密谋除掉她。在杀死希尔德加德之前，她整夜守着女儿，但是又有多少个清晨，这个女人会坐在熟睡的女儿床前，用精神错乱的目光凝视着她？那正是灾难自身的形象。

然而对于希尔德加德来说，摆脱这位罪恶、肆意的母亲该是多么艰难啊！死前一个月，希尔德加德发表了一篇题为《该隐和亚伯》的文章，为这位《圣经》中的罪人辩解。该隐是反叛的那个，他强壮、激进，为了得到自由，不得不杀死压迫者和保守者亚伯。这清楚地映射出女孩的脑海中一直在想象母亲隐喻性的死亡。然而奥洛拉以自己错乱的精神狭隘地理解文字，扮演了该隐的角色，并杀死了自己的女儿。后来她说，希尔德加德为《该隐与亚伯》署名的时候，就等于签署了她自己的死亡判决。除了这些胡言乱语，她又做了灾难性的补充，信誓旦旦地声称就在罪行发生的那一夜，女儿最终认同了她，后悔想离开，并恳求母亲杀死自己："是你创造了我，请你毁灭我，你应该严厉地惩罚我。"

事实上，谁也不知道那天晚上究竟发生了什么，那座令人窒息的房子如此隐秘，从不对陌生人敞开（餐厅只有两张椅子）。奥洛拉跟女儿争论了十个多小时，试图说服她不要走，在精神上和感情上折磨着女孩。用人看到母亲是如何让希尔德加德坐在她的膝头，仿佛她还是个小女孩。此刻想到这噩梦般的场景，我想，那些终结了希尔德加德的生命的子弹，无论如何，也许为她带来了自由。

MARGARET MEAD

anidar en el viento

玛格丽特·米德

在风中筑巢

女人类学家玛格丽特·米德是一个里程碑式的人物，也是20世纪最伟大的女性之一。然而从外表上看，她十分娇小，23岁的时候身高还不到1.5米，体重才46千克。1924年，她前往波利尼西亚的萨摩亚群岛开展第一次田野工作。瘦小的米德留着一头短短的鬈发，蓝色的大眼睛，厚厚的眼镜，调皮的神情，看上去像个小女孩。然而随着时间的流逝，她胖了许多。奇迹般的变化发生了：她像一个油炸丸子一样膨胀、扁平。自从1960年断了一条腿之后，玛格丽特总是随身带着一根栗树的树杈。照片中那个时期的她，又矮又胖，挥舞着她那原始的木棍，简直令人难以置信。这位人类学家像是从童话故事中走出来的人物：一个小精灵、一个爱嘟囔却善良的女巫、一个老巫婆，总之，是一个介于玩笑和传说之间，不完全是人类的生灵。

我们不禁要问，为什么会发生如此显著的变化？有什么隐秘的原因？她内心发生了什么？随着生命的流逝，有些人只是简简单单地老去；有一些更加智慧或更加幸运的人会变得越来越成熟；还有一些人，正相反，他们逐渐腐烂，甚至走向彻底的毁灭。所有这些过程往往都会在外表上清晰地体现出来。好吧，可以说在年满 50 岁之后，离过 3 次婚、成为公众人物后的玛格丽特·米德丢失了内心七巧板中的一块，一点一点地被逐渐瓦解。

但是，有必要知道她丢失的是哪一块。玛格丽特·米德是一个复杂、隐秘、矛盾的个体，其庞大的人格无法缩减为简单的解释。如果说她身上有什么明确的地方（她几乎在所有的方面都是令人困惑的），那就是紧张的生活节奏。她的整个人生都仿佛在逃离什么：每天早上 5 点起床，在到达美国自然历史博物馆的办公室之前，她就已经写下了 3000 字；她出版了 39 本书，发表了 1397 篇文章，拍摄或录制了 43 部作品，还在遥远的地方完成了 15 次田野调查。除此之外，她还有很多其他工作，比如在多家大学授课、在博物馆当了 30 年管理人、参加各种各样的会议、领导“饮食习惯委员会”（这一官方机构后来演变为联合国教科文组织）、像好莱坞的女演员一样接受无数采访。她结了 3 次婚，还有一个女儿——凯瑟琳·贝特森（Catherine Bateson），也是一位人类学家，她像对一只豚鼠一样密切观察着这个女儿。“我们从来不是简单地活着，”凯瑟琳在一本关于她父母的书中写道，“我们总是在反思自己的生命。”

此外，米德还患有某种“留白恐惧症”，一种对于虚无的惧怕。她无法忍受任何定好的约会、课程或会面被突然取消，因为那样就会出现几个小时的空洞（一种可怕而无法穿越的沙漠）。她上大学的时候跟其他女孩同屋（她们组成了一个团队，起名为“街头猫咪”），其他女孩每晚谈天、说笑，玛格丽特却总是 10 点准时睡觉，以便第二天能早早起床，刻苦学习。

她话很多，总是一刻不停地在说话（不能有一分钟的沉默，因为沉默会引发不确定的回响）。年轻时富于原创性、熠熠生辉的演说，到了暮年时逐渐变成封闭的自我独白。但同时她也愿意倾听，尤其是在生命的第一阶段。正因为她勤于倾听而且善于倾听，才能写出那些迷人的作品：倾听并理解萨摩亚的少女、新几内亚的妇女和儿童、巴厘岛的原住民。当然，细想起来，也许这种对别人说话和倾听的双重渴望并不像表面上那么矛盾：说到底，不管是自己说话还是听别人说话，都可以让内心的窃窃私语沉寂下来。

米德是那个时代的完美女孩，20 世纪 20 年代的乖乖女。那是一个大胆而充满颠覆的时代：女人剪短了裙子和头发，在昏暗混乱的酒吧里听着爵士乐，喝酒喝到失去神志；她们践行自由恋爱，有的还成为赛车手。但玛格丽特从不允许自己出格，尽管整个城市在周围轰然作响，她却自律地睡在自己少女的闺床上。不过她的确剪掉了一头厚厚的、象征着 20 世纪初的长发（为她剪发的理发师在动手时都哭了），而且她是那一代冒险女性中最富于冒险精神的，也是最勇敢的女战士。

在她最有趣、最优美的作品《一封女人类学家的信》以及自传《一位女人类学家的个人和科研经历》中，米德生动地讲述了她在田野工作中的喜悦和焦虑：女人类学家在热带雨林中的孤独、飓风那狂暴的力量、蚊子的肆虐、得了疟疾以后间歇性的胡言乱语（米德在抵达萨摩亚的头 9 个月里染上了疟疾，一生都受此困扰）以及每隔 5 到 6 个星期收到信件时那种无以言表的快乐。米德从不在文字中夸大自己遇到的困难：她是一个老兵，一个坚强的人。比如，如果她提到自己不得不在热带丛林中及膝的淤泥里步行数个小时，她也绝不会补充说蚂蟥在吸食她的血液。我们很容易想象她必须面对的巨大困境：在遥远的原始地区长期生活，听不懂周围的语言（米德学习了几种土著语言，虽然她的敌人声称她掌握的只是皮毛，而且说得很差），有什么吃什么，没有医生，也无法得到及时救助。比如1929年她在新几内亚生活了几个月，研究那里的部落，而这些部落3年之前还在交战、砍头、食人肉。直到今天，还不时有科学家或记者在那个地区的蛮荒丛林中失踪。

玛格丽特·米德革新了人类学。首先，她普及了人类学：这是一门非常年轻的科学，而她懂得如何“推销”它，在报纸上讲述引人入胜的细节，让自己成为一个人物。除此之外，她也发展并完善了调查方法（比如摄影技术的应用），特别是提出了此前从未有人提出过的问题。她专注于在当时似乎居于次要地位的主题：女性、儿童、性别差异。她出版的第一部书就大获成功，不过到了20世纪30年代，随着《原始社会中的性别与性格》的出版，她掀起了一场革命。这部作品是对新几内亚3个部落的研究，这3个部落的地理距离相对较近，但其中的性别角色却截然不同：第一个部落，不管是男人还是女人，行为方式都是被动、友善的，充满母性；第二个部落，女人和男人都富于攻击性和暴力性，而第三个部落，男性的行为模式与西方女性相同（购物，烫卷头发），而女性的行为模式则更接近西方男性（不修边幅、更有活力、更果断）。

从这些，米德很明智地推测出：性别的行为差异不是自然出现的，也不是一成不变的，而是主要根源于文化。通过研究，米德实质性地将女性从刻板的性别模式中解放出来（当然也解放了男性）。在这方面，玛格丽特·米德并不孤单，她成为一场广泛的科学运动的一部分，在“环境还是遗传”的古老争论中，她强调文化因素的主导作用。今天，对立的观点——生物主义，又重新流行起来。

她的工作曾饱受争议。有人批评她不够严谨，声称她对语言的掌握不够，或指责她使人类学失去了高高在上的地位（她的受欢迎程度之高，遭到众人嫉妒）。但可以确定的是，尽管她的对手千方百计地抹杀她的成绩，玛格丽特的作品还是引人入胜、言之有理的。事实上，对“差异化”的肯定是现代化的核心观念之一，而她则是这一观念的先驱。虽然诸神和他们永恒的法则在 19 世纪已经消亡，这一地位却被白人男性的法则——残酷的阶级分化——所取代。直到 20 世纪下半叶，这种权力才被推翻，多样化和边缘群体才浮现出来：女性、黑人、他者文化。1962 年，米德在一篇序言中写道：“每一种差异都具有伟大的价值并值得被欣赏。”这是我最喜欢她的一点：在学术上才华横溢，又具有非凡的勇气去重新思考世界，能够适应我们这个时代令人目眩的变化——“必须教会我们的孩子在飓风中筑巢。”

“高速运转”的米德从童年开始就处于不断变迁之中。她是一对知识分子的女儿：父亲是经济学家，写过 5 本书；母亲是社会学家，从事对意大利移民家庭的田野调查，她观察女儿的行为，笔记就写了 13 本。米德于 1901 年出生于美国费城，但是到她年满 16 岁的时候，已经居住过 60 座不同的房子，吃过 107 位不同厨娘做的午餐——因为父母工作的关系，不得不经常搬家。不过从另一个层面来讲，这个家庭显然并不稳定。奔波忙碌之中，玛格丽特从小就坚持做自己。比如，她的父亲似乎是一位极端谨慎、冷淡而沉默的人，而米德却是一个充满激情、易怒、吵闹、用脚踢门的小女孩。她的父母都不是信徒，但她 11 岁的时候不顾父母反对，坚持接受洗礼。22 岁结婚时也同样违背了家庭标准，并坚持保留自己未婚时的姓名，这在美国并不常见，在那个时代更是不同寻常，令常人难以接受的。她坚持做自己，并成为一个重要的人，为了达到这两个目的，她似乎有着非常明确的想法。事实上，她事无巨细地规划自己的人生，就像军队将领在策划下一场战役。

比如，她早年跟年轻的新教神父路德·克雷斯曼（Luther Cressman）恋爱、结婚都是规划好的活动。仿佛找到未婚夫然后结婚，是米德在那个时候不得不做的事情，这样才能干净利落地安排好她的人生。路德是个好人，也许是太好了，对于旋风般的妻子来说过于平静。玛格丽特跟他似乎没有任何激情，还在恋爱的时候，他们即使一起出门，也不会深情地望着对方（更不会像20岁的年轻恋人一样，做一些更加满足肉体欲望的事），而是数小时出神地望着天空。

米德跟一个人类学家出轨了。在一个离婚会遭人冷眼的时代，她有过3个丈夫，也被认为是一个拥有无数情人的女人。然而，似乎男人从未在她的人生中占据过主要的地位：恋爱期间，她对同屋的女孩和比她年长15岁的女导师、人类学家本尼迪克特（Benedict），比对男朋友更感兴趣。从1955年开始直到去世，她一直跟另一位女人类学家罗达·梅特劳克斯（Rhoda Metraux）住在一起。1974年，她在某个会议上说，理想的社会就在于“年轻的时候是同性恋，人生的中间阶段是异性恋，到年老的时候再次变成同性恋”。但是米德可能从未有过任何真正的同性恋关系，虽然她一生都在谈论性、研究性，但对她个人来说，这似乎并不是她热衷的活动。她真正的激情在于工作，她跟她的丈夫们共享的正是这一点——科学探险。后两任丈夫瑞欧·福琼（Reo Fortune）和格雷戈里·贝特森（Gregory Bateson）都是人类学家，她跟他们一起进行田野调查。

高大、英俊、优雅的格雷戈里·贝特森是米德的至爱，她在38岁那年跟他生下了自己唯一的女儿。1950年他要求离婚时，米德非常难过。不过米德的生活实在太过匆忙，不可能一直待在他身边。贝特森解释婚姻破裂时说：“我跟不上她，而她也停不下来。”此外米德有时的确令人厌烦，比如格雷戈里在大学里上课时（他非常害羞，课上得很差），她多次打断课堂，当众纠正他，并公开跟他唱反调，直到他最后放弃这门课让她接手。她总是对人颐指气使，咄咄逼人，以自我为中心，惹人讨厌。年轻的时候，有一个朋友没交男朋友，她就把自己弟弟的照片放在人家的床头；长大以后，她是自然历史博物馆里所有下属的噩梦——每天都有秘书躲在某个角落哭泣。

同时，她也出奇地慷慨、和蔼、细心。她极其个人魅力，拥有一众“粉丝”，还有一帮纯粹出于爱，像奴隶一样无条件为她工作的朋友（帮她从洗衣店取衣服、购物、捎口信）。那是她不懈努力得来的关爱：她整个一生都在聚集一个数百人的朋友圈，那是她的家人，是她的部落。她喜欢群体生活，与更多人、更多伴侣生活在一起，这样的事情她尝试过好几次。她从未失去过谁，哪怕是她的前夫们。我想说的是，她一生始终拖着一大群朋友，精心维护各种关系，她记得住每一个人的生日，满足他们的需求，尽量定期与他们见面。那是一项艰巨的爱的任务，完成这项任务本身可能就需要投入一个人全部的精力，难怪米德总是匆匆忙忙。

不过我已经说过，随着时间的流逝，有些东西破碎了，在她内心有些东西崩塌了。也许是她过于奔波，最终把自己的影子抛在了身后：她的精髓、她平衡的中心、她的本质。拥有500个朋友渐渐变得与没有朋友毫无分别，于是随着岁月流逝，玛格丽特·米德逐渐变成了自身的一幅漫画。她的话越来越多，表达的内容却越来越少，倾听也越来越少。她从一个会议飞奔到另一个会议，从地球的一个角落赶到另一个角落。为了承受这样的快节奏，她服用安非他命，有时候甚至不清楚自己身在何处。

1977 年，已经年满 76 岁的米德还前往巴厘岛、温哥华和巴西旅行。但 1978 年年初，她被诊断出胰腺癌。她一生都在奔逃，最后还是没能挣脱枷锁。习惯将自己的意志强加于人的米德对于死亡所带来的侮辱愤慨不已，她不肯承认自己得了癌症。然而，这当然毫无用处，6 个月后她去世了，死前还在为生物学最终背叛了自己而生气。在最后的几个星期中，她迅速消瘦，从前的米德又出现了：同样的大眼睛，同样调皮的表情。那是她内心的囚犯，正探出头来告别。

CAMILLE CLAUDEL

sueños y pesadillas

卡米耶·克洛岱尔

梦与噩梦

被绑架的卡米耶，被囚禁的卡米耶，跛脚的、充满诱惑的卡米耶，天才雕塑家，不幸的、被遗忘的艺术家。这是一个无法“成为自己”的女人的可怕经历。她拥有可以成功的一切条件：天赋、智慧、勇气、美貌，然而环境逐渐瓦解了这一切。她的弟弟，作家保罗·克洛岱尔（Paul Claudel）说：“大自然赋予她的所有这些美好天赋除了带给她不幸之外，没有任何用处。”卡米耶不但是这位著名法国作家的姐姐，还曾是闻名遐迩的雕塑家奥古斯特·罗丹（Auguste Rodin）的情人。当他们——她的弟弟和情人——取得万众瞩目的成功时，卡米耶却悄无声息地沉入了黑暗。

1864年，卡米耶·克洛岱尔出生于法国维尔纳夫，是家里的长女。父亲是财产登记员，母亲是乡下地主，随着时间的流逝，家庭竟成了她最大的刽子手。卡米耶从小因为她的跛脚、她出众的美貌，以及她光芒四射、骄傲、固执的性格而显得与众不同。她自己开始雕刻和制作雕像，既没有老师，家族中也没有先例。12岁的时候她用黏土创作了一组十分优秀的作品，引起了当地艺术家的注意。其中一位艺术家弗朗索瓦·布歇（Francois Boucher）把她介绍给了美术馆馆长。馆长看到她的作品后，便问她是否上过罗丹的课。那个时候，年少的卡米耶甚至没听过“罗丹”这个名字，因此这种创作的相似性是偶然的：在一个墨守成规的创作环境下，他们可能拥有相似的力量和真实。也就是说，在罗丹进入她的生活之前，卡米耶“本就是”卡米耶。因为最后导致她走向毁灭的诅咒之一，就是人们坚持仅仅把她视为情人的一个门徒。

另一个诅咒是她的家庭。她父亲的性格坚毅而粗暴，在维尔纳夫的家里，生活经常充斥着大吵大闹。然而，卡米耶却设法成了这个严厉的父亲最宠爱的女儿。可能这种特权地位（作为独裁者的宠儿）使她的母亲和妹妹产生了某种类似仇恨的情感，可以说不管是母亲还是妹妹，都恨着卡米耶。17 岁时，父亲送她到巴黎去学习雕塑，并由母亲和另外两个儿女陪同（那个愤怒的妹妹和弟弟保罗），从此一切就变得更糟糕了。可以想象，这位女士不得不离开丈夫，抛弃她深爱的维尔纳夫，搬到首都，就为了让那个讨厌的大女儿投身于艺术（堕落）。母亲和妹妹都是极其保守的女人，相反，父亲却是思想开放的人，是共济会成员。

而这就是对卡米耶的第三个诅咒：传统与偏见。她出生在错误的年代和错误的地方。稍早一些，她可以像乔治·桑那样得到浪漫主义的庇护，活得更加自由；稍晚一点，就能遇上 20 世纪 20 年代的革命。然而她却出生于一个陈腐而狭隘的乡村资产阶级之家，而且是在最保守、最粗鲁、停滞不前的时期。那时，少数脱离常规的小姐都被与妓女等同而视。

1881 年，当卡米耶到达巴黎时，女性被禁止进入美术学院学习（直到 1900 年女性都被禁止进入工作室，直到 1903 年才被允许参加“罗马奖”的评选，这个奖项对于创作事业的发展至关重要）。但求学心切的卡米耶最终还是在一所学院登记入学，并跟另外3个年轻的英国女雕塑家合租了一间工作室。在那里她不停歇地工作，充满激情地工作，她一生皆是如此（除了在医院的时间）。不久，1883年，她认识了罗丹。他当时44岁，胡子浓密，相貌威严，很像俄国的托尔斯泰。她当时19岁，知道自己很有天赋，准备在世界上大展拳脚。他们很可能立刻就在一起了。她整个白天都在他的工作室度过，但还是继续跟母亲住在一起（1888年，得知他们的不道德关系后，母亲把她赶出了家门）。10年间，克洛岱尔都作为学徒在罗丹工作室里参与创作。

在感情方面，这一对的故事可以说十分老套，甚至无聊。认识卡米耶时，罗丹已经跟露丝在一起20年，也正是和她共度了一生。而光芒四射的女学徒被永远地安置于情人那狭隘而不可告人的位置上。他们从未一起生活，只共度过几个假期。他们之间仪式般地称呼彼此为“罗丹先生”和“克洛岱尔小姐”，但是以“您”相称并不妨碍卡米耶数次怀孕（据说多达4次）。没人知道她是把孩子生下来交给他人收养，还是选择了流产，但怀孕这件事似乎是可信的。无论如何，这都是相当残酷的经历。

如果说这些事情在卡米耶生命中如此重要却不为人所确知，那是因为她似乎过于不幸。她的雕塑作品令人惊艳，有力而精致（比如说有《华尔兹》《沙恭达罗》《命运女神》《女浴者》这样的杰作），但大部分都已经佚失，保存下来的作品也都分散于私人收藏和遥远的博物馆里。不但作品散失，被世人遗忘，卡米耶的传记也同样充满了阴影，到处是未知和失去，比如，她写给父亲和罗丹的信都丢失了。仿佛这个女人注定是破碎和毁灭。卡米耶·克洛岱尔的一生就像是沙滩上的画，被风吹散。

虽然她跟罗丹的感情关系显得十分老套，但他们之间的艺术关系却是独一无二的。他影响了她的创作，这是毫无疑问的，但她对他的影响达到什么程度，却还没有被充分认识或是被量化出来——很可能影响极大（他们在一起的10年正是罗丹创造力鼎盛的时期）。有时候他们同时创作出几乎一模一样的雕塑，比如罗丹的《加莱义民》和克洛岱尔的《手持禾束的女郎》。然而，是谁抄袭了谁？在提到的这个例子中，这两个作品更加贴近于她的风格。一方面，跟罗丹·奥古斯特不同，卡米耶擅长以精致的手法雕刻大理石，因此用大理石制作的部件毫无疑问是出自她手。另一方面，没有署名的作品被自动归于罗丹名下，但后来至少一度被证明，那件作品是她创作的。此外，卡米耶还参与创作了不计其数的罗丹雕塑作品（众所周知，她至少创作了《地狱之门》中的手和脚）。

在两人一起工作的十几年中，虽然卡米耶始终在无休止地工作，但她署名的作品却屈指可数，可以说她的很多努力都被老师侵吞了。没有证据显示罗丹给她开过固定的薪水（就像他自己开始谋生时那样，只是作为学徒），也没有证据证明他曾给过她做模特的酬劳：卡米耶无数次为他摆姿势，而这是一项非常耗时的工作，一般来说都是收费的。1888年，卡米耶被赶出家门时，是罗丹负责她的房租和开销。然而实际上，这种安排对她来说是侮辱性的，将她降格为“情妇”，而不是给予她正当的报酬，使她获得堂堂正正的独立。

我说这一切并不是想否定罗丹是一个天才：他的确是天才，这一点毫无疑问。但卡米耶也是天才，两人认识的时候他已经是一个成熟的男人，而她是一个充满了各种灵感的年轻人。罗丹可以从她的创造力和天赋中获得好处，甚至在他们分手之后依然如此，因为一直到1917年去世，奥古斯特后期的作品都是他跟克洛岱尔在一起的那个时期创作主题的各种变体。（也许经常是她的想法吧？）罗丹确实在书信中称赞过他的女弟子，也积极地把她的作品推荐给评论界。在卡米耶生病的时候，他每年向她支付500法郎年金（事实上这点费用极其微薄）。他也曾想过在罗丹博物馆中给她开一个展厅。此外，在被问到这位女学生时，他的回答相当著名："我教给她去哪里寻找金子，但她所找到的金子是属于她一个人的。"然而，从整体上来看这个故事，你会无法避免地感觉是罗丹利用了女雕塑家，而他对她的支持不过是出于内疚和某种家长式的关爱。

1893年，卡米耶29岁，她已经不再是10年前那个踌躇满志的女孩。生活逐渐撕破了她的梦；罗丹的爱情已经变成了一段地下情，而且或许已经变得肮脏，而作为雕塑家，无论她怎么努力，自身的天赋都得不到承认，永远被笼罩在老师的阴影下。因此卡米耶在那一年跟罗丹分开（不过他们还是继续见面，一起度假，直到1898年），并寻找自己的工作室。可以推测，从那时开始她就开始独立谋生，而且日益陷入贫困，最后一贫如洗。雕塑是一项昂贵的艺术，卡米耶借了贷，背了一身债务。她从事工业化的设计，制作"新艺术风格"的灯，但还是无法支付原材料费用，更没有能力请模特或助手，因此她不得不只靠记忆创作，所有的事情都亲力亲为，包括打磨这项繁重的劳动。她住在阴暗的房屋，缺乏最基本的生活条件，冬天没有暖气（陶土在冰冻状态下会损毁），也没有像样的衣服："我没有大衣也没有鞋子，靴子已经完全磨坏了。"但是她仍在努力着。为了完成一件优秀的作品，为了获得认可，她是多么努力！她活着就是为了工作。除了跟音乐家德彪西（Achille-

Claude Debussy）有过一段短暂的暧昧关系之外，卡米耶再也没有恋爱过，而且变得越来越自我封闭。

保守的媒体和社会将她前卫的雕塑作品形容为“石膏的庞然大物”，虽然到了世纪末，几个重要的评论家开始称赞克洛岱尔是一位天才，但是这种欣赏仍属少数，卡米耶还是无法维持自己的生活。与此同时，罗丹几件比她更加背离传统的作品却取得了轰动性的成功（而且，正如前文所述，也许是从她的想法中获得了灵感）。为什么他的激进被认可，而她却不被接受？甚至连称赞她的评论家都将她视为异类。有位评论家说她是“一场违背自然的革命：天才女人”，其他评论家称赞她的雕塑作品是“男性的、有力的”。有一张卡米耶拍摄于1899年的照片，那时她已经跟罗丹彻底决裂，虽然只有35岁，她却显得又老又胖（她可能饮酒过度），照片上的她正在雕刻珀尔修斯砍下美杜沙脑袋的故事，而被砍下的头正是她自己的面容。那时，卡米耶已经把自己视为一个怪物，一个曾经强大，却被男性英雄毁灭了力量、割断了咽喉的蛇发女怪。

“于是她疯了”，新闻报道这样说。受迫害妄想症、偏执的精神疾病。她所有的挫败和对于不公正的尖锐感觉全都指向了罗丹。卡米耶谵妄的胡言乱语仿佛是对现实的隐喻，她相信罗丹窃取了自己的创意，甚至策划了一场阴谋企图杀死她。她把自己关在一贫如洗的家里，不见任何人。从1905年开始，她用锤子砸掉自己所有已经完成的作品，以免被她的敌人们占有。

1913年3月2日，卡米耶的父亲去世了（她对此一无所知，没有人通知她）。3月10日，两个护工闯进她家，把她强行送到维勒-埃夫拉尔精神病院。人们找到她的时候，她正躲在昏暗中，周围全是砸碎的作品残片。卡米耶精神失常，这是显而易见的，而且她确实需要得到医疗救助。但这件事情更像是母亲在父亲死后实施的报复。这种报复是可怕又可恨的。1915年，卡米耶从维勒-埃夫拉尔转到了蒙德维尔格，一家离巴黎很远而且声名狼藉的精神病院。尽管一次又一次动情地哀求，她再也没能离开那里。1943年，她死在了那个洞穴中，终结了30年的幽禁。

那段时间里，卡米耶不停地苦苦哀求，恳求人们救她出去。起初是要求自由，后来随着岁月的流逝，自由的希望逐渐破灭，她转而恳求转到巴黎的另一所医院，以便跟亲友离得近一些。到了最后，她唯一的请求就是有人来看看她。然而不管是她的母亲（于1929年去世），还是她的妹妹路易莎都从没去看过她。保罗有时来探望，但也只是偶尔为之，因为他长时间在国外生活。家人中，只有保罗跟卡米耶最亲近。尽管对她不乏关爱，他在这件事情上的态度还是显得含混不清。事实上，把她送进医院的人正是他。除此之外，母亲死后他为什么不放她自由，或者至少为她换一家医院？一直到最后时刻，卡米耶仍保持着以罗丹为对象的受迫害妄想症，但除了这一点她是完全清醒的，而且毫无攻击性，似乎并无必要一直关着她。

虽然她在物质上照顾着女儿，但在其他方面，寡居的克洛岱尔太太表现得如此狠心，可以称得上恶毒。比如，她禁止卡米耶写信或收信（除了跟保罗或跟她自己），也禁止她接受探视。疯人院是一个冰冷的地方（"冷得我无法起床"），在那里没有任何有组织的活动，卡米耶就在一种无形的、绝对的消沉中度过日日夜夜。1920年，精神病院的院长说卡米耶的谵妄症状已经减轻了许多，可以试着离开疯人院了，但母亲断然拒绝了。于是医生建议至少将她转到巴黎去，跟朋友和家人离得更近些，因为“缺少探视对于克洛岱尔小姐来说是非常有害的”，但是老太太依然对此表示反对。可以想象，她希望这个女儿离得远远的，越远越好，哪怕被活生生地埋葬。1927年，蒙德维尔格的新任院长也很同情卡米耶受到的可怕惩罚，给这位寡妇写信，请求她来探视自己的女儿，这“会让我们的病人非常开心，能给她一点自由的希望”。然而这一请求也同样被置之不理。“（卡米耶）有各种恶习，我不想看到她，她为我们带来了太多不幸。”母亲写信给医生说。老太太的报复不仅代表个人，还代表社会——那是极端保守的资产阶级在惩罚叛逆者。1917年卡米耶写道：“人们指责我曾独自生活，哦！可怕的罪行！”

疯人院里没有人知道她是个雕塑家，在那里，她只是保罗·克洛岱尔的姐姐。不是某个男人的情人，就是另一个男人的姐姐，她从来就不是她自己。我已经说过，她的命运就是消失。在互联网普及之前，百科全书中几乎找不到卡米耶的名字。比如，20世纪90年代初的《大英百科全书》在“保罗·克洛岱尔”的词条下放了一张照片和两栏文字，但是对保罗的上一个词条卡米耶，只有一句话：“1883—1898，罗丹的情人和模特。”请注意，这个时间只涵盖了卡米耶和罗丹在一起的时期，仿佛这段关系之外她从未存在过。在她去世12年之后，继承人想要回这位艺术家的尸骨，将她从疯人院的墓地中取出来，却得知那片地区已经被翻修，遗骸都丢失了。因为找不到遗骸，卡米耶甚至连坟墓都没有。有一张她20世纪30年代时的照片，她看上去变成了一个憔悴的老妇人，穿着一件巨大的外衣，戴着一顶可笑的帽子，悲伤的表情令人战栗。就是在那时，她在给朋友写的信里，留下了这句惊人的话：“我掉进了深渊。我的生命就是一场梦，这就是我梦中的噩梦。”

Las
HERMANAS BRONTË
valientes y libres

勃朗特姐妹
勇 敢 与 自 由

作家从哪里得到写作素材？小说是诞生于他们的认知还是恐惧，是来自他们的经历还是梦想？请允许我给你们讲个故事，一个令人不安又令人着迷的故事，勃朗特一家和3个与众不同的姐妹的真实故事。3个腼腆的少女居住在遥远村落，迷失在那片荒原里。在狂风肆虐的草原上，孤独而敏感的少女们（夏洛蒂、艾米莉和安妮）写出了强大而野蛮，同时充满了光辉和黑暗的出色作品。仿佛童话故事一般，三姐妹最终奇迹般获得了成功，但是在她们身上，奇迹并非丑陋的青蛙变成王子，而是几个无人倾听、无足轻重的“老姑娘”突然以一种美妙而响亮的文学声音打破了沉默。

时至今日，勃朗特姐妹已经成了传奇，而神话的一部分是其中最年长的夏洛蒂自己创造的。面对维多利亚时代严厉的读者，她试图为过世的姐妹们所谓文学上的“过分”之处辩解，将她们塑造成生活在一个野蛮世界中，与世隔绝的单纯少女，只是写下了生活中听说的残暴之事，而她们自己甚至最终都无法理解这种残暴。就这样，她将勃朗特姐妹的形象固化为迷失在荒野中的痛苦生灵，敏感而困惑的小动物。是的，她们有过不幸、孤独和愤怒，但那都是以一种非常特别的方式经历的。幸运的是，最近的几十年里出现了一些关于勃朗特姐妹的书［尤其是朱丽叶·巴克（Juliet Barker）所著的出色传记］，使这些刻板印象开始逐渐消融。

众所周知，她们的父亲是一位福音牧师，被任命为霍沃思（英国北部约克郡）的教区神父。时至今日，仍然可以参观这座教区神父宅邸：那是墓地旁一座忧郁的灰色石头建筑，姐妹们在那里生活，也在那里去世。她们的母亲在7年内生下了6个孩子，5个女孩和1个男孩，没过多久就因胃癌而奄奄一息。死亡迟到了7个月，她在这恐怖的7个月中承受着难以想象的疼痛。在漫长的垂死期间，极为聪慧的大女儿玛丽亚，那时还不满7岁，就在客厅给弟弟妹妹读报纸，好让他们得到消遣，不发出吵闹声。

不久他们失去了母亲。他们由父亲帕特里克·勃朗特（Patrick Brontë）一手带大，他是一个矛盾而古怪的人。作为一贫如洗的爱尔兰人（在那个时代，这两个标签代表着可怕的耻辱），帕特里克竟然在剑桥完成了学业，堪称壮举。他高大、英俊，有着一头红发和一双蓝眼睛。他写作并发表宗教诗歌、教学论文、政治信件和文章。传说中说他是一个性情保守的怪物，对女儿们漠不关心。实际上，他应该是一个因天性正直而备受困扰、专横而木讷的男人。他的确更关注唯一的儿子布兰维尔，把所有的时间和有限的金钱全部投入到他的教育上，而女儿们不得不去上可怕的慈善性质的寄宿学校，并且很小就开始工作了。但这一切在那个时代是完全正常的：那时候，女性毫无价值。

一位父亲鼓励女儿阅读反而是不正常的，更何况是不加审查的阅读（比如她们可以自由地阅读拜伦的作品）。她们从小就跟父亲讨论时事，学习了解“严肃”议题。他纵容女儿们对于写作的热爱（虽然他以为那不过是一种消遣），甚至还送给夏洛蒂一个记事本。帕特里克也许在政治上是保守的，但毫无疑问，他并非绝对墨守成规。在女儿们去世之后，他清醒地说：“我不否认自己在某种程度上有些古怪，但如果我是世上常见的那种平静、安详、理智和专心的男人，很可能永远不会拥有现在所拥有的这几个孩子。”帕特里克认为世界末日随时会到来，他有各种各样的怪癖。比如他害怕火，所以教区神父宅邸既没有地毯，也没有窗帘，楼梯平台上永远放着几桶水；他还喜欢武器，习惯携带几支上了膛的手枪，每天早上朝着教堂的塔尖开枪。他想必是一个有点令人望而生畏的男人。

勃朗特小姐妹们一定十分孤独，既缺少跟父亲的亲密相处，又习惯克制的生活，所以1824年被送到科恩桥学校之后，才能默默忍受那般折磨。科恩桥是一所非常便宜的寄宿学校，几乎是福利性质的，专为教士的女儿们开设。帕特里克因为经济拮据，相信那是教育女儿的理想之所，便把4个年龄大一点的女儿送到了那里——玛丽亚、伊丽莎白、夏洛蒂和艾米莉，最大的不过十一岁，最小的也才六岁。然而，那个学校是个地狱般的地方：女孩子们早上6点起床，必须祷告一个半小时才被允许吃早饭，冻得瑟瑟发抖；她们忍饥挨饿，食物少得可怜，而且制作过程极不卫生，所以食物中毒是家常便饭。每一天他们都在学习和祷告中度过，周日还得步行四千米，翻过湿漉漉的山岭，在一个冰冷的教堂里度过一天，从头到脚都是湿透的。还有惩罚——受罚者需在脖子上挂上写有过错的纸板，并且被树枝抽打。

所有的迹象都表明，一个名叫安德鲁小姐的老师专门跟玛丽亚过不去，疯狂地虐待她、迫害她。在女孩已经病得很重的时候还打她，野蛮地惩罚她。她们毫无反抗之力，只能眼睁睁地见证这种恐怖，这必定在姐妹们心中留下了永远的烙印，也使她们有了对于不公正和痛苦的内在认知，后来充满了小说的字里行间。科恩桥是一个屠宰场，女孩们生病的时候，负责人甚至都懒得通知她们的家人。在那时寄宿的 53 个女生中，有一个死在了学校里，11 个带病离校，其中 6 个一回到家就死了。这 6 个孩子中包括勃朗特姐妹：玛丽亚死于 1825 年 5 月 6 日，11 岁；伊丽莎白死于 5 个星期后，10 岁。她俩都被结核病吞噬了。

最后，帕特里克终于发觉在科恩桥发生的事情是如此残暴，他立刻把夏洛蒂和艾米莉从那里接走了。从那时开始，除了短暂地上过一所很好的女校和布鲁塞尔的一所寄宿学校之外，姐妹们都在霍沃思接受教育。在那里，她们听父亲讲课、缝纫、阅读，尤其是写作。经历了那么多的痛苦，勃朗特家的孩子们以幻想为庇护所。他们两人一组，虚构了两个平行的世界：夏洛蒂和布兰维尔创造了安格利亚，以爱生气的萨莫尔纳公爵为主角；艾米莉和安妮构思出了贡达尔，由强势的女王奥古斯塔·阿尔梅达统治。多年来，他们编制着用微型字体写成的袖珍书（需要用放大镜阅读），叙述这两个王国的故事——那是激情而狂暴、光辉又野蛮的地方。如果布兰维尔把某个人物写死了，或者让某个人物结婚了，夏洛蒂在写作下面的情节时必须得尊重这些事实。从这个意义上来讲，这 4 个孩子就像上帝一样：他们所写的事情"发生了"。对于他们来说，这个非现实的世界比霍沃思的生活更加真实。

勃朗特一家完全与世隔绝：他们自给自足，把生活完全交给了幻想。这并不意味着霍沃思是一个毫无生气、荒无人烟的地方，事实恰恰相反。这个村子位于人口稠密的地区，主要经营纺织业。在勃朗特一家到达这里时，有4600位居民，10年后又增加了2000人。没错，霍沃思是荒原前的最后一个村庄（而教区神父住宅是村里的最后一栋房子），村里既没有树，也没有花，总是刮着令人沮丧的狂风。霍沃思背对着这片荒漠，同样也被卷入了工业化最野蛮的那些年中令人焦虑的骚乱之中。

霍沃思的生活条件是可怕的：儿童们受到劳动剥削，拿着微薄的日薪（一直到1833年才出台法律，规定11岁以下儿童一周工作不得超过48小时）；工人们死于饥饿；1855年前整个村庄都没有下水道系统，粪水顺着街道流淌；结核病、斑疹伤寒和霍乱都是常见病。霍沃思是整个英国最贫穷、最不健康的地方之一，儿童死亡率高达41%，居民的平均寿命是25岁。三分之一的纺织手工艺人因为新机器的应用而失业，另外的三分之一被转包雇佣。工业革命带来了如此巨大的痛苦和破坏，导致了暴力和激进团体的出现，“卢德分子”［来自领导人的名字耐得·卢德（Ned Ludd），他是该地区的一名纺织工人］致力于袭击各种工业设施、暗杀企业主并破坏机器。卢德分子最后被围捕、处决，据说连公路都被他们的鲜血浸染。

勃朗特姐妹就是在这样一个绝望的世界中长大。作家笔下的内容来自哪里？来自她们对于事物最内在的感觉，来自围绕她们的最本质的现实。而彼时彼处，现实的粗暴暴露无遗。今天，电视、电影和广告为我们的生活提供了一种愚蠢、空洞的幸福，但在霍沃思可没有这些东西。在霍沃思，生存意味着痛苦地死去，或在饥饿与贫困中活着。也许正因如此，勃朗特家的孩子们创造了安格利亚和贡达尔两个王国，他们不仅拒绝靠近村庄，还愿意迷失在荒原中，这片荒原正好始于教区神父住宅的后面。这还与阶级问题有关：对于富人来说他们是穷人，但他们又不愿意跟工人混在一起。

艾米莉从未抛弃贡达尔，事实上，她唯一的小说，也是世界文学的经典作品之一《呼啸山庄》，无论是从环境还是从语调来看，都是贡达尔王国的故事（她是在 28 岁时创作的这部小说）。夏洛蒂的确在 25 岁那年放弃了安格利亚，但为此付出了巨大的努力。奇怪的是，当她第一次爱上一个人时，便放弃了自己幻想的世界。她执着而得不到回应的激情对象是她的比利时老师，一个已婚男人（勃朗特家的所有人，也许除了安妮，似乎都有种病态的执迷）。艾米莉从未恋爱过，她封闭地生活在自己想象的世界中，一切迹象都表明她患有厌食症。她什么也不吃，而且跟很多同病相怜的女患者一样，她非常聪明、自律、坚定而极端。夏洛蒂虽然没有达到病态的程度，但同样一辈子都徘徊在厌食症的边缘，14 岁的时候朋友形容她"憔悴如枯草"。她的饮食很有问题，经常拒绝吃肉，身形娇小、极其瘦弱，此外，她还对自己的外表有种执念，患这种病的病人往往如此。夏洛蒂的外貌可算丑陋，但她自认为"令人讨厌"。

高度近视、相貌平平、聪明、有文化、骄傲而又贫穷，在那样一个时代，有着这些特征，勃朗特姐妹的未来十分灰暗。那时女性不能进入大学，正经姑娘除了当老师或家庭教师之外，不可能从事别的工作。这两种职业都地位卑微、薪水微薄，而勃朗特姐妹们都从事过。但她们渴望的是写作。20 岁的时候，夏洛蒂给著名诗人骚塞（Robert Southey）寄过几首诗，艺术家回信说诗写得不错，但是"文学不能也不应该成为一个女人的生活目标"。这个评论使夏洛蒂陷入了痛苦的沮丧。她知道身为女性"不应该写作"，并努力顺从："我不但试图遵从一个女人应该承担的所有义务，而且试图让自己对此感兴趣。但我并不是总能做到：

有时在缝纫或教课的时候，我更希望自己正在写作。”勃朗特家所有的孩子中，只有弟弟可以考虑成为一名艺术家。整个家庭都宠爱他，希望他能成为一个大作家或大画家。

然而布兰维尔却是个彻头彻尾的失败者。骄傲、以自我为中心、脆弱，他的生命就是一个不断堕落的过程。他打算写作，却一无所成。他又开始过了一段肖像画家的生活，可是9个月后就放弃了。他找到了一份监护人的工作，却因为让一个女佣怀孕而被扫地出门，受雇成为火车站的经理，却因为账上少了钱而被开除。他又找到了一份家庭教师的工作，两年后却再次被赶了出来，而且名誉扫地，因为他不但成了比他大17岁的已婚女主人的情夫，最后还讹诈她。那时布兰维尔酗酒、鸦片成瘾、患有酒精中毒引起的震颤性谵妄，还有暴力倾向。很多个夜晚，他的父亲和姐妹们入睡时，他却不知道自己能不能活到第二天。布兰维尔自我毁灭的过程，让我想起了“时髦放纵的60年代”。说到底他是浪漫主义时代的产物——这是决裂的时代，人性直视深渊（布兰维尔在自我注视中掉入了深渊），也是创新的时期，并且往往伴随着药物横行。比如，这位年轻的勃朗特的阅读书目中就有柯勒律治（Samuel Taylor Coleridge）和德·昆西（Thomas de Quincey）对于鸦片的赞美。

在这灾难般的最后几年，为了显示决心和坚强，姐妹们自费出版了头几部作品：一本只卖了两册的诗集，以及1847年出版的3部小说，安妮生动有趣的《艾格妮丝·格雷》、夏洛蒂优美的《简·爱》，以及艾米莉精湛的《呼啸山庄》。她们分别使用了笔名艾克顿·贝尔、柯勒·贝尔和埃利斯·贝尔。没有任何人，甚至连出版商都不知道作者是三个乡下姑娘，分别只有27岁、28岁和30岁。这几部作品引起了巨大的震动，《简·爱》成为当季炙手可热的作品，而评论家们认为这部作品充满了“男性的粗鲁、粗糙和自由的表达”，最后那句评语更像是一种侮辱。评论家对安妮，尤其是艾米莉更加咄咄逼人，认为她的作品“野蛮、粗暴、充满仇恨”。

《简·爱》获得成功后，夏洛蒂向父亲坦白，自己就是那位当红作家柯勒·贝尔，这使帕特里克充满了骄傲。但是布兰维尔一辈子也没能知道他的姐妹们出版了作品。他得了结核病，生理上和心理上都已经彻底毁掉。布兰维尔死于1848年9月24日，终年31岁，死前还把病传染给了骨瘦如柴的艾米莉，她在弟弟死后拒绝进食，也拒绝看医生。3个月后艾米莉也去世了，因为死时过于消瘦，她的棺材才42厘米宽。就在那时，安妮也得了同样的病，5个月后死在了斯卡伯勒的海边——她临终时想要看看海，所以夏洛蒂把她带到了那里。艾米莉去世时30岁，安妮去世时29岁。

在孤独和绝望中，夏洛蒂公开承认了《简·爱》的作者身份，并继续写作。她发表的另外两部小说《谢利》和《维莱特》，都取得了巨大的成功。她又无望地爱上了比她小7岁的英俊出版商乔治·史密斯。1854年2月史密斯结婚的时候，夏洛蒂给他寄了一封简短而冰冷的信（“我亲爱的先生，在巨大的幸福中，也正如在巨大的痛苦中，能表达情感的言语一定是有限的。请您接受我的祝福。”），第二个月她就跟在教区协助她父亲的年轻神父亚瑟·贝尔·尼克尔斯订婚了。亚瑟·贝尔热烈地爱着夏洛蒂，虽然一开始她并没有爱上他，却也被他的激情所吸引。也就是说，她爱他，因为他爱她。他们于1854年6月结婚，婚姻的头几个月就像是童话故事的甜蜜结局：夏洛蒂那么幸福，如此喜爱她的丈夫。然而1855年1月她病了。很明显，她怀孕了，很多人相信她是因为妊娠才呕吐，但她更有可能是患上了伤寒热（那时，勃朗特家的女佣因相同症状去世了）。她的胃里存不住任何东西，整个人迅速地虚弱下去。她死于 3 月 31 日，刚满 39 岁。

勃朗特姐妹几乎从未离开过家中狭窄的四壁和那片空旷的荒原，但她们敢于思考、敢于想象、敢于突破限制。她们都是自由而不会被驯服的人。艾米莉写下了最后几首诗，其中一首写道："是的，我的日子飞速奔向它的终点 / 这就是我所要求的全部 / 无论是生是死，一个自由的灵魂 / 和忍耐的勇气。"

讲述完这么多痛苦和悲剧，此刻我回想起勃朗特姐妹们的一些幸福时光，仿佛那是我自己的回忆：安然死去的前一天，安妮在斯卡伯勒平静而入迷地望着海上辉煌的日落；一个夜晚，所有人都入睡之后，在教区神父宅邸那小小的客厅里，姐妹三人熄灭蜡烛，只留下壁炉的光亮，然后，她们围着桌子快步行走，高声编织着各自小说中的场景，用野蛮的气息背诵着诗歌，黑暗的空气中闪耀着她们美妙语句的火花。那是强大而不朽的语句。

IRENE
de CONSTANTINOPLA

la madre que cegó a su hijo

君士坦丁堡的伊琳娜

剜出儿子双眼的母亲

伊琳娜女皇在历史上象征着无以复加的残忍：为了保住自己的拜占庭王位，挖出了儿子的眼睛。聪明、美丽、残忍的伊琳娜曾以铁腕统治着一个男性帝国，然而对于她的统治，人们最后只记得一桩暴行——君士坦丁六世的失明。

今天，拜占庭帝国几乎已被我们遗忘，然而在长达 12 个世纪中，它是世界风云变幻的主角。拜占庭人称自己的国家为罗马帝国，虽然他们说希腊语，而拜占庭首都君士坦丁堡是那个时代最豪华、最美丽的城市。就在那个辉煌的都市，在由不同建筑构成的神话般的皇家宫殿中，伊琳娜女皇下令刺瞎她唯一的儿子——共同执政的君士坦丁六世。那是 797 年 8 月 19 日，君士坦丁 26 岁。伊琳娜因这一举动而“名垂青史”，她是对亲生骨肉下毒手的致命母亲的代名词，受到万世的憎恶。然而，虽然这一魔鬼行径被详细记载，东正教却将她供上祭坛——她是圣女伊琳娜，人们庆祝她的节日，而仿佛灾难般的巧合，恰好在 8 月 18 日这天。

为了理解这种荒诞，我们必须努力想象那个遥远的世界：拜占庭帝国是一个混居的、复杂的社会，采用罗马式的行政结构，受到波斯文化的巨大影响，又经历了源自第一代君士坦丁时期的狂热的基督教化。赛马场是大众生活的中心，扮演着以往罗马竞技场的角色，只是取消了角斗士，也不再让奴隶以落后的武器与野兽搏命厮杀——这种表演因反基督教的野蛮性而被禁止。因此，娱乐活动局限于赛车和跑马，当时存在两个对立的体育派系：绿营和蓝营，整个社会都分为这两派，类似于我们今天的党派。

皇宫有一个隐秘的走廊与赛马场相连，还有另一条密道通向 537 年落成的索菲亚大教堂。这座令人惊艳的教堂是真正的建筑奇迹，它宽大的穹顶有 55 米高，也是 1547 年圣佩得罗大教堂在罗马建成之前世界上最大的教堂。这些密道非常契合充满秘密的拜占庭宫廷，一个纷乱、无所不及的、充满阴谋的权力中心。波斯的影响使象征性的符号、服饰和仪式变得非常重要，它们代表着一种近乎神圣的权威。皇帝有特权穿紫红色衣服——用从微小的软体动物身上提取的极其昂贵的色素，印染在闪闪发光的丝绸上，再用金丝银线和宝石装饰。此外，他们还穿着独一无二的红色靴子，佩戴夸张的珠宝，并且以珍珠流苏遮面。

皇帝像神一样高高在上，他们的寝宫也闪闪发光，房间里排列着血红色的斑岩，那是只有皇家才可以使用的材料。仪式惊人的豪华，来访者必须用额头触地向“巴赛勒斯”和“巴赛丽莎”（皇帝和皇后）问好。在这个人满为患的豪华宫廷中，还住着政府的部长、军队的将领、秘书和僧侣。很多主要官员都是宦官，这又是一种波斯习俗。拜占庭帝国是禁止阉割的，但就在边境线的另一边，这样的手术屡见不鲜，双方还有贸易往来。

禁止阉割，取缔跑马场的残忍厮杀，这些法律措施可能会让人们误解拜占庭帝国的形象，仿佛这是一个温和而富有同情心的社会。然而与事实相去甚远，这是一个残忍的世界。所有的惩罚都是依据一部残害身体的法典开展的，每种身体伤害都有象征性意义，比如通奸者会被割掉鼻子，因为鼻子是性能力的象征。整个拜占庭历史中对身体的伤害一直在发生，权势阶层对此表现出令人毛骨悚然的热情，砍掉对手的器官或被对手砍掉身体部位都是家常便饭。甚至有一位皇帝，即查士丁尼二世，在695年被推翻，并被割掉了鼻子，在705年又重新夺回权力。不难理解，他的外号叫作“被劓鼻者”。

伊琳娜时期，拜占庭帝国已经失去了很多此前拥有的领土。几个世纪以来，他们一直在与波斯人战斗，跟土耳其的“可汗”战斗，跟奴隶战斗，跟保加利亚人、伦巴第人战斗。然而，最大的危险在630年左右降临，在先知穆罕默德的领导下，拿起武器的阿拉伯战士像飓风般席卷而来。在很短的时间内，阿拉伯人从拜占庭人手中夺取了大片区域，包括大马士革、安蒂奥基亚、亚历山德利亚和耶路撒冷等城市。

有一本非常有趣的书《穿紫红色衣服的女人们》，本书的女作者朱迪斯·赫林（Judith Herrin）声称节节失利正是导致出现偶像崇拜之争的主要原因，这似乎颇有道理。从世界诞生之初，诸神就被当作军事盟友，成为战争中的秘密武器和终极武器。那些将自己交付给偶像神像的拜占庭战士在随后的战争中却像兔子一样纷纷倒下，他们必然会怀疑有什么东西不起作用了。730年，莱昂三世皇帝出台了一项法令，禁止崇拜将神明具象化。就这样，以莱昂三世为首的反对派和偶像崇拜的支持者之间长达一个世纪的血腥纷争开始了。“巴赛勒斯”莱昂及其即位的儿子君士坦丁五世迫害、折磨、处决崇拜神像的人，这些人如今被东正教奉为烈士。支持废除神像的人主要是军人和官员，而支持偶像崇拜的主要是僧侣，原因是不言而喻的：如果取消对神像的崇拜，作为主要媒介的僧侣将会失去影响力。同时，关于偶像崇拜的斗争背后无疑存在着权力的推动，自古以来皆是如此。

回到我们残忍的伊琳娜身上，只有理解她的时代，才有可能理解她的一生。伊琳娜是雅典人，来自一个非常有影响力的希腊家庭，因美貌而声名远扬。君士坦丁五世认为她将是一个很好的助力，便决定让长子莱昂跟她结婚。婚礼在769年举行，女孩初到拜占庭的时候只有14岁或15岁。婚礼之后，这对新婚夫妇立刻被加冕为“巴赛勒斯”和“巴赛丽莎”，并被宣布为君士坦丁的共同执政者，这是确保顺利继位的惯例程序。伊琳娜的丈夫莱昂四世有5个同父异母的弟弟，即所谓的“恺撒”[1]，他们是君士坦丁最后一任妻子所生。在前任皇帝在世时就对继承人进行加冕，正是为了避免“恺撒”密谋夺取王位。

771年，伊琳娜在豪华的“斑岩房间”里生下一个儿子（并为他取名君士坦丁，跟他的爷爷同名），房间四面都是红墙，覆盖着丝绸和精致宝石，专门让“巴赛丽莎”们在这里生下皇族血统传人。五年以后，老君士坦丁去世，莱昂四世和伊琳娜接过权力，并依照惯例将他们的幼子加冕为共同执政者，以确保他们的政权。但是莱昂寿命不长，780年去世时还不到30岁，死亡原因很夸张：他痴迷于珠宝，从索菲亚大教堂取了一顶缀满饰物的沉重皇冠，一天到晚都戴着。因为戴得过度，他

1 自尤利乌斯·恺撒死后，几位掌握罗马实权的领导人都宣称自己继承了恺撒家族的名号，以此显示其合法的统治地位，于是恺撒便成为罗马皇帝的称号。但在“四帝共治”时期，戴克里先正式将“恺撒”一词定位为副帝，而将“奥古斯都”定位为正帝。在拜占庭时期，“恺撒”地位更降到了副帝之下，成为一个皇室头衔。

的前额长出了几个疖子，接着就开始发烧，直至奄奄一息。这当然是一桩离奇的死亡，由此也产生了一些谣言，称他是被毒死的。伊琳娜那时大约25岁，儿子君士坦丁六世才9岁。作为摄政者，这位皇后开始行使惊人的权力。

莱昂一死，他同父异母的弟弟们，也就是那5位“恺撒”，开始密谋夺取王位。然而，阴谋暴露了，在伊琳娜的命令下，他们不但遭受毒打，还被强行削发，也就是说，被迫成为僧侣。狡猾的伊琳娜了解象征性事物的价值，她在索菲亚大教堂举办了一场轰轰烈烈的仪式，归还那个著名的“疖子”皇冠，并强迫“恺撒”们像卑微的僧侣一样分发圣餐，而她自己则在夸张的皇家仪仗中光芒万丈。

然而伊琳娜明白，要实现对于权力的渴望，她必须找到支持者。今天她被东正教视为圣女，是因为她重新确立了偶像崇拜。据她的圣徒传作者介绍，她是一个对神像十分虔诚的女人，但事实上，没有任何历史证据证明她个人崇拜神像。很可能她和支持偶像崇拜的僧侣联手不过是因为需要盟友，因为反对偶像崇拜的军队十分忌惮这样一个权势过大的女人。

无论如何，伊琳娜迅速摆弄着她的筹码。她倚重宦官奥斯塔拉齐奥，将他安置在警务和外交事务的第一线；她强迫反对偶像崇拜的拜占庭牧首辞职，并让驯服的阿埃西奥取而代之——一名世俗官员一夜之间成了牧首（君士坦丁堡大主教）。在言听计从的阿埃西奥的帮助下，伊琳娜于786年在君士坦丁堡召开了谴责反偶像崇拜的宗教教务会议。然而军队占领了集会的教堂，强迫参与者中止会议。此时，伊琳娜的天才再次熠熠生辉：她假装服从军队的意愿，但没过多久就下令军队开往小亚细亚，准备发动一场反抗阿拉伯人的战役。为了让这个借口显得更有说服力，她命令军队前往战争传统的交锋点，并把一场战争需要的辎重全部运到那里。然而当军队到达目的地，她支付了士兵们的报酬，命令所有人就地退役，同时将他们的妻子儿女驱逐出了君士坦丁堡。

解散了反叛的军队，女皇命令相对顺服的小亚细亚军队入驻首都，从而加强了自己的权力。接着她召开了著名的尼塞亚宗教教务会议，在这次会议上，反对偶像崇拜的人受到了审判。与此同时，时光飞逝，她的儿子君士坦丁逐渐长大，但伊琳娜完全没有表现出任何让位的意思。在金币上出现的是他们两个人的肖像，而执权杖的人是她。最后，在790年，19岁的君士坦丁与母亲选定的妻子玛丽亚结婚，并决定发动一场针对奥斯塔拉齐奥的政变，从母亲手中夺回权力。在多次峰回路转之后，君士坦丁终于逮捕了权势无限的宦官，下令抽打他，强制削发并流放，然后把伊琳娜关进了一座宫殿。

接下来要讲述的是这个故事最令人惊讶的部分。两年中，无论是在军事方面还是在政治方面，君士坦丁六世的统治似乎都不算成功。792年，他做了一件令人难以理解的事：不但允许母亲回到宫廷，而且确立了她作为共同执政女王的地位。为何让她回归？为何再次将大权托付于她？也许他是个脆弱的男人，难以承受独立执政的负担；也许他爱他的母亲；也许伊琳娜终于让他相信了自己的母爱。然而，伊琳娜回归以后立刻故技重演：女王召回了宦官奥斯塔拉齐奥，重新掌控了帝国的缰绳。面对这一情形，793年，“恺撒”们再次密谋从他们手中夺取王位。这一次皇室的回应斩钉截铁，毫不留情：最年长的弟弟尼塞佛罗被挖掉眼睛，另外四个被割掉了舌头。

从行为来看，君士坦丁六世像是一个被巨大的世界困住的可怜虫。几年后他休掉了妻子玛丽亚，并娶了伊琳娜的侍女苔奥多塔。据那个时代的史学家说，所有这一切都是伊琳娜在巧妙操纵，她“渴望权力，希望君士坦丁被全世界唾弃”。事实上，结果确实如此，君士坦丁六世的第二次婚姻被视为通奸。母子之间最后几年的关系一定很可怕，君士坦丁对伊琳娜充满猜疑，而她则不断地在他背后策划阴谋。她不停地向将领和支持偶像崇拜的人赠送金子和圣女欧费米娅奇迹般的小块遗骨，收买支持，反对她的儿子。

797年8月，在母亲的铁腕控制下，君士坦丁走投无路，甚至试图逃离君士坦丁堡，前往安纳托利亚跟忠诚于他的军队会合。然而他被捕了。8月19日，伊琳娜女王下令将他带到斑岩房间，并剜出他的眼睛。26年前，她正是在那里生下了他。在他出生的房间对他实施刑罚，这一阴森的细节正体现了伊琳娜精致的邪恶、对仪式的热爱，以及对于象征性行为的完美掌控。你想象不出比这个皇室房间更令人震惊的行刑场：子宫一般血红色的墙彰显了赐予生命的女王——母亲那绝对的权力，以及夺走生命理所当然的权力。虽然挖出眼球往往会致死，但在君士坦丁是否死于这次酷刑这一点上，历史学家们并没有达成一致。前文提及的赫林声称伊琳娜的儿子在那之后又活了7年，在他深爱的苔奥多塔的全心照顾下离群索居。

至于伊琳娜，没有多少可说的了。最后，她终于得到了梦寐以求的绝对权力，并迫不及待地铸造了两面都只有她单独一人肖像的金币。她签署法令使用“巴赛勒斯”（皇帝）的名号，而不是“巴赛丽莎”（皇后）。然而，她的敌人依然为数众多，很快她不得不挫败另一场密谋。为了恢复元气，她下令把4个活着的“恺撒”刺瞎，尽管他们已经受到剜舌之刑。她需要支持，为了收买人心，她大兴土木（教堂、养老院、医院），减轻税赋。但是与阿拉伯人的军事对抗每况愈下，宫廷中的形势更加糟糕：她最宠爱的两个宦官奥斯塔拉齐奥和阿埃西奥，为了争权夺利斗得你死我活，而且他们的权势日益膨胀，似乎对王位觊觎已久。也就是说，虽然宦官不能成为皇帝，但他们可以密谋安排自己的某个家人继承王位。

很可能，这就是伊琳娜作为“巴赛勒斯”犯下的最大错误：没有明确自己的继任者。人们期望她结婚并生下儿女，但是这位女王对此没有表现出任何兴趣。在一个男性世界中单枪匹马、披荆斩棘的女人，想必不愿意再次被迫跟另一个男人争夺来之不易的权力。最后，迫于宫廷的压力，她含糊答应了跟法兰克国王查理大帝（Charlemagne 或 Charles the Great）的婚事，但是这桩婚姻从未真正缔结。与此同时，800 年的圣诞节，查理大帝在罗马被教皇加冕为“罗马人的皇帝”，因为帝国不能由一个女人来统治。伊琳娜越来越感受到四面楚歌。

拜占庭人对查理大帝的野心感到不安，而宦官们如日中天的权势加速了局面的恶化。802 年，经济部部长尼塞佛罗发动政变，自立为皇帝。伊琳娜被流放至莱斯沃斯岛，失去王位的苦涩也许加速了她的终结。她死于 803 年，应该还不到 50 岁。这位聪明、美丽、残忍的伊琳娜，出乎所有人的意料，违背所有的习俗，也背叛了自己的性别，成功地将一个衰落中的强大帝国、一个豪华而又野蛮的宫廷推向了巅峰。在这个宫廷中，肢体伤残是延绵几个世纪的惯例，她所做的不过是很多其他“巴赛勒斯”都做过的事情，然而最终确立她历史地位的却是对君士坦丁的身体伤害。伊琳娜女王为了逃脱女人的身份和命运顽强不懈地斗争，今天，人们却只记得她是一个剜出儿子眼睛的母亲。

结语

结束了。我们已经抵达这一系列女性故事的终点。并不是因为已经没有其他故事可讲。恰恰相反，越深入女性这片浩瀚的海洋，就会发现更多的女性：或刚强或纤弱，或高尚或卑鄙，但所有人都耐人寻味。遗忘的河流中到处都是遇难者，只要登上船就可以看到她们。

选择在此处结束，完全是因为我已然疲惫。我跟她们共同生活了太长时间，以至于对“我的女人们”产生了某种视若家珍般的执迷。比如，我曾看过一部关于阿加莎·克里斯蒂的愚蠢电影。影片中扮演这位女作家的演员范尼莎·雷德格雷夫在某个场景中表示自己不会游泳，我对此义愤填膺：克里斯蒂是游泳健将，而且她那么喜欢游泳！我感觉受到了冒犯，只能说这情节真是过于粗制滥造。所以，这本书到此结束不过是出于纯粹的任性，正如人物随意选择、故事的随机排序。还有很多令人着迷的女性没能提及，比如女作家珍·柏尔斯（Jane Bowles），关于她的一切都那么神秘，甚至有人怀疑她是被摩洛哥侍女兼情人毒死的。自由、强势又性感，几乎席卷一切的埃米莉亚·帕尔多·巴桑（Emilia

Pardo Bazán）同样如此，只要读一读她优美热情的小说《中暑》，就能发觉堂娜埃米莉娅是个多么充满激情的女人。她们所有人，还有我没有提及的其他人，以及更多我还不知道的人，讲述她们的故事将是一项永远无法结束的工作。

显然，即使是本书中出现的女人，我也并没有讲述出她们的全部。虽然传记的篇幅有所扩展（在《国家报》每周增刊上发表的时候十分受限于版面空间），但也不可能在一册书中囊括16个人生的丰富性和多样性，因此不得不省略了无数的细节。比如我没有提到弗里达·卡罗有一个纯金镶钻的牙套，只在节日或出席典礼时佩戴。奇怪的是，我从未看到过她有哪一幅照片是微笑的。我也没有提到艾米莉·勃朗特是如此抗拒死亡，她试图假装自己没有生病，就在去世的当天，她还跟平时一样按时起床，下楼来到客厅开始缝纫，一直绝望地战斗到最后。还有玛格丽特·米德，60岁的她不修边幅，又胖又丑，然而旅行时却总是带着一个小小的茶壶，用来烧水、释放蒸汽，把头发烫卷：一个不可思议的俏皮细节，却令人莫名感动。此外，关于这些女人，除了我没有讲述的事情之外，还有很多我不知道的事情。谁也不可能完全理解并概括一个人的一生，所有的传记不过是现实的众多版本之一。需要补充的是，就我的叙述而言，这是一个充满感情的版本。

这发表在《国家报》上的16篇文章引发了奇怪的反响。比如，在关于玛丽亚·莱哈拉加的那篇文章发表后，她的侄婿安东尼奥·冈萨雷斯·赫兰兹（Antonio González Herranz）热心地给我寄来了格雷戈里奥·马丁内斯·塞拉写给玛丽亚的部分书信复印件。这些信件再次证明是她写出了那些作品，然后由他来署名。书信的内容非常丰富，比如1926年这一封："胡里奥会交给你一本梅赛德斯·萨维德拉（Mercedes

Saavedra）的诗集，我已经答应要为它作序。立刻写出来并寄到哈瓦那（原文如此）。”当然，最令人难以置信的是，这些书信证实了马丁内斯·塞拉那种自我陶醉的错觉，因为他经常在同一个段落中一边向妻子索要稿件，一边荒谬地对“自己的”成就沾沾自喜。比如，收到玛丽亚寄来的刚刚完成的一部作品之后，格雷戈里奥对她说：“昨天我才收到《一定要幸福》，写得太好了。里面有新的焦虑，有对心理的洞察，对话很优美。正因为如此，我们的作品才会在现在和将来都大受欢迎。我们已经成了世界一流的作者。”

这个系列中，有几篇引起了一定的争论，其中争议最大的就是关于胡安·拉蒙·希梅内斯的妻子赛诺维娅·坎普鲁维那一篇。考虑到所提及的人物身份以及地缘，争议是可以预见的。这位诺贝尔奖得主的家人和一些胡安·拉蒙学者自觉有义务捍卫他们的诗人。研究胡安·拉蒙的专家格雷西拉·帕劳·德·内梅斯教授，也是赛诺维娅日记集的出版者［不久前，阿利安萨出版社（Alianza）又出了第二辑］，寄来了一篇很长很优美的文章，但因为篇幅的关系没有被发表。她的论点可以用一句原文来概括：“胡安·拉蒙没有让赛诺维娅陷入绝境，她也没有因为他而自我毁灭。”在此我必须提及她的看法，因为每个人心中对这个故事都有多个版本。

更有趣的事发生在劳拉·莱汀的那篇传记发表后。她是一位美国女诗人，曾是罗伯特·格雷夫斯的情人。没过几天，《国家报》发表了格雷夫斯遗孀贝丽尔（Beryl，他的第二任妻子）的一封短信，称莱汀不是坏人（“她并不比其他人更好或更坏”），还说在她周围没有组成过任何宗派。不过奇怪的是，同时我又收到另一封长信，来自一个与莱汀－格雷夫斯圈子很接近的人。此人请求我不要透露他的姓名（理由很明显），并表示看到终于有人“敢于”写出那篇文章里的内容，他感到十分欣慰。他还补充说：“（莱汀）一定是个巫婆，她的能力和智慧十分超群。我可以向你保证：她的影响是持久的，甚至代代相传。有一些人在远离劳拉 50 年以后依然不敢谈论她，还有人听到她的名字第一反应就是去触摸木头[1]……但也有些人还在继续维护她……我不知道是因为患了斯德哥尔摩综合征，还是因为害怕在‘另一个世界’可能发生什么。虽然她的作品很少，却任命了 12 位文学作品的遗嘱执行人。所以，多加小心！”不用说，这两封信使我更加迷惑于劳拉·莱汀那黑暗而令人不安的人格。

此外，这一系列文章的发表还引起了一种连锁效应。女研究者、女记者、女友和档案女管理员们开始慷慨地寄来大量关于女性的材料。我只举几个例子：女作曲家玛丽莎·曼查多（Marisa Manchado）讲述了女前辈们的勇敢和不幸［比如 17 世纪的芭芭拉·斯特罗齐（Barbara Strozzi），历史上寥寥无几的女作曲家之一，粗野的父亲兼代理人为了宣传她的事业强迫她在肖像画中裸露胸部］；墨西哥的“见证”协会寄来了一张女哲学家西蒙娜·韦伊内战时期在巴塞罗那的照片：她穿着一件连体工装裤，看上去骨瘦如柴（我们记得她患有厌食症）；还有一个名叫“艾达·拜伦”的组织，他们致力于促进男女接受平等的数学教育，也提供了一系列女科学家的照片。

没错，这位艾达正是拜伦勋爵的女儿，也是计算机领域的先驱之一：ADA 编程语言就是以她命名的（很多编程语言的创造者是女性，比如 COBOL）。提到女科学家，我在这里不能不讲述亚历山大城的希帕提

1　西方习俗认为触摸木制的东西可以确保好运、甩掉坏运气，源于宗教信仰或迷信。

娅（Hipatia of Alexandria，370—415）所经历的残酷命运，因为这个故事很有启示性。希帕提娅是一个著名的数学家和天文学家，她写过代数论文和关于托勒密原则的评论，发明了多种天文学工具，其中包括星盘和步天规。她是一个很有公众影响力的人物，捍卫理性，拒绝成为基督教徒。就因为这样，主教西里洛，一个狂热的基督徒，煽动罗马平民群起反对并把她杀害了。人们把她从车里拽出来，脱光衣服，将她折磨致死。那时希帕提娅 45 岁。我不知道，在受尽虐待的报复性结局和她没有一部著作留存下来、没有一件发明流传下来的事实之间，哪一样更加令人恐惧。她也同样被沉默吞噬了。

他人的人生究竟有什么魅力会如此深深吸引我们？传记正流行。专家们认为，我们现在所理解的这种文学体裁始于詹姆斯·鲍斯韦尔（James Boswell）所著的《塞缪尔·约翰逊的一生》，该书于 1791 年发表于伦敦。毫无疑问，英国作家是这一体裁的权威，他们使传记成为了具有艺术价值的作品。奇怪的是，除了几个明显的特例之外，在西班牙几乎没有人从事传记的写作。也许我们过于看重自己的隐私，也许我们所受的教育就是封闭、私密的（归根结底，这是一种阿拉伯传统）。

女作家贝伦·戈培圭（Belén Gopegui）前一段时间告诉我，她不喜欢传记，在她看来，这种体裁纯粹是八卦。相反，我很喜欢传记，不是因为借此能够得到八卦谈资，而是因为其镜子般的特性。我认为，在阅读其他人的生活时，我们正在试图向他们学习：被立传的人物，是逐步发现生命这一“未知之地”的探索者。我们研究他们的冒险与不幸，渴望由此推测自己的将来：在面对胜利和失败，面对衰老、仇恨或失去，面对他人和自己的死亡时，一个人该如何应对。既然世界的灾难本质日益明显，混乱已经无可挽回（婚姻不再是永恒的，等待我们的既没有天堂也没有地狱，再也没有能让生活变得井井有条的意识形态或宗教），我们需要一张应急地图，在巨大的空虚中指明道路。于是在了解他人生活的过程中，我们可以逐渐绘制出自己的私人地图：哪里有珊瑚礁，哪里有开阔的海面和浅滩，哪里有可能伤害到自己的岩石。

生命是一段时间性的轨迹。在人生的路上，岁月在逐渐塑造我们，也在逐渐瓦解我们。也许这就是人生最根本的问题之一：明天我将是什么？我将变成什么？在这个系列中，女性证明了时间是沉重的，生命自身的航行充满了风险。有些女人完全遇难了，比如伊莎贝尔·埃伯哈特和卡米耶·克洛岱尔；有些女人遭遇了巨大的灾难却仍然保持尊严，抗争到最后一刻。比如弗里达·卡罗和奥托琳·莫雷尔；有些女人，她们的个人发展并不令我信服，在某种程度上她们的内心僵化了，比如玛格丽特·米德和西蒙娜·德·波伏瓦。但是还有为数不多的另外一些女人，随着岁月的流逝，变得越来越完美，使生命成为不断成长的胜利：优秀的乔治·桑和令人愉快的阿加莎·克里斯蒂就是这样的例子。

总而言之，通过写作这个系列，我能够确认笔下的所有女人都远远脱离了常规。正如我在前言中指出的那样，很多人都拥有比自己年轻得多的情人。她们也会经常感到焦虑、沮丧和偏执，仿佛她们中有很多人已经濒临那片被社会称为“疯癫”的无人之地。但这并不意味着有名的女人必然都是疯癫的，也不代表 16 篇文章的主角跟她们同时代的女人毫无关系。恰恰相反，她们的焦虑、彷徨正是各自所属时代的反映。我们不要忘记，在很多个世纪中，不适应“女性”这一狭窄角色的女人都被判定为精神错乱。然而，疯狂是什么？不过是你对世界的内心感受不被社会接受而已。

比如，1852 年 1 月，夏洛蒂·勃朗特陷入了严重的沮丧，医生禁止她写作：人们认为脑力劳动对于女性来说是不正常的，会引起她们的精神危机。很多年后，到了20世纪，医生们对弗吉尼亚·伍尔夫说了同样的话（他们没有发现，在这两个例子中，只有写作或者创作才是唯一能够缓解她们焦虑的方法）。几个世纪中，社会把女性封闭起来，剥夺了她们的自由和意志，成功地让她们疯掉。这一毁灭的过程最典型的例子之一是美国人夏洛特·珀金斯·吉尔曼（Charlotte Perkins Gilman）。她结了婚，生了一个女儿，很有艺术抱负。1880年，吉尔曼遭遇了一次“精神危机”，她去看当时美国最著名的专家米歇尔医生，告诉他自己在出门旅行、远离丈夫和女儿的时候，症状就会消失，而跟他们在一起的时候症状就会加重。但是米歇尔医生似乎根本没有理会这一点。

由埃伦赖希（Ehrenreich）和英格里希（English）合著的《为了她们自己的幸福》一书收录了珀金斯·吉尔曼的话，她这样转述医生给她开的药方：“过一种尽可能恋家的生活。让您的女儿一直陪伴左右（必须说明的是，光是给女儿穿衣服这样简单的事就让我发抖、流泪）。每餐之后睡一个小时，每天脑力活动不要超过两个小时。余下的生命中再也不要拿起钢笔、画笔或铅笔。”在几个月中，吉尔曼试图遵从所有忠告，结果却差点要了她的命：“我差点失去了理智。智力上的痛苦是如此无法忍受，我坐在那里，目光空洞，不停地摇着脑袋。”最后，在“清醒的一刻”，吉尔曼明白了一切：她想要成为作家，她无法忍受“妻子”这个被动命运。于是她离了婚，带着女儿来到了美国的另一端，成为女性活动的先驱。她写了一本书讲述自己的故事，而且理所当然地得到了幸福，再也没有出现精神危机。

因此，这些女人不是“正常的”，当然不是。当你探身窥视具体的生活，看到隐藏的和沉默的日常之后，就会发现，不仅是女性，许多男性都敢于在成规和习俗之外去感受、渴望和行动。通过撰写这个系列，我比任何时候都更加清晰地发现，每一个生命都是一场冒险，是对正确事物之局限性的背离。最终，也许这正是我学到的最重要的一点：所谓正常是不存在的。

2007年版后记

人们都认为父母对自己的孩子总是一视同仁，但作家对自己的作品却并非不偏不倚地同等喜爱（虽然我也同样怀疑前者的真实性）。相反，同样是自己的作品，作者一般都会有所偏爱，原因往往很离奇，而且跟该作品在社会上取得的成就无关。《女性小传》对我来说是很特别的几部书之一，是一部我保存在内心深处的作品，因为我总是感觉它充满了生命力，充满了我笔下那些女性混乱的、汹涌的、令人惊叹的生命力。在这本书背后，我付出了如此艰辛的劳动，虽然自12年前出版以来，有无数读者要求我出第二部，但我不认为自己有能力再次撰写出一部类似的作品。不过，所有的努力都是值得的，我必须承认在撰写本书的过程中受益良多。直到今天，当我重读某一篇传记的时候，还会发现一些新的细节，学到新的东西，还会继续沉迷于“我的女人们”那些非同寻常的冒险。

请允许我再次使用“我的”一词，因为这部作品是采用了纪实和小说两种写作技巧，混合编织而成的。用作叙事基础的资料是我能够找到的最全面、最可信、最客观的，然而一旦建立纪录性的框架，我就试图让自己生活在每一个女人的生活中，就像我试图深入小说主人公的生活中一样。也就是说，我试图理解，在传记的环境、文化和历史语境中，这些人是如何看待这个世界的。事实上，这本书中的每一篇文章都是一次“存在”的旅行，去往生命的另一端。

奇怪的是，有些读者跟我谈论这本书时，似乎认为这是一部英雄女性的事迹集锦。当然，阅读是一项极其主观的活动，每一个人都以自己的方式理解事物。对我来说，这部作品不是完美女性目录，恰恰相反，我从未打算撰写这样的东西。我不但不认为我们女性必须成为令人欣赏的人，反而倡导我们有时候也可以像某些男性一样邪恶、愚蠢和霸道。我渴望的是生命的真正自由，可以完全、完整地负担起自己的人性，包括所有的光明和所有的阴暗。所以在这一本传记中，有邪恶、可怕的女人，比如劳拉·莱汀和致命的奥洛拉·罗德里格斯——可怜的姑娘希尔德加德的母亲；有失意的、忧伤的女人，无法成为任何人的榜样，比如卡米耶·克洛岱尔和伊莎贝尔·埃伯哈特；最后，还有一些是矛盾而复杂的，虽然取得了令人景仰的成就，却隐藏着可怕的细节，比如高高在上的西蒙娜·德·波伏瓦，一个伟大的思想家也同样是可悲的。没错，她们所有人，不管是好是坏，幸或不幸，失败或成功，都是不同寻常的人，都有着令人着迷的一生。在这一版中我增加了一篇小传——君士坦丁堡的伊琳娜女王，另一个少见的孤注一掷、权势无限又心思邪恶的女人。

这本书流传于世的这些年中，世界上发生了什么？首先，关于小传中的一些女性，人们出版了更多的记录材料。我认为贡献最大的是罗莎·卡尔（Rosa Cal）在其所著的《没有人能征服我》（卡斯特罗出版社）

一书中对奥洛拉·罗德里格斯的记录，作者对原始材料开展了侦探般的调查。得益于罗莎的努力，如今我们对于希尔德加德的最后时光有了更多的了解。2006年年初，在新资料的基础上，我又在《国家报》上发表了一篇关于奥洛拉·罗德里格斯的文章，题为《蜘蛛母亲》。我认为有必要在这里重新发表一下这篇文章的结尾，因为它以一种更可怕的方式描述了这对母女之间地狱般漫长的折磨：

> 希尔德加德已经长成了一个高大健壮的女孩，从照片上来看，她肉嘟嘟的脸显得乏味而愚蠢，但在现实中她一定自有魅力，因为所有同时代的人都形容她是漂亮女孩。（在她被谋杀的当天，有人问奥洛拉为什么杀害自己的女儿，她回答说："因为她是如此美丽。"）此外，她还取得了巨大的成就，虽然一直是母亲推动她取得了这些成绩，然而这些成就无疑激起了奥洛拉强烈的嫉妒……到1933年4月，奥洛拉那侵略性的偏执已经变得令人难以忍受。有一天，希尔德加德请求母亲让自己出去住，或者至少跟她们称呼为"奶奶"的邻居同住。这一请求引起了争吵、暴力、失去理智的闹剧和整夜整夜的感情折磨。最后，奥洛拉假装接受了，但这只是表面现象。一个月之后，在炎热的5月，希尔德加德给记者科乌塞罗送来一张卡片，他是跟这两个女人保持来往的少数人之一："我的朋友科乌塞罗，如果可以，今天晚上请来拜访我们，有紧急的事情。"科乌塞罗去了，她们在天台上接待了他。奥洛拉解释说，希尔德加德似乎对阿贝尔·贝伊拉格外感兴趣，又说她的女儿来到这个世界不是为了结婚的："让她结婚无异于牺牲她来到这个地球的使命。"听到这句话，希尔德加德站起来，望着天空哭了很久。她

呜咽着说："我要死了！"两天以后，还在震惊中的科乌塞罗给她们打电话。希尔德加德接了电话，记者问她："那件事情怎么样了？"女孩说："我不能说话，我母亲刚刚到了。我只想死。"然后一下子挂断了电话。

从5月27日科乌塞罗拜访的那个晚上，到6月9日谋杀发生，在伽利略街那栋令人窒息的闷热阁楼里，奥洛拉实际上绑架了她的女儿。任何人来访，母亲都不开门，甚至把电话线拔掉，确保希尔德加德无法跟外界联系。想象一下最后几天的禁锢、折磨、暴力以及酷热，真是令人不寒而栗。5月底，奥洛拉拜托一位邻居帮她照顾花草和狗，称自己要去趟古巴，停留3到4个月，并给了邻居4个比塞塔作为报酬。这个谎言表明，那时她已经在计划谋杀自己的女儿，以为只要3到4个月自己就能获得自由。

6月8日，母女二人再次争吵，每一天都是如此：希尔德加德坚持要走，而奥洛拉坚持折磨她。女孩筋疲力尽，躺下睡着了。母亲整夜跪在女儿的床前，看着她睡觉。"在灌木丛的中央，上帝啊！那是蜘蛛。"阿根廷女诗人阿莱杭德拉·皮扎尼克（Alejandra Pizarnik）在自杀前写道。天亮时，这位蜘蛛母亲打发女用人去遛狗，把她支开，接着拿出一把藏在衣柜里的小巧左轮手枪，对着希尔德加德左侧额头开了一枪，然后在几乎同样的位置又打进了另一颗子弹，接着又朝她的心脏开了一枪。最后，"我还朝她的左边脸颊给了她最后一击。"这"最后的一枪"真是打在了奇怪的位置上，因为这个部位不影响任何生命组织。然而她的确毁掉了女儿的脸，女儿那美丽的容颜。

还有恐怖的细节我没有讲述，这个细节可以让人直观理解那个地狱般的家有多么肮脏和令人窒息：伽利略街的家里只有一个卧室，母女二人共用一个房间。我问自己，多少个凌晨奥洛拉都是无眠地度过，监视着女儿的梦境，也许她在恨这无法避免的休息时间，因为在这些时候，希尔德加德并不完全属于她。我问自己，最后那个晚上女孩是否真的睡着了？是否害怕母亲那迷失的、恶毒的目光？也许她亲眼看到母亲拿着手枪过来。也许对于一个被蜘蛛黏稠而致命的网困住的受害者来说，这残忍的结局不过是一种解脱，也是唯一的解放。

此外，我清楚地感觉到，几乎可以说是确定，在这本书出版至今短短 12 年内，女性的状况在世界范围内都得到了普遍改善，当然，还有一些地方正在倒退。我在一个抽屉中保存着 2005 年 11 月 27 日星期日的《国家报》。我保存它是因为，在某种程度上，它具有历史性意义。报纸的头版并不引人注意，一篇雪季的速写，一则关于巴塞罗那峰会的消息……打开报纸，第二版和第三版整版都是关于米歇尔·巴切莱特（Michelle Bachelet）的报道，那时她正参选智利总统，如今已经就职；翻过一页，整个第四版都是对利比里亚女总统埃伦·约翰逊-瑟利夫（Ellen Johnson-Sirleaf）的采访，还配了一幅她的面部巨幅肖像；对面的第五版是另一篇对出生于索马里的原荷兰女议员阿雅按安·希尔西·阿里（Ayaan Hirsi Ali）的配图采访；继续看第六版，一篇关于车臣选举的文章，配图正巧是两个女人经过一堵贴满了海报的墙；对面第七版又是一整版对埃及国际合作部女部长法伊莎·阿布尔纳加（Fayza Aboulnaga）的采访报道，也配了她的照片。你们看，这不是刻意寻找的结果，也不是一个与女性相关的指定日期，比如国际妇女节。这只是某天的随便一张报纸，而国际新闻的前七版几乎被新女性——负责政府的女性、负责部委的女性、占据议会席位的女性所占据——坚强的、活跃的、高效的女性。在历史令人炫目的高速变化中，这完全是一种奢侈，也是一种显而易见的证明。未来就在这里，未来就是现在，我们——男性和女性——正在构建这个未来。这是第一次，我们所有人齐心协力。

参考书目

隐形的生活

— *Brujas, comadronas y enfermeras,* Barbara Ehrenreich y Deirdre English, Ediciones LaSal.

— *Por su propio bien,* Barbara Ehrenreich y Deirdre English, Taurus Bolsillo.

— *Mujeres sin sombra,* Silvia Tubert, Siglo XXI.

— *Diccionario de mujeres célebres,* Espasa de Bolsillo.

— *Historia de las mujeres, vols. I y II,* Bonnie S. Anderson y Judith P. Zinsser, Crítica.

— *La Diosa Blanca,* Robert Graves, Alianza Editorial.

— *Telling Women's Lives,* Linda Wagner- Martin, Rutgers University Press (New Jersey, Estados Unidos).

— *Bloomsbury Guide to Women's Literature,* editada por Claire Buck, Bloomsbury Publishing Limited (Londres).

— *Maiden Voyages,* editado por Mary Morris, Vintage Books (Nueva York).

— *Women's Lives,* editado por Phyllis Rose, W. W. Norton and Company (Londres y Nueva York).

阿加莎·克里斯蒂

— *Agatha Christie, autobiografía,* Editorial Molino.
— *Ven y dime cómo vives,* Agatha Christie Mallowan, Colección Andanzas, Tusquets Editores.
— *Agatha Christie,* Janet Morgan, Grandes Biografías, Ultramar.
— *Agatha Christie,* Gillian Gill, Espasa Calpe.
— Las novelas de Mary Westmacott en Grijalbo.
— Las novelas policiacas en Editorial Molino.

玛丽·沃斯通克拉夫特

— *Vida y muerte de Mary Wollstonecraft,* Claire Tomalin, Montesinos.
— *Vindicación de los derechos de la mujer,* M. Wollstonecraft, Cátedra.
— *Historia de las mujeres, vol. 2,* Andersony Zinsser, Crítica.
— *Introducción a la historia de la Revolución Francesa,* E. Schmitt, Cátedra.
— *Reflexiones sobre la Revolución Francesa,* E. Burke, Rialp.
— *Frankenstein,* Mary Shelley, Laertes y Plaza & Janés.
— *Maria or the Wrongs of Woman,* M. Wollstonecraft, W. W. Norton, Londres.
— *The Life of Samuel Johnson,* J. Boswell, Penguin Books, Londres.

赛诺维娅·坎普鲁维

— *Diario 1. Cuba (1937-1939),* Zenobia Camprubí, Alianza Tres.
— *Zenobia Camprubí: Vivir con Juan Ramón,* Los libros de Fausto.
— Revista *Anthropos* n.º 7, especial Juan Ramón.
— Suplemento *Anthropos* n.º 11, antología de Juan Ramón.
— *Entre el exilio y el interior,* J. M. Naharro Calderón, Anthropos (sobre el exilio literario).

西蒙娜·德·波伏瓦

— *Simone de Beauvoir,* C. Francis & F. Gontier, Plaza & Janés.

— *Memorias de una joven formal, La plenitude de la vida, La fuerza de las cosas, Final de cuentas, La ceremonia del adiós, Diario de guerra, Cartas a Sartre I y II,* Simone de Beauvoir. Todos en Edhasa.

— *El segundo sexo,* en Siglo XXI.

— Novelas y cuentos en Edhasa.

— Obras completas en Aguilar.

— *Cartas al Castor, Cuadernos de guerra,* Jean Paul Sartre. Los dos en Edhasa.

— *Simone de Beauvoir, The Woman & Her Work,* M. Crosland. Heinemann, Londres.

奥托琳·莫雷尔夫人

— *Autobiografía,* Bertrand Russell, Edhasa.

— *Virginia Woolf,* Quentin Bell, Lumen.

— *Dardos de papel,* Virginia Woolf, Odin Ediciones.

— *Katherine Mansfield,* Claire Tomalin, St. Martin Press, Nueva York.

— *Lytton Strachey,* Michael Holroyd, Penguin Books, Londres.

— *Ottoline Morrell, Life on the Grand Scale,* Miranda Seymour, Farrar Straus & Giroux, Nueva York.

阿尔玛·马勒

— *Mi vida,* Alma Mahler-Werfel, Tusquets Editores.

— *Alma Mahler,* Susanne Keegan, Paidós Testimonios.

— *Alma Mahler,* Isabel Margarit, Planeta.

— *Alma Mahler,* Françoise Giroud, Noguer.

— *Una princesa en Berlín,* Arthur Solmssen, Tusquets.

玛丽亚·莱哈拉加

— *Una mujer por caminos de España,* María Martínez Sierra, Castalia.
— *María Lejárraga,* Antonina Rodrigo, Ediciones Vosa.
— *Autoras dramáticas españolas entre 1918 y 1936,* Pilar Nieva, CSIC.
— Prólogo de Carmen Martín Gaite a *Celia, lo que dice,* Alianza.
— *El teatro en la España del siglo XIX,* David Gies, Cambridge Press.

劳拉·莱汀

— *Robert Graves,* Richard Graves, Edhasa.
— *La Diosa Blanca,* Robert Graves, vols. I y II, Alianza Editorial.
— *In Extremis, The Life of Laura Riding,* Deborah Baker, Grove Press, Nueva York.

乔治·桑

— *Un invierno en Mallorca,* George Sand, Edaf bolsillo.
— *Historia de mi vida,* George Sand, Parsifal.
— *George Sand,* Jean Chalon, Edhasa.
— Diccionario de autores Bompiani, Ed. Hora.
— *Lettres d'un voyageur,* George Sand, Penguin Classics, Londres.

伊莎贝尔·埃伯哈特

— *Cartas y diarios,* Isabelle Eberhardt, edición de Eglal Errera, Circe.
— *La gravedad y la gracia,* Simone Weil, edición de Carlos Ortega, Trotta.
— *The Life of Isabelle Eberhardt,* Annette Kobak, Chatto & Windus, Londres.

— *Maiden Voyages,* edición de Mary Morris, Vintage Books, Nueva York.

弗里达·卡罗

— *Kahlo,* Andrea Kettenmann, Ed. Taschen.
— *Diego y Frida,* Le Clézio, Temas de Hoy.
— *Frida Kahlo,* Rauda Jamis, Circe.
— *Kahlo, mujer, ideología y arte,* Eli Bartra, Icaria.
— *Tinísima,* Elena Poniatowska, Ed. Era.
— *Frida, a Biography,* Hayden Herrera, Bloomsbury, Londres.

奥洛拉·罗德里格斯和希尔德加德·罗德里格斯

— *Aurora de sangre,* Eduardo de Guzmán, Edit. G. del Toro.
— *La Virgen roja,* Fernando Arrabal, Seix Barral.
— *Criminales o locos?* Raquel Álvarez Peláez y Rafael Huertas García-Alejo, CSIC, Cuadernos Galileo de historia y ciencia.
— *Aurora Rodríguez, la tragedia de la Eva futura,* José Manuel Fajardo, Cambio 16 (11-5-87).
— *Tras el padre de Hildegart,* Rosa Cal, Cambio 16 (2-12-91).
— Ver también la película *Mi hija Hildegart,* de Fernando Fernán Gómez.

玛格丽特·米德

— *Experiencias personales y científicas de una antropóloga,* M. Mead, Paidós.
— *Cartas de una antropóloga,* M. Mead, Bruguera-Emecé.
— *Sexo y temperamento en las sociedades primitivas,* M. Mead, Paidós.
— *Adolescencia y cultura en Samoa,* M. Mead, Paidós.
— *Masculino y femenino,* M. Mead, Minerva.
— *Margaret Mead, a Life,* Jane Howard, Ballantine Books, Nueva York.

— *With a Daughter's Eye,* Mary Catherine Bateson, Morrow, Nueva York.

卡米耶·克洛岱尔

— *Camille Claudel, la internada,* Anne Rivière, Nuevo Arte Thor.
— *Camille Claudel,* Reine-Marie Paris, Gallimard, París.
— *Une femme,* Anne Delbée, Le Livre de Poche, París.
— *Significant Others,* Libro colectivo; ensayo sobre Claudel de Anne Higonnet, Thames and Hudson, Londres.

勃朗特姐妹

— *Cumbres borrascosas,* Emily Brontë, Destino o Edhasa.
— *Jane Eyre,* Charlotte Brontë, Espasa Calpe o Clásicos Planeta.
— *La dama de Wildfell Hall,* Anne Brontë, Júcar.
— *Poemas,* Emily Brontë, Torremozas.
— *Las hermanas Brontë en Haworth,* Juliet Gardiner, Paidós.
— *Agnes Grey,* Anne Brontë, Conversion, Londres.
— *The Brontës,* Juliet Barker, Weidenfeld & Nicolson, Londres.
— *Charlotte Brontë,* Lyndall Gordon, Vintage, Londres.
— *A Chainless Soul: A Life of Emily Brontë,* Katherine Frank, Houghton Mifflin, Boston.

君士坦丁堡的伊琳娜

— *Mujeres en púrpura,* Judith Herrin, Taurus.
— *Historia de Bizancio,* Evelyne Pattagean, Crítica.

UN HERVOR
de
MUJERES

女性的沸腾

TÉANO DE CROTONA
克罗托纳的西雅娜
BOUDICA
布狄卡
ASPASIA DE MILETO
米利都的阿斯帕西亚
WU ZETIAN
武则天
ENDE
恩德
TOMOE GOZEN
巴御前

MUJERES ROMPEDORAS

QUE HICIERON MALABARISMOS CON SUS VIDAS

披襟斩棘的女人们

用生命去冒险

EL DESCUBRIMIENTO DEL

BULLICIO INVISIBLE

发现看不见的沸腾

EMMY NOETHER
艾米·诺特
WANGARI MAATHAI
万加丽·玛塔依
BESSIE COLEMAN
贝希·科尔曼
SAMPAT PAL DEVI y sus guerreras del sari rosa
桑帕特·帕尔·德维
ESRA'A AL SHAFEI
埃斯拉·沙菲

在 17 世纪的荷兰城市代尔夫特，历史上最奇怪也最可爱的科学人物之一在这里出生并生活着。他名叫安东尼·范·列文虎克（Antonie van Leeuwenhoek），是一名纺织品商人。他接受的教育十分匮乏，不懂拉丁文——那是上层男士使用的语言。他 16 岁就辍学开始工作，但他拥有一个开放而灵活的大脑，一种对万事万物的好奇以及非凡的天赋。为了看清所购买的织物纹理，他开始自己制作放大镜，而且取得了惊人的成就，成功制作出了能把观察物放大 200 多倍的棱镜，这在那个时代是非比寻常的（这项技术一直都是秘密，在他死后就失传了。过了很多年，人们才重新制造出类似的玻璃）。从那时起，他用显微镜观察所有的东西：头发、植物、器官里的液体、石头。他发现了很多新事物，包括精子。在此之前，1675 年，他观察了河里的一滴水，令他惊讶和着迷的是，其中竟沸腾着活的机体：成千上万的微小生物在每一滴液体中跳舞，他称之为“动物质”。当时人们刚刚发现了细菌，对于骄傲的科学界来说，他们当然无法接受一个贫穷的、按理来说应该是愚昧无知的纺织品商人的发现。显然，这是阶级问题，也就是说，是权力问题。

在文章一开头先讲述这件长长的逸事，是因为我喜欢列文虎克，他的事例证明了开放的头脑、激情和毅力能够改变世界。然而以他为例的主要原因在于，我认为对于目前性别主义的瓦解过程来说，这是一个完美的比喻。现在的我们也必须使用某种显微镜来探究历史的纹理，揭露所有那些曾经隐形的生命。而且，跟列文虎克惊讶于一滴水中竟包含如此众多的机体一样，当我开始探究事实之后，同样不禁震惊于所有时代里涌现的杰出女性数量之多以及热情之沸腾。安娜·洛佩斯-纳瓦哈斯（Ana López-Navajas）开展的出色研究证实了这一点，接下来的人物名单主要得益于这一研究。从另一个层面来说，跟纺织品商人的遭遇一样，这种新的观察方式同样也遇到了传统权力的怀疑，而且不得不跟科学权威对抗。感谢卡罗琳娜·瑞奥约（Carolina Reoyo）对我的明智建议，以及丰泉出版社（Alfaguara）提供的文献支持，他们为我提供了一些同时代女性的名字，而她们正在用双手推动着世界前进。

下面提到的人物中大部分都为人类做出了巨大的贡献，但其中也有一些可怕的、邪恶的女人：这不是一部《圣徒传》。当然，因为不得不集中精力对她们逐一进行研究，查阅资料，撰写关于她们的故事，我比任何时候都更加意识到，女性要拓展自己的一生不得不面对的艰难环境。因为无法接受教育，她们绝大部分人都不得不依靠自学获取知识；很多人的成就得不到承认，或者被归于某个男性名下；几乎所有人都不得不正视那深渊一般的不安全感——当整个世界都说你毫无价值的时候，这种不安全感是完全可以理解的。而且仿佛所有这些都还不够，这些用生命来冒险、披荆斩棘的女人，一般来说都儿女成群，有些人甚至有 10 到 12 个孩子。考虑到在那些时代生育的高风险、怀孕对于健康的破坏、照料孩子们的重负……我不知道她们是怎么做到的。

这份名单是按照时间顺序排列的，主要围绕90位女性展开叙述，但是文本中提及了很多其他人。这种选择是痛苦的，因为人数如此众多。而这庞大的数量正是首要的证据，也是令人惊奇的地方。同时，我也决定放弃那些过于知名的女性，努力让自己集中追寻那种隐藏事物突然爆发的感觉，以及从一滴水中发现生命沸腾的美妙体验。

因此我不会列入历史上伟大的女政治家和女领袖，比如克利奥帕特拉（Cleopatra）、伊莎贝拉一世（Isabel I la Católica）、伊丽莎白一世女王（Elizabeth I）、英国的维多利亚女王、果尔达·梅厄（Golda Meir）、英迪拉·甘地、贝娜齐尔·布托（Benazir Bhutto）和许多其他人；也不会列入家喻户晓的女科学家比如亚历山大城的希帕提娅（Hypatia of Alexandria）[因为亚历桑德罗·阿曼巴（Alejandro Amenábar）出色的电影而为人所熟知]或伟大的玛丽·居里；或者是圣特蕾莎修女、索尔·胡安娜·伊内斯德拉·克鲁斯（Juanna Inés de la Cruz）、简·奥斯汀、埃米莉亚·帕尔多·巴桑[1]（Emilia Pardo Bazán）、艾米莉·狄金森（Emily Dickinson）、弗吉尼亚·伍尔夫、玛丽亚·莫利纳[2]（María Moliner）、汉娜·阿伦特（Hannah Arendt）以及许许多多其他的女作家和女思想家；还有女革命家或社会女斗士，比如罗莎·卢森堡、里戈贝尔塔·门楚[3]（Rigoberta Menchú）或马拉拉（Malālah Yūsafzay）。总而言之，我们可

---

1 埃米莉娅·帕尔多·巴桑（Emilia Pardo Bazán，1852—1921），西班牙女作家、文学理论家，曾任马德里大学教授。

2 玛丽亚·莫利纳（María Moliner），西班牙图书馆员、语言学家、词典编纂者，独立编撰了《西班牙语使用字典》，被马尔克斯称为“最完整、最有用、最准确、最有趣的西班牙语词典”。

3 里戈贝尔塔·门楚（Rigoberta Menchú），危地马拉土著权利领袖，1992年诺贝尔和平奖得主。

以一直这样列举下去。想到有数不胜数的女性，虽然受到各种限制，却在这些限制下度过了轰轰烈烈的一生，而且名垂青史，真是令人惊讶。当然，她们中的很多人都被历史以一种偏颇、可笑的方式记住，正如我们已经看到的叶卡捷琳娜大帝，人们只关注她的众多情人。最奇怪的是，当我们被要求举出历史上某位重要女性时，刚开始我们难免会有些语塞、停顿、出神，仿佛无法轻易找到头脑中通往这些记忆档案的道路。这无疑是习惯的缺乏：男性的丰功伟绩不但在我们的教育中占据优先地位，也在我们对世界的潜意识观点中占据优势地位。

最后，我也同样努力避免（除了几个例外）已经在本书中提及的人物，比如令人着迷的女皇——法老哈特谢普苏特（Hatshepsut）。前面已经说过，我希望专注于发现。用放大镜去探寻那看不见的喧嚣，因为知道她们存在和存在过而感到欣喜。下面就是一些女性故事，希望阅读她们的故事能为我们带来愉悦。

梅里特·普塔（Merit Ptah）
（约公元前 2700）

我们知道她的存在是因为她的形象被雕刻在距离塞加拉阶梯金字塔不远的一座坟墓上。她是古埃及宫廷的首席医生，这无疑是一个非常重要的职位。她也是科学史上第一位为我们所知的女性。

恩西杜安娜（Enheduanna）
（约公元前 2300）

作为阿卡德帝国（Akkadian Empire）萨尔贡一世的女儿，这位美索不达米亚公主成为人类历史上第一位留下名字的作家，她的作品《伊南娜颂诗》是已知的第一部署名文学作品。此外，作为南纳神（月亮神）的高级女祭司，她还拥有极大的权力。不仅如此，她还留下了历史上最早的天文学和音乐方面的记录。她的作品刻在楔形木板上，留下了不计其数的抄本，甚至在她去世几个世纪之后还在被转抄。这证明了这位生活在文学、天文学和音乐起源时期的女性拥有深远的重要性和影响力。

塔普提·贝拉泰卡琳（Tapputi Belatekallim）
（约公元前 1200）

历史上最早的对于化学反应过程的描述来自这位女性，她是一位巴比伦的制香人。她的笔记以楔形文字刻在一块石头上，因此得以保存。

克罗托纳的西雅娜（Theano of Crotona）
（约公元前 600）

从一些参考资料中，我们得知这位重要的希腊女数学家撰写了数学、物理和医学方面的论文，尤其关于直角多面体和黄金比例。但不幸的是，她的作品佚失了，只保存下来一些文本的片段。作为毕达哥拉斯（Pythagoras）的妻子，她自然属于毕达哥拉斯学派，此外她还倡导男性和女性在教育方面的平等。事实上，有资料认为除了西雅娜，毕达哥拉斯学派中还有另外 27 位女数学家。

哈利卡纳斯的阿特米西亚（Artemisia of Halicarnassus）
（约公元前 500）

迷人的阿特米西亚是哈利卡纳斯的女独裁者，这个领地位于古波斯的卡利亚省。在抗击希腊人的第二次希波战争中，她为支持波斯皇帝薛西斯一世（Jerjes I）而战，亲自指挥 5 艘战舰参加了著名的阿特米西澳和萨拉米斯海战。她是薛西斯皇帝麾下唯一的女性将领，也是唯一一个建议他不要只从海路进攻希腊，而要同时调动陆军和海军协同进攻的将领。薛西斯没有采纳她的建议，战争的结果对波斯人来说是灾难性的。在战斗中，由于受到一艘雅典 3 层划桨船的袭击，无法摆脱，阿特米西亚下令向薛西斯舰队中的一艘船发起进攻，并把它打沉，所以希腊人将她误认为盟军，让她逃走了。回到波斯阵地后，薛西斯大呼道："我的男人们都变成了女人，而我的女人们（因为阿特米西亚）都变成了男人！"至少希腊历史学家希罗多德（Herodotus）是这样记载的，虽然这个女人属于敌对阵营，但他给予了她极高的评价。

米利都的阿斯帕西亚（Aspasia of Miletus）
（约公元前 470—前 400）

聪明、博学的阿斯帕西亚受到了官方历史极其冷酷的对待，很可能因为她是古希腊公共生活中最有分量的女人之一，而这一点在当时是不被原谅的。她不但是政治家、思想家，还是出色的修辞学家。她曾是伯里克利（Pericles）的情人，又在他妻子死后成了他的伴侣。众多的作者都提到过她，比如柏拉图（Plato）、亚理斯多芬（Aristofanes）和普卢塔科（Plutarch）。古希腊数学家色诺芬（Xenophon）称苏格拉底（Socrates）将她视为老师。她因为自己的政治影响以及对伯里克利的影响受到很多批评，还受到了司法迫害和恶毒的诬蔑。她的一生表明了一个自由的女人在当时的雅典所不得不面对的重重困难。当时的信源称她是“交际花”，即高级妓女。这一点或许属实：在那个社会中，只有“交际花”能够受到良好的教育，并得以实现经济上的独立。然而，今天有一些专家认为这可能是针对她和伯里克利的恶意诽谤。将不守陈规的女性诬蔑为妓女是自古以来的典型做法。

犬儒学派女哲学家希帕尔基亚（Hipparchia of Maroneia）（约公元前 346—前 300）

希帕尔基亚是反文化的先驱，一个因为其现代性而显得格格不入的冲击性人物，是哲学家、反对派、女性主义者。为了跟她的老师、犬儒学派的重要成员克拉特斯（Crates of Thebes）一起生活，她不惜与家庭决裂。犬儒主义是一种以激进的方式拒绝社会惯例的思潮，在这一思想的推动下，她跟克拉特斯双双散尽钱财。他们衣衫褴褛，住在大街上，在光天化日、众目睽睽之下做爱。这个惊雷一般的女人写了三部哲学著作，但是没有保存下来。无神论者西奥多罗斯（Theodorus of Cyrene）曾取笑她，质问她为何不致力于她的性别所对应的专属工作（没错，这种愚蠢的想法古已有之），她回答说：“你认为我这个性别把时间投入到学习上是不对的，那么我难道应该像纺织娘一样浪费掉时间吗？”除了希帕尔基亚，那个时代还有其他的女哲学家，比如昔兰尼的阿蕾特（Arete of Cyrene），她属于昔兰尼学派（跟大男子主义的无神论者西奥多罗斯是同一个学派）。据说阿蕾特教了35年哲学，写下了近40部著作，不幸的是，没有保存下只言片语。

特萨利亚的阿格拉耐克（Aglaonike of Thesalia）
（约公元前200）

阿格拉耐克在她那个时代很有名，大部分同胞都认为她是一个女巫，“因为她能让天上的月亮消失”。实际上，据普卢塔科（Plutarch）记载，这位重要的希腊女天文学家只是预言了月食。她并不是唯一一位在当地播种天文知识的女性：一群为数众多的女天文学家被人们称为“特萨利亚女巫”，毫无疑问，这样的称呼表现出某种恐惧。奇怪的是，历史上总是有很多女性观察天空，其中包括著名的“亚历山大城的希帕提娅”（Hypatia of Alexandria），她关于圆锥曲线的研究后来被应用于测定行星的轨迹。

布狄卡（Boudica）
（公元1世纪）

布狄卡（Boudica）或称波阿狄西亚（Boadicea）的故事不但十分悲伤，而且为我们提供了一个因性别主义而遭受折磨的完美例证。公元60年至61年，这位爱西尼部落的凯尔特女王领导了不列颠诸部落反抗罗马帝国的最大起义。据罗马历史学家迪翁·卡修斯（Dion Cassius）描述，布狄卡个头高大、嗓音嘶哑、目光凶狠，红色头发一直长到髋部，穿着五颜六色的长袍，戴着粗大的金项链。她是爱西尼国王普拉苏塔古斯（Prasutagus）的妻子，作为罗马帝国的盟友，爱西尼王国没有遭到入侵。在普拉苏塔古斯死后，因为没有儿子，王位应该传给他两个女儿中的大女儿，这在尊重女性的凯尔特人看来是很自然的事情，但对于罗马人来说却是不可接受的。他们利用这个机会吞并了爱西尼王国，视其为被征服的领地，没收当地人的土地和财产，洗劫村庄。据塔西陀（Tacitus）记载，布狄卡被毒打，她的两个女儿遭到强暴，这是女性在战争中作为战利品或武器的典型命运。可以理解这位王后是何其愤怒，她发动爱西尼人和另外几个部落反抗罗马人，并成功赢得了几场战役。其中一次胜利中，她将隆迪南，也就是罗马时期的伦敦，一把火夷为平地。然而最后，组织涣散的军队还是被皇家军团摧毁。失败之后，罗马人展开了一场历史上最残忍的屠杀，连怀孕的女人和幼儿都不放过。对于布狄卡的结局人们不甚了解：塔西陀说她为了不落入敌人手中而服毒自尽，迪翁·卡修斯则称她和她的两个女儿都在战斗中英勇奋战到最后，虽然她们的遗体从未被找到。

犹太人玛丽亚（Maria the Jew）

她是古代最重要的科学家之一，成就比肩阿基米德（Archimedes）或欧几里得（Euclid），但我们甚至无法准确得知她生活的年代，只知道她在公元1世纪至公元3世纪的某个时期居住在亚历山大城。她被认为是炼金术的创始人，而炼金术就是当时的化学。她将玻璃引入到实验中，发现了海盐酸和铁酸。她的诸多发明中包括“玛丽亚水浴法”（熏蒸），这一技术至今仍以她的名字命名。她发明了三角蒸馏器，以及最重要的蒸馏皿——一种用来加热物质并收集蒸汽的器皿，它往往被抽成真空，密封保存。正是这种容器在炼金术中的应用，也就是说，在赫尔墨斯（Hermes Trismegistos）技艺[1]中的应用，才形成了“赫尔墨斯封闭”即“密封”这个表达。直到19世纪，玛丽亚发明的蒸馏皿还被原封不动地用于实验室中，是今天所使用工具的前身，可以用来提取极薄的石墨烯片。

帕尔米拉的赛诺维娅（Zenobia of Palmira）（245—272？）

赛诺维娅14岁时嫁给了帕尔米拉国王，她登上王位的过程对于女性统治者来说是最常见的：丈夫去世。267年，国王被谋杀，儿子尚年幼。她以儿子的名义掌握了政权，并四处征战，试图建立自己的帝国，以抗衡包围帕尔米拉的两大帝国：罗马和萨珊尼王朝（波斯）。精湛的军事战役技巧使她征服了整个小亚细亚和埃及，她从269年开始统治这个国家，直到272年被奥雷利奥皇帝（Marco Aurelio）打败，她沦为人质，被带到罗马。她的结局我们并不十分清楚，很可能在272年就被斩首了。当时她28岁，跟亚历山大大帝一样，在创建了一个短暂的帝国之后英年早逝。

梅卓多拉（Metrodora）（约200—400之间）

对于这位杰出的希腊女医生，我们同样无法得知其准确的生活时代，但在佛罗伦萨保存着两册她的论文《女性的疾病与治疗》。她严谨

1　赫尔墨斯主义将炼金术与占星术、神通术并称“全宇宙三大智慧”。该学派主张哲学与魔法的研究与实践，其信仰基础源于希腊神话中的神祇——赫尔墨斯，所以他被看作炼金术师的始祖。

的研究建立在广泛的临床实践基础上，包括手动探查和使用扩张器——类似我们今天使用的窥器。她的著作一直到16世纪都被用作医学参考书。梅卓多拉是希腊和罗马许多女医生中最杰出的代表之一。在公元1世纪到4世纪，很多女性从事这一职业，比如公元2世纪的阿斯帕西娅（Aspasia）和克莉奥帕特拉（Cleopatra）。

埃赫利亚（Egeria）
（公元4世纪）

这位周游世界的埃赫利亚似乎是加利西亚贵族，也就是说，她出生于现在位于西班牙的罗马行省加亚埃西亚。能够确知的是，她是个修女，而且很勇敢。在一次持续4年（自381年至384年）的里程碑式的航行中，她乘船到达了现在的埃及、巴勒斯坦、叙利亚、美索不达米亚平原、小亚细亚半岛和伊斯坦布尔等地。她写了一部有趣的书《埃赫利亚之旅》来讲述自己的经历，至今这本书仍不断地被再版（绝对是出版界的巨大成功）。这本书也证明了，所有时代都有女性做着被社会禁止的事情。

拜占庭皇后狄奥多拉（Theodora）
（约500—548）

狄奥多拉女皇是欧洲历史上最非凡的人物之一，她最初是位妓女，最后被东正教尊为圣人。我们尚不确定她究竟出生于叙利亚还是塞浦路斯，但可以确定她父亲是一位竞技场训熊师，母亲是一位演员兼舞女。在那个时代，女演员实际上就是妓女，狄奥多拉在青春年少时就从事这一行业。然而，她的智慧、天赋和魅力远远超出卑微的出身所限定的框架。在与一位虐待她的高级军官同居了4年之后，狄奥多拉放弃了妓女生涯，定居君士坦丁堡，在距离皇宫不远的一座大楼中当了一名纺纱工人。就是在那时她认识了查士丁尼（当时是他叔叔查士丁尼一世的王位继承人），他为她着迷，并最终娶她为妻。作为皇后，狄奥多拉拥有跟丈夫比肩的权力。532年发生了所谓的“尼卡暴动”，这场人民起义差点把查士丁尼赶下台，而力挽狂澜的人正是狄奥多拉。皇帝和军官们无力控制暴乱局面，准备出逃，狄奥多拉却挡在他们面前，严厉地训斥众人。“紫袍是最好的裹尸布！”她声色俱厉地大声说道，“誓死捍卫王位也强过于在流亡中做一个懦夫。”查士丁尼感到羞愧，决定留下继续战斗，并最终取得了胜利：命运就是由这些奇怪的偶然组成的。狄奥多拉另一项伟大的成就是她在著名的《查士丁尼法典》中《新法典》这部法律合集里所做出的贡献，其中有关女性权利的条款具有惊人的现代性：禁止强迫卖淫、关闭强迫卖淫的妓院、保障女性离婚的权利、儿子和女儿拥有同等的继承权、妻子有权支配自己的财产、女性拥有对儿女的监护权、禁止杀害通奸妇女、为自愿放弃职业的妓女建造退休院、强奸判处死刑……然而这些法律条文仅被实行了80年，一直到20世纪，全世界的法律中才再次出现如此保护女性权利的条款。

武则天
（624—705）

女皇武则天是最富传奇色彩的女人。她是中国唯一一个独立统治的女性。在这个泱泱大国的历史上出现过另外一些强势的女性，但都是作为摄政者或皇帝的配偶行使权力。相反，武则天却以本人的名义执政，甚至建立了自己的王朝，名为周朝，以争取执政的合法性。她来自一个贵族家庭，很小就进入了唐太宗的后宫，在嫔妃中属于第五个等级，也就是说，她是宫廷女性中品级最低的那一等。10年后皇帝死了，他的儿子继任，就是唐高宗。他一反常规，把武则天纳入自己的后宫，并提升到第二等级。这是一个巨大的丑闻，因为一个妃子服侍一对父子、两位皇帝被认为是不道德的。很可能在老皇帝去世前，这个年轻姑娘已经是继承人的情人了，而且她一定是位危险的对手，因为高宗的正妻王皇后很忌惮她。654年，她生下一个女儿，但婴儿出生不久就被谋杀了。愤怒的武则天指控皇后和另一位重要的妃子是凶手，高宗相信了他的情人，并任命她为摄政皇后。据说在取得权力之后，武则天亲手把原来的王皇后和那个妃子折磨致死。还有传言说是她杀死了自己的婴儿，就是为了击垮对手，这很可能只是谣言，但是她黑暗传说的一部分。自660年开始，高宗病重，武则天实质上统治了这个国家。传说是她一直在给皇帝服用毒药，并下令杀死了反叛的长子。可以确知的是，她处决了几位当朝高官，而且权力日益增长。高宗去世时，她把自己的第三个儿子扶上了王位，6个星期后她改变了心意，把他赶下台，又换了另一个儿子。然而没过多久，她就放弃了这种愚蠢的做法，赶走了傀儡皇帝，直接掌握权力。她自封为“圣神皇帝”，而这个称号的最后两个字是对男性统治者的称谓，这一点引起了轩然大波，因为一个女人这样称呼自己是不可接受的。为了抵御反对派，赢得民心，她推动佛教的发展，并在691年承认其为国教，这一点让她获得了不计其数的支持。此外，她执政的方式专横、强势。705年，武则天年满80岁，在统治了这个帝国将近20年之后，一场政变杀死了她的心腹张氏兄弟（据说也是她的情人），并把她赶下了王位。她的第三个儿子重新登基当上皇帝，恢复了唐朝，结束了母亲开创的短暂王朝。没几个月之后武则天就去世了，也许纯粹是因为愤怒。

毛里塔尼亚的卡伊娜（Kahina）

（约 637—702）

在那个时代，人们所知的毛里塔尼亚跟我们今天所了解的毛里塔尼亚并不一样。它占据着非洲北部的一片巨大领域，主要居住着柏柏尔人。卡伊娜真名叫达西娅（Dihya，“卡伊娜”意为“占卜者”），是柏柏尔贵族的女儿。按照那个时代的描述，她是一个聪明、博学的女人，有着深色的脸部皮肤，乌黑茂密的头发。她是重要的宗教领袖兼巫师，跟 3 个不同的男人生了 3 个孩子——两个儿子、一个女儿。690 年，由于领袖库沙依拉（Kusayla）被杀，柏柏尔联盟选举受人尊敬的卡伊娜成为新的领导人。所有的历史学家都认为她是一位伟大的战略家：698 年，卡伊娜在瓦蒂尼斯卡拉（Wadi Niskiara）大战中打败了阿拉伯人（这个地方如今位于阿尔及利亚境内），并迫使阿拉伯人撤退到了利比亚。

哈米拉（Jamilah）

（公元 8 世纪）

她被人们称为“歌曲女王”，是阿拉伯世界最有名的女音乐家之一。除了作曲和演奏，她还创办了一所学校，培养出了为数众多的知名艺术家。此外，她创建了一个著名的管弦乐队，由 50 位女性乐手组成，想必一定非常壮观。她出生在麦地那，但是她的名声超越了国界。她创作的一首讲述自己前往麦加圣城朝圣的歌曲成了经典，在她死后几个世纪中一直被传唱，经久不衰。当然，哈米拉并不是特例的：在当时的阿拉伯世界，杰出的女音乐家层出不穷，比如著名的奥拉博（Oraib，公元 9 世纪），在很长时间内曾是巴格达的奴隶（她被无数次转卖和购买，我们了解到为她支付的金额：有一次是 10 万银币，另一次是 5000

金币……）。她是一位高雅的艺术家、诗人、作曲家和歌唱家，最终她恢复了自由，一直活到90岁。她死后，哈鲁姆·拉希德（Harum al-Rashid,《一千零一夜》中多次提到的那位权势无限的哈里发）下令汇编了她的1000多首歌曲。

拉比亚-阿达维亚（Rabi' ah al-Adawiyya）
（约717—801）

她的父母一贫如洗，他们在她很小的时候就饿死了，因此这个小女孩在街上流浪觅食，并被作为奴隶贩卖。所有这一切都发生在今天的伊拉克境内，那是一个混乱的时代，一场渴望回归先知穆罕默德之纯洁的宗教运动正在酝酿。传说拉比亚的主人惊讶于她信仰的力量而将她释放了，唯有圣女才能与她的信仰相适。拉比亚写下了一些赞美神圣之爱的激情洋溢的诗句，是阿拉伯世界最重要的苏菲派神秘主义者和圣女之一，一个可以跟阿维拉的圣特蕾莎[1]相提并论的人物。

恩德（Ende）
（约950—1000）

她是修女，但更是艺术家，很可能是我们所知的第一位欧洲女画家。保存在赫洛那教堂中的《贝亚图斯抄本》所包含的115幅细密画插图正是出于恩德之手。她的作品十分精致、细腻，有着错综复杂的细节、高度的象征性内容和奇怪的动物，这些插图使这部《贝亚图斯抄

1　此处指16世纪西班牙天主教神秘主义者、加尔默罗会修女、反宗教改革作家特蕾莎，同时为天主教会圣人，又称大德兰，阿维拉的德兰。

本》成为保存下来的最重要的抄本之一。恩德在绘画中留下了她的签名，这也许说明她对自己的作品感到骄傲。然而毫无疑问，在中世纪有很多其他的女性插画家没有留下名字。

紫式部（Murasaki Shikibu）（978—1014）

紫[1]女士（“式部”不是名字，而是一种尊称）创作了在人类历史上十分重要的文学作品。她来自东京的一个小贵族家庭，父亲是一个平庸的作家，曾祖父却是一位伟大的诗人——藤原兼辅（Fujiwara Kanesuke），直到今天日本人还在阅读他的诗歌作品。紫式部写了一部有4200页的里程碑式著作《源氏物语》（源氏的故事）。这是一部清新的现实主义作品，也是日本文学中最重要的古典作品。她以敏锐的感知描写了贵族社会的虚伪和空虚，以及女性的痛苦。日本目前使用两种音节表，其中之一是由没有机会学习汉语的贵族女性创造的。这也使日本古典文学史上出现了为数众多的女作家，比如清少纳言（Sei Shonagon）和她著名的随笔集《枕草子》。

婉拉黛·穆斯泰克菲（Wallada bint al-Mustakfi）（994—1091）

科尔多瓦人婉拉黛是一位安达鲁西亚女诗人，而安达鲁西亚女诗人们都是惊世骇俗的。比如，她们写作具有性意味的讽刺诗，这是一种

1 紫式部本姓藤原，因其兄曾任式部丞，当时宫中女官多以父兄之官衔为名，故称为藤式部，后因《源氏物语》女主人公紫姬为世人传诵，遂又称作紫式部。

阿拉伯文学传统。她们的生活与我们对于中世纪女性生活的那些刻板印象大相径庭。婉拉黛是一个基督教女奴隶和一位执政时间十分短暂的科尔多瓦哈里发的女儿，这位哈里发只在位两年就被杀害了。她没有兄弟，所以继承了父亲的财富，这使她有实力开放一座宫殿，专门用于教育上层家庭出身的女孩子们，同时也接待那个时代的诗人和艺术家们，就像是一个中世纪的“法式沙龙”。她似乎是一位美人，金色发红的头发、白皙的皮肤、蓝眼睛。她把自己写的诗绣在衣服上，蒙面跟男人们一起参加赛诗会，这在当时是一桩离经叛道的丑闻。她跟诗人伊本·宰敦（Ibn Zaydun）有过秘密的关系，还给他写过几首情诗。在她的讽刺诗中，她曾写过非常露骨的诗句，比如：“来吧！阿斯巴依，那些利益/是从君王恩人那里得到的/你付出了你儿子的屁股/那是布兰的父亲哈桑，献上布兰的屄/却没有得到的。”还有另外一些重要的安达鲁西亚女诗人，比如 11 世纪的南尊·宾特·库赖（Nazhun bint al-Qula’i）。这些女艺术家代表着歌谣文学中女性声音的出现。我们应该记得，歌谣文学起源于阿拉伯诗歌中的“缀诗[1]”，也是一种主要由女性创作的抒情诗。

萨莱诺的特洛杜拉（Trotula di Ruggiero）
（11 世纪初—1097）

毫无疑问特洛杜拉是妇科或者说女性解剖学方面的专家，但这并不妨碍这位意大利外科女医生成为中世纪最重要的医生之一，而且据说，她曾是萨莱诺医学院的教授。萨莱诺医学院是意大利第一所独立于教会

1 “缀诗”是指阿拉伯古典情歌的变体“彩诗”的尾节，依附在彩诗之后，作为全诗的概括或后缀，且大都为女性视角。

的医学中心，有些学者认为它是欧洲的第一所大学。她所撰写的关于妇科和产科的论文，体量庞大，共有 16 册，其再版次数创下了中世纪书籍的最高纪录，而且它们一直到 16 世纪都是医学院的必读书目。其普及性和影响力是如此巨大，以至于从 15 世纪开始，她的追随者将作者名字阳性化了，给这部作品署名为特洛杜罗。也许他们无法接受一位女性居然能够完成如此重要的著作。

阿瓦·希苏拉（Arwa al-Sulayhi）
（约 1048—1138）

这位“苏丹娜”的执政时间是也门历史上最长的。从她 1067 年开始统治这个国家，一直到 1138 年去世，整整执政 71 年。她是苏莱希德王朝最重要的君主，早期先后与她的两任丈夫和婆婆共同执政，后来独立掌权。她的婆婆阿斯玛·宾特·西哈布（Asma bint Shihab）也是一位杰出的女性，从 1047 年到 1087 年去世为止，她是也门的共同执政者。所以这两个女人，阿斯玛和阿瓦，统治了这个国家将近一个世纪。历史学家们称，阿瓦除了非常美丽，还惊人地聪明、勇敢、虔诚，性格独立；她精通诗歌和历史，也是一位智慧、高效的统治者；她把首都从萨那迁到吉布拉，在无法避免战争的时候果敢出征，但总是十分谨慎；她修建清真寺、公路、宫殿和不计其数的学校，发展农业，使国家富强。她漫长而又成果斐然的统治（最后的 37 年是独立执政）使她成为阿拉伯世界的维多利亚女王。很遗憾，历史匆忙忘记了那些苏丹娜（除了这两位，还有其他几位）。

安娜·科姆尼娜（Anna Komnena）
（1083—1153）

作为拜占庭皇帝阿历克塞一世（Alexios I Komnenos）的长女，安娜出生在君士坦丁堡皇宫里著名的“斑岩房间”中。君主们都是在这个像子宫一样的血红色分娩室来到这个世界的，因此她认为自己有权继承王位。这完全是一个合理的野心，但又因为她的女性身份而失落。她非常聪明，受到良好的教育，在文学、地理、天文、语法、历史、神话、医药和哲学方面都十分博学。埃菲索大主教评价她说已经达到了“智慧最高的顶峰，无论是世俗的智慧还是神圣的智慧”。她密谋从弟弟手里夺取王位，让受自己控制的丈夫登基。然而事情暴露后，她不得不流亡到一家修道院，幽禁30多年，无从施展抱负，郁郁而终。然而，她并没有无所事事，而是写下了《阿历克塞传》，讲述她已故父亲的丰功伟绩，这部作品使她成为西方最早的历史学家之一。今天，《阿历克塞传》是了解11世纪末12世纪初拜占庭生活和政治的主要信息来源之一，尤其珍贵的是该书从希腊人的角度对第一次十字军东征进行了描述。无论如何，安娜·科姆尼娜成功地流芳后世。

宾根的希尔德加德（Hildegard von Bingen）
（1098—1179）

杰出的希尔德加德堪称中世纪的列奥纳多·达·芬奇，她出生于德国的瑞纳尼亚，似乎无所不知，无所不能。她是一位强大的本笃会女修道院院长，此外还是作家、密契者、画家、科学家、植物学家、讲道士和灵视者。她的音乐作品非常重要，因为她创作了美妙的宗教剧《美德之律》（*Ordo Virtutum*），有些学者声称她是歌剧的先驱。她还写了不少医学和自然科学方面的论文，在她研究的诸多事物中还包括女性的性高潮，这对那个时代来说是真正不同寻常的。此外，她还发明了第一种人造语言“秘名语”[1]，并利用啤酒花这种植物进行啤酒的生产。因此今天我们所饮用的啤酒都拜这位女性的天赋所赐，她是中世纪衰落时期最重要的人物之一。

迪雅伯爵夫人（Countess of Dia）
（约1140—1175）

她本名叫比阿特丽斯，是12世纪和13世纪最有名的普罗旺斯行吟女诗人之一。那正是阿基坦“爱的中心”[2]时期，非凡的埃莉诺（Eleanor of Aquitaine）[3]在普瓦捷（阿基坦首府）的宫廷中领导了一场社会和文化方面的小型文艺复兴，持续了一个半世纪，在这场运动中女性的重要性得到了前所未有的提升。因此今天我们能够了解到将近30位行吟女诗人的存在就不足为奇了。迪雅伯爵夫人是一位诗人和音乐家，她用独特而强大的声音谈论世俗的爱。这应该是她非常了解的主题，因为她嫁给了维埃纳（Vienne）伯爵，却爱着行吟诗人莱姆巴特·德奥兰治（Raimbaut D’Orange）。在同一个时期，也就是12世纪末，还有一位重要性无可替代的“法兰西的玛丽”（Mary de France）：第一位用法语

---

1 “秘名语”（Lingua Ignota），以23个“秘名字母”（litterae ignotae）组成，大约有900个词汇，被认为是人造语言的先驱。

2 阿基坦公爵威廉九世绰号“游吟诗人”，因其对艺术的热爱，阿基坦成为当时欧洲的文艺堡垒，被人们称为“爱的中心”。

3 阿基坦的埃莉诺（1121/1124—1204），阿基坦女公爵，法兰西国王路易七世的王后，英格兰国王亨利二世的王后，英格兰王太后，英王理查一世（狮心王）和约翰一世（无地王）的母亲。

写作的女诗人，她创作了优雅的“籁歌”——以八音节诗写作的传奇故事，描述了多个英雄的爱情冒险。

巴御前（Tomoe Gozen）
（约 1157—1184）

巴御前很年轻就死了，不过这并不反常：所有的女武士，或称“女武芸者”，都逃不过英年早逝的宿命。从 10 世纪开始，出现了为封建领主服务的日本武士，女性也是这一传奇世系的组成部分。在几个世纪中涌现了很多像巴御前一样的女武士。她们不使用传统的剑或者武士刀，而使用薙刀——一种顶端装有可怕弯刀的长矛。众所周知，男性武士为了光荣地死去，会先切腹，后斩首，而女武士也有自己独特的自杀方式——割喉。据说巴御前容貌出众，是出色的弓箭手和剑手，能像魔鬼一样驯服马匹。关于她的死我们不知其详，也许她是在粟津会战中阵亡的。而更为家喻户晓的是最后一位伟大的女武士中野竹子，她在 1868 年死去时才 21 岁，几个月后，武士制度就被取消了。16 岁时她已经作为战斗教练指导其他女性习武，其中包括她的妹妹。当幕府，即封建领主，跟美国支持的天皇之间爆发战争时，中野率领一支由 20 名女战士组成的队伍投入了战斗。她参加了最后一战——会津保卫战。女武士们没有火器，面对天皇军队的枪弹，她们唯一的防御就是长矛。尽管如此，据说中野在胸部中弹之前杀死了 6 名敌人。垂死之际，她更希望光荣死去，便请求妹妹将她斩首。而她的妹妹已经筋疲力尽，也许是因为战斗，也许是因为痛苦，缺乏足够的力量，最终不得不由一位男性武士完成了这一仪式。据说当天皇军队进入会津时，发现了 200 位女战士的尸体，她们都是通过仪式集体自杀的。在互联网上能找到中野的照片，一位看上去弱不禁风的瘦小女人，衣着和发型都十分精致，正以挑战般的骄傲展示着她的武器。

苏丹娜拉齐娅 - 乌德 - 丁（Raziyyat-ud-din）（1205—1240）

拉齐娅于1236年登基，她第一次行使君主权力就是摘掉面纱、铸造货币。货币的铭文刻着："女性的支柱，时间的女王，苏丹娜拉齐娅 · 宾特 · 沙姆斯 - 乌德 - 丁 · 伊勒图特米什。"这种对于自己权力和性别的骄傲宣扬令人感动也令人敬仰。她是德里（印度）土耳其王朝唯一的女性苏丹，承袭了父亲伊勒图特米什（Shams-ud-din Iltutmish）的王位——作为未婚女性直接继承了权力。父亲还在世的时候她就已经偶尔协助摄政，父亲欣赏她的聪明才智和政治天赋，更希望由她而不是她的兄弟们来继承王位。他称她的那些兄弟"沉溺酒色，耽于玩乐，陶醉于阿谀奉承，而拉齐娅虽然是个女人，却有着男人的头脑和心胸，比20个儿子还要强"。在她执政的四年间，也受到"呼图白"的称颂。她是一位非常聪明而且有能力的女人，掌握着绝对的权威，甚至在战斗中骑着大象亲自指挥军队（她常常身着男装）。然而，她犯了一个错误：爱上了一个阿比西尼亚[1]奴隶哈马尔 · 阿尔丁 · 雅库特（Jamal al-Din Yaqut）。这是一件让土耳其贵族和印度人都无法原谅的事情：土耳其人无法接受，因为他是阿比西尼亚人；印度人遵从种姓制度，他却是个奴隶。更何况，一个女人的爱情必然遭到所有人的侧目。军队反叛了她，虽然拉齐娅奋力迎战，却最终失败了。她很可能于1240年被杀害。16世纪的印度历

1　指埃塞俄比亚历史上的阿比西尼亚帝国，建立于1270年。

史学家菲里什达（Firishta）评价这位苏丹娜说："这位公主被赋予了成为一名贤能君主所需要的一切品质。她的行为受到严格的检验却没出任何失误，除了她是个女人。"

玛丽亚·德·诺维亚（Maria de Novella）
（13 世纪中期）

玛丽亚·德·诺维亚（Maria de Novella）在 25 岁那年就获得了博洛尼亚大学数学教授的职位。人们对她知之甚少，但据说，因为她年轻漂亮，人们担心她的美貌会让男学生们分心（我还想补充一句：人们一定还担心学生不拿她当回事），要求她躲在一个帘子后面上课。不过，创立于 1088 年的博洛尼亚大学的确从创建之日起就从未中断过接收女学生，并在几个世纪中拥有一大批著名的女教授，比如多萝蒂·巴克（Dorotea Bucca，14 世纪），教授医学和道德哲学；安娜·莫兰迪（Anna Morandi，18 世纪），解剖学家及蜡像雕塑家（博洛尼亚的波吉宫保存着她的两件人像作品，其中一件是莫兰迪的自塑像，她正在解剖一个人脑）；以及 18 世纪伟大的女数学家玛利亚·卡埃塔纳·阿涅西（Maria Gaetana Agnesi），她撰写了历史上第一本完整的微积分教科书，涵盖从代数到微分方程的内容。她还提出了著名的微积分曲线"箕舌线"，即所谓的"阿涅西的女巫"曲线。

圣母大教堂修道院的女院长们
（自 9 世纪至 16 世纪）

在中世纪衰落时期以及文艺复兴时期，女修道院院长拥有巨大的权力，甚至可以画出一幅覆盖整个欧洲的女性领区网。她们中很多人都拥有封建领主独有的特权，甚至不需要对国王负责，只对教皇负责。圣母大教堂修道院的院长就是这些伟大领袖人物的典型代表，她们从公元9世纪一直到将近公元16世纪统治着瑞士的苏黎世城。这个院长职位是日耳曼人路易（Ludwig der Deutsche）于853年为他的女儿希尔德加德创立的，他给予了她广阔的领土，并赋予豁免权，将其置于自己的直接管理下。1045年，亨利三世国王[1]赋予圣母大教堂铸币、开市、收取路桥费等权力。女修道院院长由此完全掌控了城市。1218年，腓特烈二世皇帝[2]进一步加强了它的重要性，使修道院的领土在世界范围内独立，只对皇帝本人负责。跟其他封建领主一样，从14世纪开始，在与新兴教团的对峙中，女修道院院长们的权力逐渐衰减。新教改革于1524年取缔了圣母大教堂的修道院院长职位，40年后，特兰托宗教会议终结了欧洲仅存的几个大型女修道院院长的自治。

克里斯蒂娜·德·皮桑（Christine de Pizan）
（1364—1430）

这位威尼斯人不但是历史上第一位职业女作家，而且也正是从她开始，女性主义事业才以一种条理清晰的方式开展。她要求妇女有受教育和学习知识的权利，并将这一要求命名为"la querelle des femmes"（女性斗争）。这一名称一直沿用到18世纪。克里斯蒂娜的父亲是一位物理

1　此处指德意志国王亨利三世（Heinrich III，1017—1056），巴伐利亚公爵（称亨利六世，1026—1041年在位）、士瓦本公爵（1038—1045年在位）、罗马人的国王（1039—1056年在位）、神圣罗马帝国皇帝（1046年加冕）。

2　此处指腓特烈二世（Friedrich II，1194—1250），霍亨斯陶芬王朝复辟后唯一的神圣罗马帝国皇帝（1220年11月22日—1250年12月13日在位），以及那不勒斯西西里国王（1198年5月17日加冕）。

学家、炼金术士和天文学家，她自己则通过自学获取知识。作为诗人和哲学家，她精通法语、意大利语和拉丁语。25 岁时丈夫去世，她陷入经济困境。为了维持 3 个孩子、母亲和一个侄女的生活，她决定用笔来养活全家。通过创作歌曲、诗歌和叙事歌谣，她轻松地做到了。她的巅峰之作是《妇女之城》，在作品中她通过一些重要女性的故事要求世人承认女性自古以来的价值。跟本书颇为类似，只不过她在这件事情上是绝对的创新者。她的文字优美而准确，跟但丁、彼得拉克和薄伽丘并列，成为文艺复兴时期伟大的古典文学的一部分。

比阿特丽兹·加林多（Beatriz Galindo）（1465—1535）

在天主教女王伊莎贝尔和葡萄牙的堂娜玛丽亚的庇护下，涌现了大量智慧的女性文艺复兴主义者和人文主义者。在西班牙诸多学识渊博的女人中，比阿特丽兹·加林多是最有名的一个。她的父母是萨拉曼卡的小贵族，因为这个女儿在所有姐妹中脱颖而出，父母把她送进了修道院。她轻轻松松就学会了古典语言，20 岁时就已经在整个西班牙赫赫有名，被称为“拉丁娜”。也就是在那个时候，她受天主教女王伊莎贝尔召唤，离开修道院前往宫廷，成为女王子女的家庭教师。她结了婚，生了两个孩子，创建了拉丁娜医院和几个修道院。她用拉丁语创作诗歌，还写了关于亚里士多德的评论，但这部作品几乎完全没有保留下来。同样地，文艺复兴时期还有很多其他被埋葬于遗忘中的智慧女性，她们也几乎没有保存下任何只言片语（女性的作品似乎特别容易佚失）。卢西亚·德·梅德拉诺（Lucia de Medrano）正是这些被遗忘的博学女性之一，她是第一位在西班牙的大学中教授课程的女人（1508 年在萨拉曼卡大学）。

玛丽亚·德·艾斯德拉达（Maria de Estrada）（1475/1486—1537/1548）

与众不同的玛丽亚在30多岁时才成为征服者，在那个时代已经算是“超龄”了。她出生于塞维利亚，是征服者弗朗西斯科·德·艾斯德拉达（Francisco de Estrada）的妹妹，很可能就是跟他一起前往新大陆的。船只遇难后，她在当时的古巴土著中间生活了几年，后来作为女战士参加了军事行动，并伴随埃尔南·科尔德思（Hernán Cortés）征服墨西哥。她以一把剑和一面护胸盾作为武器，在战斗中表现得如此勇敢，以至于历史学家迭戈·穆尼奥斯·卡马尔格（Diego Muñoz Camargo）说她战斗起来“英勇无比，她的力量和精神超越了所有努力、发奋的男人，连我们自己的士兵都感到害怕”。科尔德思把乌埃亚潘、内普普阿尔科和特特拉德尔伏尔坎这3座城市奖励给她，任命她为领主。她因此变得富有而出名，但即便如此，历史学家们说她仍然“战斗到最后”——她一定是热爱征战。在征服美洲的过程中还有一些其他的女战士，比如埃斯特雷马杜拉人伊内斯·德·苏阿雷斯（Inés de Suárez），她参加了佩德罗·德·巴尔迪维亚（Pedro de Valdivia）对智利的远征（似乎是他的情人），还参与创建了后来成为智利圣地亚哥的城市。据说，在一场残酷的战斗中，西班牙人节节落败之际，是她决定处决在押的7名酋长，并亲手砍下了第一位的脑袋。没错，女性也可以跟男人一样冷酷而凶残。

赛义达·阿尔·胡拉（Sayyida al Hurra）
（约 1485—15？？）

这位出生于西班牙加蒂斯省的穆德哈尔人的名字是一个外号，意为“自由的夫人”，这也使我们能够了解到她是个多么强势的人物。她的父亲统治着一小块领土，半独立于非斯[1]的苏丹，首府位于摩洛哥北部的沙万。当她还是个小女孩的时候就被嫁给了希迪·曼德利（Sidi Mandri），格拉纳达的将领，也是得土安城的总督。曼德利比她大 30 到 40 岁，而且那时已经病得很重，因此从 1512 年开始，赛义达不得不以他的名义摄政。丈夫死后，她便开始直接统治。以替代或直接的方式，“自由夫人”统治了这座城市 30 年。在这期间，她在得土安城支持并资助了海盗航行，成为“海盗女王”。1541 年，已经 50 多岁的她嫁给了摩洛哥苏丹，可能是因为当时她的领导地位岌岌可危，所以必须寻找一位强大的盟友。但这样做毫无用处。1542 年，曼德利的一个老对手哈桑·哈希姆（Hasan Hassim）以武力夺取了得土安，把赛义达赶下了总督之位，还占有了她的财富。在这之后再也没有她的消息，也许她回到了沙万的老家，因为她的墓就坐落在那个城市。

比阿特丽兹·伯纳尔（Beatriz Bernal）
（1501/1504—1562/1586）

她是西班牙第一位职业女作家，而且取得了巨大的成功。1545 年，她发表了一部名为《西班牙的克利斯塔里安》的骑士小说，这部小说拥有这一文学类型的全部迷人之处。作品是匿名出版的，不过比阿特丽兹

1 非斯（Fès），摩洛哥北部古城，曾是马里尼德王国的首都。

希望世人皆知这部小说出自一位女性笔下，因此在首页注明，著作权属于“一位来自最高贵、最忠诚的巴利亚多利德镇的女士”。小说的别致之处在于里面有强大的女性人物，比如克利斯塔里安冒险的伙伴、年轻女侠米内尔瓦，她在比武时从不假扮成男性，而女扮男装是当时骑士小说对女性人物的惯常处理方法。前面已经说过，这部作品受到了极大的欢迎，再版了数次，甚至被翻译成了意大利语，然而在意大利，人们删除了所有说明这部作品出自女性之手这一事实的内容。

女酋长奥罗卡梅（Orocamay）以及亚马孙娜们
（16 世纪）

多个西班牙历史学家都曾提到过在新大陆有一些女性部落的存在，她们自我管理，被称为亚马孙娜。据猜测，她们不跟男性共同生活，而是每年跟他们相聚几个月以繁衍后代。如果生下男孩，就让孩子的父亲带走抚养；如果是女孩，就留在部落。埃尔南·科尔德斯（Hernán Cortés）本人在征服了墨西哥之后，派了 4 个西班牙人向西寻找，试图找到亚马孙娜的土地。这一传说在拉丁美洲的其他地方也有流传，而且都是建立在由女性或女酋长统治的部落真实存在的基础上。亚马孙河也是由此得名：西班牙人弗朗西斯科·德·奥雷亚那（Francisco de Orellana）是第一位沿这条河流航行，一直驶到入海口的欧洲人。在受到岸上凶猛的女战士们的弓箭袭击之后（奥雷亚那因此失去了一只眼睛），就把这条河命名为亚马孙。在新大陆为数众多的女酋长中，最重要的人物之一就是委内瑞拉人奥罗卡梅，据历史学家费尔南多·德·奥维埃多（Fernando de Oviedo）记载，在她的村落方圆 30 莱瓜[1] 内的臣民都服从于她，她统治着大约 7000 人，而且“对基督徒十分友好”。

格蕾斯·奥马利（Grace o’Malley）
（1530—1603）

格蕾斯·奥马利也被称为光头格拉伊内。因为在她小的时候，父亲拒绝带她航海远征，理由是她的长头发会缠住索具，为此，充满野性的小姑娘剃光了自己的头发。这位能征善战的爱尔兰女人是奥梅耶（Ó Máille）部落的首领，也是一位令人生畏的海盗。她结过两次婚，有过几个情人，还有 4 个或 5 个儿女。而她的生命就是一场持续不断的战役。她整天都在战斗，主要是反抗英格兰人，但同时也跟其他部落打仗：占领要塞或保卫要塞不被袭击者占领；从不同的城堞间向敌人倾倒熔化的铅；指挥军队像海盗一样登上某艘船。16 世纪末，她穿着精致华贵的礼服同伊丽莎白一世女王会面，请求女王释放当时正被关押在英格兰的两个儿子。格蕾斯拒绝向女王行礼，并称她为“那个都铎女人”。也就是说，她认为这是一次对等的会面：一个部落的女首领跟另一个部落的女首领。两个女人达成了一项协议，但又都急不可耐地撕毁了协议。她是那种比生命更伟大的人物，就像我们著名的修女中尉一样。我曾在本书的序言中简短地提及这位巴斯克女人卡塔莉娜·德·埃劳索（Catalina de Erauso，1585—1650？），她 15 岁时从修道院逃走，从此过上女扮男装的生活，而且伪装得很成功（从画像上来看，她很男性化）。她是一个非常突出的人物，凶狠好斗。她杀了不计其数的人，包括自己的叔叔和

1　西班牙古代距离单位，1 莱瓜相当于 5572 米。

兄弟。后来她穿越大洋参加了殖民战争，对印第安人极度残忍，令人发指，因此在智利被授予中尉军衔。因为参与纷争，她多次入狱，受到酷刑却没有被发现真实的性别（这一点我无法理解）。最终为了避免死刑，她在生命快要结束的时候揭露了自己的身份。

索福尼斯巴·安圭索拉（Sofonisba Anguissola）（约 1535—1625）

考虑到那个时代对女性艺术家的种种限制，著名的意大利女画家索福尼斯巴能拥有如此光芒万丈的职业生涯，似乎令人难以置信。比如，虽然她成功地被艺术工作室接纳（不同寻常，因为女性是被禁止进入学院的），却无法学习解剖学，更不能画裸体模特，因为女性不能看裸体。她擅长肖像画，25 岁时已经声名卓著，并成为腓力二世[1]的宫廷女画师。她的作品包括皇室最著名的肖像画之一，虽然传统上这幅画被归于桑切斯·科埃略（Sánchez Coello）名下，到了近代，人们才承认索福尼斯巴的著作权。利用这个机会，我不得不说在 15 世纪和 18 世纪，在所有领域、所有国家都存在不计其数的女艺术家：音乐家、作家、画家、雕塑家，她们战胜了巨大的社会障碍以继续自己的事业，并成功地开创了硕果累累的职业生涯。虽然后来时间迫不及待地将她们遗忘，甚至把她们的作品归于男性名下，正如索福尼斯巴的遭遇。她们的数量如此众多，如果一一列举，必然极其乏味，这一点很令人骄傲。但我要提到一位罗马女人阿特米西亚·真蒂莱斯基

1　此处指腓力二世（Philip of Spain，1527—1598），西班牙哈布斯堡王朝第二位国王（1556—1598 年在位）及葡萄牙哈布斯堡王朝首位国王（称腓力一世，Philip I，1580—1598 年在位）。

（Artemisia Gentileschi，1593—1653），这位强大的女画家的作品充满了暴力和阴暗，是巴洛克艺术最重要的代表人物之一。她的一生正是女性状况的写照。前面已经说过，女性是被禁止进入艺术学院的，所以阿特米西亚跟随一位名叫塔西（Tassi）的私人教师学画。然而有一天塔西粗暴地强奸了她，她把这一暴行告上了梵蒂冈法庭，却不得不在法庭上接受羞辱性的妇科检查，而且受到酷刑。人们通过刑具用绳子逐渐挤压她的手指，因为当时普遍认为，如果一个人在酷刑下还能坚持自己的说法，那就证明他说的是实话（希望这一点不要对司法有所启发）。这位年轻的姑娘忍受了下来，最后塔西被判处一年监禁——似乎判得并不重。

伊莎贝尔·巴雷托（Isabel Barreto）
（15？？—1612）

人们认为伊莎贝尔是世界上第一位得到海军上将军衔的女人。她是葡萄牙征服者努诺·罗德里格斯·巴雷托（Nuno Rodrigues Barreto）的女儿，但是出生于利马（秘鲁），也是在那里嫁给了远征统帅阿尔瓦多·德·门达尼亚（Álvaro de Mendaña）。1595年，她跟丈夫一起登船前往所罗门群岛。在发现马克萨斯群岛后不久，门达尼亚就得了疟疾去世了，死前任命他的妻子为陆地总督，任命伊莎贝尔的兄弟洛伦佐为远征海军上将。然而，没过几天洛伦佐也死了，伊莎贝尔掌握了舰队的控制权。舰队由四艘战舰组成，作为海上远征先锋队。一场土著的反叛使巴雷托决定掉转航向驶往菲律宾，并在一次可怕的越洋之旅后到达了马尼拉港。据说伊莎贝尔在一场海啸中让人把自己绑在船舵上，还说她残忍地绞死了几名不服从她的水手。我已经说过，我完全不怀疑女人也可以跟男人一样残忍，然而在不对她的行为做出任何评判的前提下，我不禁自问：如果在那个时代，一个男性海军上将做出了同样的事，人们会不会认为他残忍？或者说，人们会不会对他如此不服？

索菲亚·布拉赫（Sophia Brahe）
（1556—1643）

这又是一个千篇一律的女性故事：受到歧视、令人绝望。索菲亚是克努特斯楚普（丹麦）一个贵族家庭的女儿，著名天文学家第谷·布拉赫（Tycho Brahe）的妹妹。当第谷·布拉赫在接受精心教育的时候，索菲亚的求学愿望却遭到了父母的拒绝。然而通过自己的努力，在家庭图书馆的帮助下，她做到了。她最感兴趣的是天文学、化学和植物学。第谷发现了妹妹的天赋，让她当了自己的助手。她跟哥哥一起在观测站工作，并且完成了大部分重要表格和计算。这些表格细化了各行星的位置，后来开普勒依据这些数据提出了他的理论。当然，这些都被归于第谷·布拉赫一个人的成就。

玛丽·德·古尔奈（Marie de Gournay）
（1565—1645）

她来自一个破落的贵族家庭，跟历史上诸多优秀女性一样，也是自学成才。（如果这些女性能够受到合适的教育，她们将能够取得何等的成就！）尽管如此，玛丽成功学会了拉丁语、希腊语、物理、几何、文学和历史。她非常仰慕蒙田（Michel de Montaigne），并在23岁的时候认识了他。当时这位哲学家已经55岁，他震惊于年轻的德·古尔奈的聪慧，鼓励她发表文章，并在某种意义上成为她的导师。玛丽终身未婚，作为职业作家和翻译家，她生活拮据但经济独立。蒙田死后，她编辑并撰写了蒙田全部作品的介绍，还发表了几篇自己的文章，其中最重要的是女性主义论文《关于男性和女性的平等》。在论文中，她声称男人和女人只是在生理上有差别，如果说女性们没有能力涉足科学和哲学等领域，那只是因为她们被剥夺了获取知识的机会。她本人对此深有体会。

费德·加利奇亚（Fede Galizia）
（1578—1630）

作为一位细密画家的女儿，米兰人费德从小就开始画画，12 岁时就已经是一位知名画家。她的肖像画取得了巨大的成功，以现实主义和细节主义见长。然而从今天来看，她最重要的贡献是开创了静物画。如果仔细考量，这种绘画类别与烹饪、家务和花艺有关，的确属于传统的女性领域。她终身未婚，过着十分现代的独立、职业而又相当成功的生活，直到去世。

佛朗切斯卡·卡克西尼（Francesca Caccini）
（1587—约 1641）

今天谁也不记得卡克西尼是谁，然而在她的时代，她是一位赫赫有名的作曲家、歌唱家、音乐教授和诗人。最重要的是，如今来看，她是历史上第一位谱写歌剧的女性。不仅如此，她和克劳迪奥·蒙特威尔地（Claudio Monteverdi）还是使这一戏剧加音乐形式在全世界大获成功的主要推动人。第一首被承认为歌剧的曲子是《达芙妮》，是一位名叫雅各布·佩里（Jacopo Peri）的人在 1597 年创作的，但只是私下表演，而且已经佚失。通常来讲，人们把这一门类的开创归功于克劳迪奥·蒙特威尔地，因为他的作品《奥菲欧的故事》首演于1607年，是至今仍经常上演的最古老的歌剧。然而，是佛朗切斯卡的精彩创作使这种音乐形式在欧洲得到普及，她最成功的作品《拉格吉诺的解放》于1628年在巴索维亚上演，是第一部走出意大利的歌剧。

安妮·康威（Anne Conway）
（1631—1679）

这位独具一格而影响深远的英国女哲学家的故事十分悲伤。童年时她有幸接受了来自家庭教师的良好教育（她懂拉丁语、希腊语和希伯来语），后来认识了重要的剑桥柏拉图派哲学家亨利·莫尔（Henry More）。一开始他是她的导师，但是后来两人变成了在知识水平上旗鼓相当的同事。“无论是对自然还是对神圣事物的认知，你不但已经超越了你自身性别的出众人物，而且也超越了另一性别的优秀人物。”莫尔写信给她时说。从12岁开始，安妮就患有一种可怕的、严重影响生活的头痛病，虽然接受了很多治疗，却始终无法治愈，有时她不得不接受一些奇怪的疗法（人们甚至切开了她的颈动脉）。她死于47岁那年，生前没有发表任何作品，然而11年后，人们编辑并匿名出版了她的重要论文《最古老与最现代的哲学原则》，其中提出了一种“单元”概念，这一概念由（希伯来）神秘哲学衍生而来，早于莱布尼茨（Leibniz）的学说。安娜的朋友，科学家范·海尔蒙特（Van Helmont）曾把这部手稿的一份抄本带给莱布尼茨，后者将康威的想法融入了自己的作品。莱布尼茨曾多次承认这一影响，并将作品中这一部分的来源归功于康威伯爵夫人。尽管如此，在很多年间安妮的著作都（很自然地）被归于范·海尔蒙特名下。

伊丽莎白·威尔布拉罕（Elizabeth Wilbraham）
（1632—1705）

传统的百科全书提到伊丽莎白时只说她是“建筑学推动者”，不管这个词具体是何含义，但最近的10年中很多不同的研究都证明她是一名建筑师。事实上，她是目前已知的最早一批女建筑师之一，也是最多产的女建筑师之一。伊丽莎白来自一个英国上层家庭，19岁时嫁给了一位男爵，她那时已经十分痴迷建筑，甚至利用漫长的蜜月对这门学科进行了深入探究。在荷兰，她认识了荷兰巴洛克艺术的创始人彼得·波斯特（Pieter Post），并在意大利研究了帕拉迪奥（Andrea Palladio）的作品。身为女性，她无法从事这个职业，不得不找男性建筑师来代替她监督施工。她为自己的家族设计了十多座建筑，其中包括令人惊艳的韦斯顿公园和沃顿酒店。此外伦敦还有18座教堂都是她的作品，它们之前被归到著名的克里斯托弗·雷恩爵士（Sir Christopher Wren）名下，这位爵士很可能是她的学生。据统计，作为建筑师，伊丽莎白·威尔布拉罕的作品一共有大约400座。

阿芙拉·贝恩（Aphra Benh）
（1640—1689）

我怀疑没有几个人的人生会像阿芙拉那样自由而传奇。作为一个出身卑微的英国女人（父亲是理发师），她最后成了小说家、间谍和剧作家。童年和少年时期，她居住在荷属圭亚那的苏里南，并参加了几次当地的奴隶起义。回到伦敦后，她嫁给了一个富有的德国人，但刚结婚丈夫就死了。独守空房又富可敌国，她终日挥霍自己的财产，尽情地跟男人和女人上床，放荡的名声尽人皆知。她似乎曾是查理二世[1]的情人，为了这位国王，她在英荷战争期间前往安特卫普充当间谍。破产之后，她因为负债而短暂入狱，在1670年获释以后，我们这位女版卡萨诺瓦（Giacomo Girolamo Casanova）没有别的办法，只能靠写作来维持生计，成为英国第一位女性职业作家。她的作品《奥鲁诺克》（*Oroonoko*）是历史上第一部反对奴隶制的小说。这并不奇怪，因为女性在废奴运动中一向非常活跃［古巴－西班牙人格特鲁迪斯·戈麦斯·德·阿维兰内达（Gertrudis Gomez de Avellaneda），也在1841年写了一部类似的作品《萨博》］。不过，让她变得家喻户晓的是喜剧作品——这些作品取得了巨大的成功，以至于离经叛道的阿芙拉死后竟然被埋葬于威斯敏斯特教堂中。

埃米莉·德·夏特莱（Emilie de Chatelet）（1706—1749）

我多么喜欢神奇的夏特莱侯爵夫人！也许她太过知名，不该被列入这份名单，但我无法抵御这位法国物理学家、数学家的魅力。她是伏尔泰的情人、亲密朋友和知识伴侣，这位伟大的思想家承认埃米莉对于科学的了解比他深入得多，尤其在数学方面。埃米莉是一位自由派男爵的女儿，拥有巨额的财富。因为她的父亲认为女性应该受到教育，所以，尽管身为女性她无法进入大学（在那时的法国是被禁止的），但她拥有

1 此处指查理二世（Charles II，1630—1685），斯图亚特王朝第十一位苏格兰国王（1650—1685年在位）、复辟后的首位英格兰及爱尔兰国王（1661年4月—1685年2月在位）。

最好的家庭教师。12 岁时她已经会说英语、意大利语、德语，还能翻译拉丁文和希腊语。她喜欢音乐，会演奏克拉维辛钢琴，此外还会骑马、练习剑术、做体操，所有这一切在那个时代是很不同寻常的。她结了婚，在生下 3 个儿女、经历了数个情人之后，跟伏尔泰一起在西雷城堡居住了很多年，就是在那里她把牛顿的物理学引入了法国。两人在工作上密切合作。当他发表《牛顿哲学要素》一书时，在前言中很坦率地承认了夏特莱夫人协助工作的重要性，尤其是在光学方面。在西雷城堡，两人都像着了魔一样地工作。伏尔泰讲述说："我们阅读《少女胡安娜》中的几首歌谣，或悲剧《我行我素》，或《路易十四》的某一章，然后重新回到牛顿和洛克，当然也不乏香槟美酒和美味佳肴，因为我们是享乐主义的哲学家。"埃米莉发表了很多作品，其中最优美的文章之一是《关于幸福的讨论》，这是典型的 18 世纪作品，宣称人类有获得幸福的合法权利（反对前几个世纪中基督教宣扬的"愁泉泪谷"和逆来顺受），还把牛顿的《数学原理》翻译成法语。顺便说一句，这个译本到今天依然在使用。随着时间的流逝，伏尔泰跟她的感情关系结束了，但他们作为亲密的同事继续生活在一起，直到生命结束。在去世的两年前，夏特莱夫人疯狂地爱上了一个警备队的年轻军官，也是一位诗人，圣 - 兰伯特（Saint-Lambert），并跟他保持了一段富于激情的关系。但这并非对等的爱情，或者至少双方的投入程度并不相同。在翻译《数学原理》的时候，她怀了他的孩子。因为有种不好的预感，她感到害怕，所以匆忙结束了工作。1749 年 9 月 3 日她生下了一个女儿，但立刻就开始觉得不舒服。9 月 10 日她请人拿来《数学原理》的手稿，写上了当天的日期。几个小时后，在丈夫圣 - 兰伯特和伏尔泰的陪伴下，她与世长辞，终年 42 岁。

劳拉·巴斯（Laura Bassi）
（1711—1778）

她是一个神童，一个真正的天才，从小就开始学习数学、哲学、解剖学、自然历史和语言等课程。此外，她还有出生于博洛尼亚（意大利）的好运，能够进入这个城市的著名大学学习，正如之前提到过，那是屈指可数的允许女生就读的大学之一。她是哲学教授，但最热爱的是科学。她厌倦了自己作为女性，总是缺乏各种必要的支持，以及总是面对的各种困难（比如，每次发表公开讲座前她都必须向议会申请许可）。1749年她创建了一个私人实验室，后来在整个欧洲都享有盛名，为数众多的著名科学家都会来这个实验室。最后，将近30年后，也就是1776年，她成功地被博洛尼亚议会授予科学院实验物理教授职务。而在完成所有这一切的同时，劳拉·巴斯生了12个孩子。

珍妮·巴瑞特（Jeanne Baret）
（1740—1807）

这又是一个女扮男装以便能够继续从事自己职业的女人。珍妮在26岁的时候作为植物学家菲利贝尔·肯默生（Philibert Commerson）的助手，参加了法国组织的第一次环球航行，为此她不得不女扮男装。远航持续了3年，然而在后半程航行快要结束的时候，她的女性身份暴露了，于是她跟肯默生都被迫于1768年下船，来到了马里西亚岛。5年以后，植物学家在那里去世了。孤身一人，身无分文，勇敢的珍妮在路易斯港开了一家酒吧。一年后她嫁给了一位海军军官，也是法国人，并且回到了自己的国家，由此完成了环球航行（她是第一位完成环球航行的女性）。珍妮随身带了30个箱子回到法国，里面有6000多件标本，是她跟肯默生一起收集并分类的，包括 5000 个物种，其中有 3000 个被视为新发现物种。国王路易十六赞扬她的科学功绩，授予她终身津贴，然而珍妮在历史上却只是肯默生的情人，而不被视为女植物学家。她作为植物学家的身份直到不久之前才开始被承认。

奥兰普·德·古热（Olympe de Gouges）
（1748—1793）

丈夫去世在女性生命中所扮演的角色很奇怪。它常常是女性获得独立的唯一途径，很多女性在守寡之后都厌恶再次缔结婚姻，奥兰普正是如此。她是蒙托邦（法国）一个肉商的女儿，丈夫比她大很多，但婚后很快就死了并留下一个儿子。此后，她不想再结婚了。奥兰普前往巴黎，以作家和剧作家的身份谋生。她十分积极地投身于废奴运动，围绕着这个主题她写过两部戏剧和一部政治散文。两部戏剧作品中的第一部——《黑人的奴隶地位》，不但被禁，女作者也因此被短暂地关进巴士底狱。在大革命之后，这部戏剧终于在法国国家剧院上演。奥兰普自然是革命主义者。1791 年，她发表了著名的《女权和女公民权利宣言》，因为她跟其他人一样（包括哲学家孔多塞），相信在谈到人权时，女性也应被包含在内。然而他们错了。这位诚实而勇敢的女性对于罗伯斯庇尔和马拉不受限制的权力感到担忧，严厉地批评了他们。1793 年她被捕入狱。在监狱中，她一次又一次地要求在普通法庭受审，以便能够为自己辩护，而不是被送到可怕的革命法庭。在自我救援的绝望努力中，她秘密写下了两本宣传小册子：《奥兰普·德·古热在革命法庭》以及《受迫害的女爱国者》。这两本小书被成功地送出监狱，在巴黎流传，被广泛阅读，但没有任何用处。1793 年 11 月 2 日，她在没有律师的情况下被带到了革命法庭上，演了一出“哑剧”，第二天就被送上了断头台。她唯一的儿子在她死后公开表示跟她断绝关系，也许是因为害怕被捕。

卡洛琳娜·赫舍尔（Carolina Herschel）（1750—1848）

这又是一位极其重要的女天文学家，而其名声又被她的哥哥、著名的威廉·赫舍尔（William Herschel）所掩盖。跟很多其他女性一样，卡洛琳娜也同样不得不尽其所能自学成才，既没有踏进过大学，也没有老师。尽管如此，她很早就开始协助威廉天文学方面的工作。1786 年，卡洛琳娜已经拥有了一个属于自己的小小观测站。一年以后，英国国王乔治三世给了她一份薪水，让她作为哥哥的助手开展工作。这使她得到了经济上的独立，也使她在德国逐渐变得有名。她跟威廉一起发现了大量的双星，两人一起证明了其中有很多都是二元系统，依据这个理论他们成功找到了在太阳系之外存在重力的第一个证明。除了这些共同的成就，卡洛琳娜还独立发现了八个彗星和三个星云。虽然她生前获得了荣誉，但是在死后，她的工作成就才开始真正得到承认。总之，正如之前所说，女性在对天空的观察方面总是十分出众，历史上还有很多重要的女性天文学家，比如同属 18 世纪的法国人妮可 - 雷讷·勒波特（Nicole-Reine Lepaute），她跟数学家克莱罗（Clairaut）一起第一次证明了牛顿理论，并使用牛顿理论计算出了哈雷彗星的回归时间。

玛丽 - 安娜 · 皮埃尔 · 波泽（Marie-Anne Pierrette Paulze）
（拉瓦锡夫人）
（1758—1836）

在杰出的现代化学之母玛丽 - 安娜 · 皮埃尔 · 波泽的故事中，是她的丈夫安东尼 - 洛朗 · 德 · 拉瓦锡（Antoine-Laurent de Lavoisier）得到了所有的荣誉。事实上他们两人从一开始就共同研究，彼此地位平等，合作成果丰硕，类似于玛丽 · 居里和皮埃尔 · 居里。实验室的记录本上全是由她执笔的笔记和图表，而且是玛丽（她接受过正式的科学教育而且掌握拉丁语和英语）将当代重要科学家们的著作翻译成了法语，这些书籍对于这对夫妇开展的研究是至关重要的。当时这些文本仍然受到传统炼金术的过分影响，而正是拉瓦锡夫妇成功地驳斥并超越了它们，由此建立了现代化学的基础。他们跟约瑟夫 · 普里斯特利（Joseph Priestley）一起发现了氧气，这个名字是由拉瓦锡夫妇命名的（Oxygen 来源于希腊语，意为“生成酸的物质”）。1793 年，在法国大革命期间，玛丽的父亲和拉瓦锡都被逮捕了（所有不狂热支持马拉和罗伯斯庇尔的人都被投进了监狱）。尽管这位女科学家做了最大的努力，1794 年 5 月 8 日父亲和丈夫还是被送上了断头台。玛丽所有的财产都被革命政府没收，包括笔记本和实验室。尽管如此，拉瓦锡夫人耐心地重建起所有已经完成的工作。在丈夫去世 8 年后，她发表了《化学回忆录》，这部著作拓展了 1789 年拉瓦锡发表的《化学基本论述》，对于化学学科的起步起到了根本性的作用。该书出版时署的是她丈夫的名字，也许是出于典型的女性自我贬低，也许是因为玛丽明白这是让作品被人接受的唯一方法，所以传统上都认为这是拉瓦锡一个人的作品。虽然，正如前面已经说过，这书是玛丽在安东尼被处决很久以后写作的。

赫尔特鲁迪斯·博卡奈格拉（Gertrudis Bocanegra）
（1765—1817）

虽然是西班牙商人的女儿，墨西哥人赫尔特鲁迪斯最终成了对抗西班牙的战斗女英雄。跟那个时代绝大多数的女性一样，她没有接受过正规的教育，但她阅读广泛，启蒙运动的作者们使她成为革命者。独立战争爆发后，她跟在米却阿坎当兵的丈夫一起投身于这项事业。赫尔特鲁迪斯作为起义军之间的信使，非常机智地在最重要的起义军基地之间建立了交流网络。她的丈夫和儿子都在战争中死了，很快她也暴露了，并被忠诚于西班牙王室的军队囚禁。虽然她遭受酷刑，被要求告发其他战士，但赫尔特鲁迪斯勇敢地承受了酷刑，什么也没说。最终她被枪决。在拉丁美洲的独立战争中涌现过不计其数的女性，她们英勇、坚忍、顽强战斗。其中很多人最后都被枪决，甚至不得不面对更糟糕的命运，比如米卡埃拉·巴斯提达斯（Micaela Bastidas）的悲惨遭遇。在秘鲁，她是图帕克·阿马鲁二世（Tupac Amaru II）的妻子和参谋，跟丈夫一起成为重要的图帕克·阿马鲁起义的主角。他们曾经拥有一支 7000 人的部队，包括男性和女性，并在几次战役中打败了皇家军队，这也凸显了这次起义的重要性。正因如此，当他们在 1781 年被最终打败的时候，为了以儆效尤，敌人以十分残忍的方式处决他们：米卡埃拉和她的丈夫先是被迫亲眼看着自己的儿子被割掉舌头，再被绞死；然后敌人割掉米卡埃拉的舌头，试图用绳子将她勒死，但她最后还是被活活踢死的。至于她的丈夫图帕克·阿马鲁则被活生生地肢解了。米卡埃拉死时 36 岁。

郑石氏（Ching Shih）
（1775—1844）

令人惊叹的郑石氏有幸成为博尔赫斯的故事主角，短篇小说《女海盗郑寡妇》[1]收录于《恶棍列传》一书。当然，这位阿根廷作家的文字多有杜撰，但郑的确是一个名妓，嫁给了一位海盗船长，并跟他一起收养了一个名叫张保的小孩。1808年，她的丈夫在一场暴风雨中遇难，那时，这对夫妇已经成功地建立了一个拥有超过400艘船、7万多人的海盗联盟，堪称一支真正的军队。而且她还在持续扩张，直到职业生涯结束时，她指挥着2000多艘船。很多人认为她是历史上最重要的海盗，对此我一点也不觉得奇怪。她以铁腕掌控权力，并发布了几项海盗的法律，不遵从法律者会被判处死刑。比如，禁止抢掠帮助过海盗的村庄，禁止强奸女囚徒。

苏菲·热尔曼（Sophie Germain）
（1776—1837）

我不知道认为女性不擅长数字的陈词滥调是怎么来的，因为历史上充满了出类拔萃的女数学家们，况且她们还不得不克服各种障碍，自学成才，拓展自己的专业。这里又是一例（而且将不是这份名单中的最后一个），法国人苏菲·热尔曼，因为父母的反对，她不得不通过书本独立钻研数学。13岁时她开始自学，20岁的时候她打扮成男人，化名M. 勒·布兰科（M. Le Blanc），以便能够参加大学课程，同时也以此来为自己的作品署名。她终身未婚，并且跟那个时代最有名的数学

1　中文版多译作金寡妇或秦寡妇。

家们保持着大量的科学通信，比如：拉格朗日（Lagrange）、勒让德（Legendre）和高斯（Gauss）。一开始她以勒·布兰科的身份跟他们交流，但最后所有人都知道了她的身份。当别人将这件事告诉高斯时，他回答说："可是，看到我尊敬的笔友 M. 勒·布兰科原来是这样一位杰出人物，如何形容我的欣赏和惊奇呢？她是一个闪闪发光的例子，简直令人难以置信。她对于整个抽象科学的爱好，尤其是对于数字谜团的热爱，实在是太罕见了……但是以她的性别，在我们的习俗和偏见之下投入这样沉重的研究，遇到的困难一定远远超过男人，然而如果这个人成功克服了障碍并进入最艰深的研究领域，那么毫无疑问，此人一定拥有更加高贵的勇气、更加非凡的天赋和出众的才能。"没错，她的确如此。她为数字理论做出了重要的贡献（其中包括所谓的"苏菲·热尔曼质数"），虽然她试图解决"费马最后猜想"却没有成功，但她的确成功地限定了其解决方法的范围（这个猜想于 1995 年被证明）。高斯提议自己任教的哥廷根大学授予她荣誉博士学位，然而在她生前未能如愿。在去世几个月之后，她才被授予博士学位。（多么吝啬！）

胡安娜·阿苏杜伊（Juana Azurduy）
（1780—1862）

她出生于拉布拉塔河总督领地，也就是今天的玻利维亚。她的父亲是一位富有的白人，母亲是一个印欧混血儿，她从小说西班牙语和盖楚阿语。12 岁时她被送进一所修道院出家，然而，独立自我的胡安娜不可能任人强行安排这样的未来（或任何其他未来），所以她在 17 岁时因叛逆而被驱出修道院。25 岁时她嫁给了马努埃尔·帕蒂亚（Manuel Padilla），一个为了独立而战的、反抗西班牙人的军人，两人都卷入了

1809 年的丘基萨卡革命。从那时起，她的一生就不断在革命、起义和战役；她被抓获、被释放，所有的财产都被没收，但她继续战斗。她组织了“忠诚营”，立下了赫赫战功，比如她曾带领 30 位骑手，其中包括数位女性，袭击了一个西班牙将军的要塞，并夺走了他们的军旗。在一场战役中她受了伤，而丈夫在试图救她的时候死了。她最终被授予陆军上校军衔，但因为前一个政权没收了她全部财产，在独立以后她生活在极端的贫困之中（她要求政府归还财产，但没有成功）。她忍饥挨饿，82 岁去世后被埋葬在公共墓地。百年以后，她的遗骸被取出并安葬于苏克雷市专门纪念她的陵墓中。晚了点，不是吗？

玛丽·费尔法克斯·萨默维尔（Mary Fairfax Somerville）（1780—1872）

虽然开始时面临诸多不利条件，但这个故事有个很好的结局，甚至可以说是非常圆满的结局。苏格兰人玛丽是一位海军军官的女儿，她的两个兄弟都接受了良好的教育，但是她和另外两个姐妹连读书识字的机会都没有。10 岁的时候，玛丽上过短短一个学期的课，但这激发了她对于阅读和学习的热情。这又是一个不得不自学的果敢女性。父母把她送到一所小姐们的学校，为婚姻做准备上的都是缝纫课、钢琴、绘画……而她自己却自学拉丁文，以及更重要的代数和数学。25 岁时她嫁给了一个完全不理解她的丈夫，不过他很快就去世了。孀居的玛丽获得了经济上的独立，得以满腔热情地投身于科学并将自学课程扩展至希腊语、植物学、地质学、地理学和天文学。她跟著名的数学家威廉·华莱士（William Wallace）取得了联系并帮助他解决了一些问题，这使她赢得了那个时代最重要的数学杂志颁发的银牌。1812 年，她嫁给了一位医院督导员，他是一位很好的伴侣，在任何方面都很支持她。事实上，他多次把玛丽的成果提交给科学界，因为这是她作为女性是无法进入的圈子。她把拉普拉斯（Pierre-Simon Laplace）的《天体力学》从法语翻译成英语，此外还发表了对该作品的一些批评，解释了拉普拉斯工作的数学基础。她发表过多部著作，每一部都获得了很大的成功，并被多次再版。她是一个异乎寻常的科普作者。她对于天王星轨道震荡的分析启发了天文学家亚当斯（John Couch Adams）发现海王星，而她发表于 1848 年的论文《自然地理学》一直到进入 20 世纪很久还在被研读。萨默维尔在 92 岁高龄去世前，每天都阅读 4 到 5 个小时的代数专著。她最终获得了人间的荣耀，是皇家天文学会、爱尔兰皇家学院、美国地理和统计学会、意大利地理学会、美洲哲学学会的成员，皇家地理学会还授予她金牌。这些对于一个自学者来说是相当大的成就。

玛丽·安宁（Mary Anning）（1799—1847）

玛丽 15 个月大的时候遭到过雷击。当时在一棵榆树下，一位女邻居把她抱在怀里，身边还有两个朋友，3 个女人当场死亡，但女婴却活了下来，这件事被所有人视为奇迹。从那时开始，人们把玛丽那令人迷惑的聪慧都归结于闪电的作用。她是一个非常贫穷的英国木匠的女儿，7 个兄弟姐妹在童年时就夭折了。为了贴补经济的拮据，全家都在附近的悬崖峭壁（他们住在多塞特郡）寻找化石并卖给游客们。这位女性的职业生涯就是这样开始的。她是历史上第一位女性职业古生物学家。然而，她的性别和低微的阶级地位却使她得不到同行们的承认，除了少数例外，他们习惯引用她极其重要的发现却从不提她的名字。这样的事情当然让可怜的安宁既绝望又愤怒。玛丽取得了很多成就，她正确地判定了第一个鱼化石，找到了在德国之外第一批蛇颈龙的骨架以及第一具翼龙的骨架，并证明了在炼金术和中世纪医药中广泛使用的著名毛粪石，实际上是粪化石，也就是说，是粪便的沉淀物。她的作品为改变 19 世纪初人类对于地球历史的认识做出了强有力的贡献，为在当时受到争议的物种灭绝理论提供了坚实的科学基础。

简・迪格比（Jane Digby）（1807—1881）

这是一位游戏人间的女子，而且她的结局非常美满。更令人目瞪口呆的是，她是英国人，生活在充斥着清教、大男子主义以及可怕压迫的维多利亚社会，然而这个社会狭隘的局限被她用自由的一生炸毁。她来自贵族家庭，是一个海军上将的女儿，有过 4 个丈夫和无数的情人，其中包括巴伐利亚国王路德维希一世（Ludwig Karl August）、希腊国王奥托（Otto Friedrich Ludwig von Bayern，前者的儿子）、前奥地利帝国宰相施瓦岑贝格亲王（Felix Schwarzenberg），以及希腊将军、革命家查兹皮特斯（Chatzipetros），她跟他一起度过了游击队生涯，住在山洞里，在山上骑马、打猎。情人们为了她而决斗，上流社会面对她持续不断的丑闻只有惊叹。几次婚姻中她生下了 6 个儿女，其中一半夭折了，另一半留给父亲们照顾。从肖像上看，简拥有惊人的美貌，一个仿佛天外来客般的金发美人，内心掩藏着火焰。此外，她好奇心强、勇敢、掌握 8 种语言、喜欢周游世界。46 岁那年她来到近东旅行，不顾一切地爱上了 26 岁的叙利亚部落酋长梅德朱埃尔・梅兹拉布（Medjuel al Mezrab）。他们结婚后，这位金发美人从此稳定下来。这段婚姻保持了 28 年，直到她去世，再也没有丑闻了。她学习了第九种语言——阿拉伯语，穿着贝督因人的衣服。或者至少有一半的时间是这样做的，因为他们约定每年有6个月在沙漠中贝督因的帐篷里过简朴而传统的生活，梅兹拉布时不时地跟其他部落战争，而另外6个月则在简购置的大马士革宫殿中过着豪华的生活。

阿达·洛芙莱斯（Ada Lovelace）（1815—1852）

作为拜伦勋爵与社会活动家、废奴运动家安娜贝拉·米尔班克（Annabella Milbanke）的女儿，阿达从小就被打上了异端的标记。事实上，她那特立独行的母亲让小女孩从4岁开始就投入到紧张的学习中。阿达很喜欢数学，同时也喜欢机械，她对于飞行的想法充满热情。她想要发明一种能让自己在空中移动的机器，并花了几年时间研究鸟类，画了这部机器的草图。她跟科学家查尔斯·巴贝奇（Charles Babbage）成了好朋友，后者沉浸于创造第一个机械计算机器的项目中，即所谓的“分析机器”。阿达写了一篇简单题为《笔记》的作品，其中拓展了她对于“分析机器”的个人研究，并提供了一个革命性和前瞻性的理论体系。她渴望能创造信息学，对此她称之为“操作科学”，并凭直觉地指出了这个机器的各种实际应用（甚至能够创作音乐）。她还详细描述了应该遵从的各个步骤，以便一些打孔的卡片向机器传输一系列数字。这一编码就是第一套为了在电脑上运行而设计的算法。阿达将《笔记》发表在一本科学杂志上，虽然她很谨慎地只署了自己姓名的首字母，但是作者身份立刻就传开了。因为她是女性，科学家们没有给予任何关注。36岁那年她死于卵巢癌。她的《笔记》一直到1953年才被重新发表，并使用了她的全名。今天，她被视为第一位创造编程语言的人，是信息学之母。

克拉拉·舒曼（Clara Schumann）
（1819—1896）

伟大的音乐家罗伯特·舒曼（Robert Schumann）首演的一些曲子实际上是由他谦卑的妻子克拉拉创作的，比如，在 Op.37 中的 12 首曲子里，有 3 首是她的作品。除了作曲，克拉拉也弹钢琴。事实上，她是那个时代最重要的女演奏家之一。在他们家的客厅里云集了当时所有的音乐家，约翰内斯·勃拉姆斯（Johannes Brahms）单恋她很多年。她有过 8 个儿女，但很不幸有几个夭折了。她的生活很不容易。她很美，内心敏感，对于音乐有着惊人的天赋，然而受困于女性不安全感这座典型的监狱，她从不了解自己的价值。她的作曲家生涯是短暂的，在日记中她解释了原因："有时候我相信自己有创作天赋，但现在我已经放弃了这个想法：一个女人不应该奢望作曲。既然没有哪个女人有能力做到这一点，我又怎么能期待做到呢？"这一悲伤的放弃显示出双重的悲剧性，因为这只是一个谎言，在同一时期就有数不胜数的女作曲家：比如范妮·门德尔松（Fanny Mendelssohn），跟克拉拉一样是德国人；或者法国人梅尔·博尼斯（Mel Bonis）、奥古斯塔·霍尔梅斯（Augusta Holmes）或塞西莉·夏米娜德（Cecile Chaminade）；还有西班牙人伊莎贝尔·科尔布兰（Isabel Colbran）以及最重要的波兰人玛丽亚·席曼诺夫斯卡（Maria Szymanowska），她是肖邦的前辈，生前就非常有名，后来则被不公正地遗忘。事实上从古代开始就出现了无数杰出的女音乐家，有一些已经在这份名单中。当然，因为身为女性，她们必须付出更多来跨越障碍并获得存在感，而且这些女性都没有被记录在官方历史中。自古以来就是如此。因为女性先驱们没有在历史中留下永恒的名字，所以在几个世纪中女性不得不一次又一次地从零开始孤军奋战，没有榜样、没有参照，就像可怜的克拉拉，痛苦地误以为自己孤立无援，最终放弃。

弗洛伦斯·南丁格尔（Florence Nightingale）（1820—1910）

我们自认为了解著名的弗洛伦斯——她是现代护理学的创立者，然而事实上她动荡的一生远不止于此。她出生在意大利，属于英国的一个上层家庭，为了投身护理学，不受她这样社会条件的少女的常规生活局限，弗洛伦斯不得不跟父母抗争。她终身未婚，很可能在对病人们的全身心付出中，她自视为一种世俗的神职人员（她非常虔诚）。当克里米亚战争中大量死亡的可怕消息传来，她立刻带着亲自训练出来的 30 多位护士登船前往。她发现，每在前线阵亡一名士兵，后方就有 10 名士兵因为感染、疾病、糟糕的护理和更糟糕的卫生条件死去。作为一位出色的数学家（又一位！），回到伦敦后，她把这份天赋用于统计学，绘制了壮观的信息图表，分析士兵的死亡原因，并用来改善战争后方的条件。在她生命的最后几年中，还做了一项令人筋疲力尽的统计学调查：关于印度农村的卫生状况。弗洛伦斯是用视觉方式来展示统计数据的先驱，她发明了一种环形图表，今天我们称之为“极坐标饼图”或“南丁格尔玫瑰图”。事实上，她是第一位被皇家统计学会接纳的女性。除了这项重要的工作，她在 1860 年创办了全世界第一所世俗的护士学校，她的这一部分是最为世人所熟知的。亨利·杜南特（Henri Dunant）受到她工作的启发，创立了红十字会。

波利娜·维亚尔多 - 加尔西亚（Pauline Viardot-Garcia）（1821—1910）

有些人似乎能对周围的社会环境散发出一种创造性的力量，仿佛是文化的催化剂，波利娜·维亚尔多 - 加尔西亚就是其中之一。这位法国女人来自一个西班牙歌唱家家庭，姐姐是非常著名的女高音歌唱家玛丽亚·玛丽布兰（María Malibrán）——她用 28 年的短暂生命成了歌剧界的神话。波利娜也是一位歌唱家，不过是女中音，同时也是音乐教授和作曲家。维亚尔多创建了室内歌剧，并用《灰姑娘》之类的作品培育了这一音乐类型。此外，她还从自己家的客厅对社会施加了巨大的影响，那是欧洲最重要的音乐家们常来的地方，她还把俄国音乐引进了西方（她是第一个在俄国演唱意大利歌剧的外国人）。波利娜嫁给了作家、西班牙语言文化学者路易斯·维亚尔多（Louis Viardot）并生下了 4 个孩子，但是在圣彼得堡她认识了伊凡·屠格涅夫，并跟他保持了一段感情关系直到去世。在 30 年间，屠格涅夫跟波利娜和她的丈夫居住在巴黎近郊两栋独立的房子里，但是在同一个街区。看起来他们 3 人相处融洽。波利娜的一个女儿路易丝·维亚尔多（Louise Viardot）也是一位优秀的作曲家。

索菲亚·柯瓦列夫斯卡娅（Sofia Kovalevskaya）（1850—1891）

这位俄国女数学家和女思想家的家族历史仿佛是童话故事中的摘抄片段：她是一个匈牙利国王的后代，然而她的祖父因为娶了一位吉卜赛女人，失去了亲王头衔和继承权。索菲亚从小热爱数学，13 岁时就表现出代数方面的极高天赋。对她来说不幸的是，父亲很害怕知识女性，所以取消了她的数学课。索菲亚不得不自学数学，晚上偷偷地阅读代数论文。因为没有人为她讲解教材，她经常在书中遇到一些无法理解的内容，并不得不独立推论（或重新发明）出三角公式和正弦的概念。一个教授发现了她的秘密，惊讶于这个年轻女孩的天赋，战胜了她父亲的偏见，于是索菲亚重新开始上数学课。为了能去国外学习，具体来说是为了去柏林取得博士学位，她缔结了一个“白色婚姻”（假婚）。她发表了3篇论文，两篇是数学方面的，还有一篇是天文学方面的。41岁那年她死于流感，虽然她英年早逝，她却是一位非凡的女数学家，在代数领域取得了重要的成就。她的“柯西 - 柯瓦列夫斯卡娅定理”总是被人错误地写成“柯西 - 柯瓦列夫斯基定理”，仿佛其作者是一位男士（俄语女性名词结尾应为“阿娅”）。

特蕾莎·卡莱尼奥（Teresa Carreño）（1853—1917）

作为委内瑞拉的女钢琴家、女作曲家、女企业家和女中音歌唱家，特蕾莎的生活一直是快节奏的：9岁时她就作为独奏演员跟波士顿交响乐团和伦敦爱乐乐团一起登台表演。10岁时在白宫在亚布拉罕·林肯面前开了一场音乐会。她结了4次婚，有6个有着不同父亲的孩子，而且曾因经济拮据不得不将第一个女儿送给他人收养。后来她在德国工作，成为享有世界声誉的独奏演员，并为钢琴和交响乐团创作了出色的曲子。

威廉明娜·弗莱明（Williamina Paton Stevens Fleming）（1857—1911）

明娜过着非典型女性的典型一生，也就是说，她是一个完美的例子，证明了在某一方面出类拔萃的女性大多不得不自我锤炼，画出勇敢的和近乎奇迹的人生轨迹。她出生于苏格兰一个简朴家庭，在接受了很有限的教育之后，20 岁时嫁给了一位叫作詹姆士·弗莱明的人并移民去了美国，在波士顿定居。两年以后丈夫抛弃了她。那时已经怀孕的明娜不得不找工作维持生活。她在著名的天文学教授、哈佛大学天文台台长爱德华·皮克林（Edward Pickering）家里当女佣。皮克林对自己的助手很生气，说连自己的女佣都能比他做得更好。也许这只是一个荒唐的“突发奇想”，或者也许他的确觉察到了明娜的聪慧。不过他确实为她提供了天文台内的一个临时职位，开始是做一些办公室的日常杂务，后来做一些数学计算。她工作十分出色，很快就成为固定的研究员，并加入了后来被称为“哈佛计算机”的团队。数十名年轻女性在明娜·弗莱明的领导下负责完成繁重而必要的数学运算，这些运算在今天都是由电脑来完成的。除了严格管理这个团队，明娜还参与编制了记录恒星光谱的《亨利·德雷伯星表》。在 9 年中，这位出色的天文学家对 1 万多颗星星进行了分类并发现了 59 个气态星云（其中包括著名的马头星云）、310 颗变星和 10 颗新星。她还建立了一套摄影强度的标准以测量变星的亮度，并研究白矮星的性质。在发表于 1895 年的第一部《星云及星团分类目录》中，她的名字被抹掉了，她的成就都被归于皮克林。幸运的是，在第二版的《目录》（1908）中承认了她的发现。

比阿特丽丝·波特·韦伯（Beatrice Potter Webb）
（1858—1943）

从照片上看，她漂亮、精致、慵懒，甚至似乎温顺软弱，但这副毫无攻击性的外表只是一个幻象。女经济学家、社会学家以及社会改革家比阿特丽丝·韦伯完全是捆炸药。她的父亲是一个富有的英国企业家，虽然她一开始在家族企业中工作，但在很年轻的时候就表现出学术和社会活动方面的热情。为了研究工业经济的运作，她曾当过手工业工人，并终身致力于消灭贫困和劳动力剥削。她对合作化运动很感兴趣，并于1891年发表了一本题为《英国合作化运动》的书。1892年她嫁给了同样持社会主义理念的改革家西德尼·韦伯（Sidney Webb），这在那个时代已经算相当晚婚了（34岁）。他们共同撰写了数篇关于经济、政治或工会的论文。此外，她继续写作自己的文章，其中有一篇题为《男性和女性的薪资：是否应该相同？》，虽然发表于1919年，但直到今天仍在忧郁地回响着。韦伯夫妇是费边社的重要领导人。他们相信演变而不相信革命，非常积极地参与组建英国工党。比阿特丽丝跟她的丈夫，还有另一位费边主义经济学家格雷厄姆·沃拉斯（GranhamWallas），以及作家萧伯纳（George Bernard Shaw）于1895年共同创建了闻名遐迩的伦敦经济学院。

格特鲁德·贝尔（Gertrude Bell）
（1868—1926）

跟托马斯·爱德华·劳伦斯（Thomas Edward Lawrence）相比，出色的格特鲁德·贝尔在重要性、品质和天赋方面都毫不逊色，甚至更胜一筹。然而他出名了（就是著名的“阿拉伯的劳伦斯”），而她，虽然越来越得到承认，却从未达到家喻户晓的程度。无论如何，格特鲁德和劳伦斯是在约旦和伊拉克建立哈希姆王朝的主要策划者。此外，格特鲁德还在第一次世界大战期间鼓励阿拉伯革命，并在停战之后设计了美索不达米亚的边界。但这只是这位英国女探险家、官员、间谍、考古学家、人类学家、作家和登山家复杂生活的一部分。在那些动荡的岁月中，格特鲁德的外交工作对于中东地区的地理－政治设计是至关重要的。她支持阿拉伯人，这一点造成了她与上司们之间的矛盾。她发现并发掘了叙利亚贝尔斯巴废墟，参与了伊拉克国家博物馆的创建。57 岁那年她死于药剂过量，很可能是自杀。

亚历山德拉·大卫－妮尔（Alexandra David-Neel）（1868—1969）

她活了 101 岁，但是她这些岁月的那些经历甚至可以填满 3 个世纪。出生于法国，在比利时长大，亚历山德拉一生的经历十分传奇，有时甚至有点古怪，但不可否认同时也很有趣。她是东方学家、女性主义者、歌剧演唱家、无政府主义者、探险家、记者、登山家、唯灵论者以及作家。1924 年，她访问了拉萨，那时这座城市还是禁止外国人进入的；她研究了很久佛教，有过多次神秘体验；她在海拔 4000 米高的山洞里住了两年，学习藏语和密宗，因为只穿了一件薄棉袍，她差点冻死在那里；她出版了 30 多部关于旅行、东方宗教和哲学主题的书籍。她的作品影响了“垮掉的一代”作家，比如杰克·凯鲁亚克（Jack Kerouac）和艾伦·金斯伯格（Allen Ginsberg）。她最后一次登喜马拉雅山时已经年满 100 岁。

伊内斯·莫西亚（Ynes Mexia）
（1870—1938）

她出生于美国，是一位墨西哥外交官的女儿。这位女性最让我欣赏的地方，是她在 50 岁的年纪还拥有重新塑造自己的勇气。在她那个时代，这个年纪对于女性来说已是垂垂暮年。伊内斯最初的生活是按部就班的：她接受了中等教育，完成学业后在墨西哥家族庄园中度过了 10 年，作为一个模范女儿，照顾父亲直到他去世。她嫁给了一位西班牙企业家，但 7 年后丈夫死了，留下孀居的伊内斯。她再次结婚，这次嫁给了一个比她小 16 岁的男人，但又迅速离婚了。于是她决定出去工作，并在旧金山找到了一个社会事务助理的职位。她开始经常出入自然爱好者组织的"塞拉俱乐部"，该组织直到今天依然存在。她发现自己热爱植物学，于是在 1921 年，在 51 岁的年纪她在伯克利大学登记入学，学习植物学专业（但没能毕业）。1925 年，在 55 岁的时候，她开始了作为植物学家的令人敬佩的职业生涯，在墨西哥西部做了一次旅行。在生命中剩下的 12 年时间里，她一直到处旅行，走遍了整个拉丁美洲，收集了总共超过 15 万件植物标本，其中有 10 万件属于新的物种。她还发现了一个新属，并将其命名为 Mexianthus（梅仙桃属）。她不惧怕旅途中的各种艰难险阻，虽然极端的情形时有发生，比如这位勇敢的高龄夫人和亚马孙地区的土著部落阿瓜卢那人在一起生活了 3 个月。

爱丽丝·盖（Alice Guy）
（1873—1968）

她的名字对我们来说非常陌生，但是，这位在美国去世的法国女人是历史上第一位电影导演，也就是说，第一个拍摄虚构电影的人，也是第一个以此为职业的人。不，不是乔治·梅里爱（Georges Méliès），而是她。但是跟很多其他女性一样，她在历史上被抹掉了，到了21世纪人们才重新提起她。爱丽丝学习的是文秘专业，后来进入高蒙电影公司工作。那时电影被认为是一种无关紧要的消遣，而对于卢米埃尔兄弟（Auguste Lumière和Louis Lumière）来说，用电影来讲述故事是不合情理的，直到1896年爱丽丝·盖的到来。那时她23岁，拍摄了一部有情节的电影《卷心菜仙女》，也是历史上第一部虚构电影，在这部电影中，爱丽丝尝试了不同的电影特效。让所有人惊喜的是，这部作品以及她接下来的作品都取得了巨大的成功，因此，其他的电影工作者开始纷纷效仿。此时爱丽丝已经是电影特效的绝对先驱，她使用留声机刻录音频配合画面播放，运用快镜头、慢镜头以及倒退的镜头。许多电影术语（也就是说，我们所提到的镜头、灯光、道具、剪辑等术语）都是由她创造的，此外她还是第一位执行制片人。她一共拍摄了大约1000部电影，并在法国和美国创立了多个制片公司：至少她在生前非常成功。除了涉及所有可能的种类之外，她还开创了侦探电影类型，而且她是第一个把电影当作艺术而不是作为简单的大众娱乐来谈论的人。1913年她写了一篇文章讨论女性在电影工业中的地位，控诉自己所遭遇的歧视。她的确被官方历史抹掉了：要么把她的电影都归于她丈夫名下（他是一位摄像师，他们于1907年结婚，生了两个子女，并于1917年离婚），要么直接对她避而不谈。就是这样。

莉泽·迈特纳（Lise Meitner）
（1878—1968）

这又是一位女性令人绝望的一生。这位奥地利女物理学家在柏林工作了30年，作为德国化学家奥托·哈恩（Otto Hahn）的助手，她的参与对于发现核裂变至关重要。1938年，纳粹强迫她离开德国（她是犹太人），于是她转到斯德哥尔摩大学继续研究。在迈特纳跟斯特拉斯曼（Fritz Strassmann）共同发表在《自然》杂志上的一篇论文中，第一次使用了“核裂变”这个术语，但是当1944年奥托·哈恩因为这个发现被授予诺贝尔奖时，这位化学家甚至根本没有提到她的名字（当时希特勒还在执政）。幸运的是莉泽很长寿，因此她最终看到自己的名字被重新公开提及——她成了女性在科学中受到歧视的最被广泛引用的例子。当然这样的例子屡见不鲜，比如杰出的英国女科学家罗莎琳·富兰克林（Rosalind Franklin，1920—1958）。她发现了DNA分子结构的基础，然而跟她素来交恶的同事莫里斯·威尔金斯（Maurice Hugh Frederick Wilkins）私自拿走了她的笔记和一幅极其重要的照片——那是女科学家通过“X光衍射”这一非常复杂的技术才得以成功拍摄到的DNA照片——在她既不知情又没授权的情况下，将它完整展示给了同一研究领域的另外两位同事詹姆斯·沃森（James Watson）和弗朗西斯·克里克（Francis Crick）。他们非法占有了这些发现，并在此基础上发展出了自己的研究成果。不知道罗莎琳最终是否得知这桩自己成为受害者的剽窃。她37岁那年死于卵巢癌，很可能是由于长期暴露在观察DNA内部时所使用的X光之下。1962年，罗莎琳去世4年后，沃森、克里克和威尔金斯因为关于DNA的发现而被授予诺贝尔医学奖。在这一点上，这项荣誉并非他们从她手中强夺的，因为这个奖项无法在死后获得（虽然罗莎琳值得被授予），但他们的确强占了她的名声：这些获奖者既没有提到罗莎琳，也不承认她的贡献。掠夺性的行为并非只发生在遥远的过去。北爱尔兰女天体物理学家乔瑟琳·贝尔（Jocelyn Bell）的例子也很有名，她发现了脉冲星（1943）——一种释放短暂而强烈辐射的星体，而且毫无疑问应该被共同授予1974年的诺贝尔奖，然而她的导师安东尼·休伊什（Antony Hewish）因为这个发现被单独授予了该奖项。

玛丽亚·布兰查德（María Blanchard）
（1881—1932）

饱受折磨的布兰查德出生于西班牙一个富裕家庭，但她所有重要的画作几乎都是在法国完成的。因为母亲怀孕时摔了一跤，她的脊背明显变形。现在我们几乎找不到玛丽亚的照片，因为她认为自己是个怪物，极力避免留下影像。她第一次去巴黎是在1909年，没过几年就永久定居在了法国首都。在一段时间内她的作品属于立体主义风格，而且广受好评。她获得了各种奖项，跟艺术大师们来往，而事实上她自己也同样了不起。当然，很不公平的是，我觉得她并不认为自己足以与大师们平起平坐。她的生活无比艰难，充满了痛苦、病痛、孤独、经济拮据以及长期的沮丧。据拉蒙·戈麦斯·德拉·塞尔那（Ramón Gómez de la Serna）说，她曾说过如此悲伤的话："我并没有天赋。我所做的一切都是通过无数努力做到的。"以及"我愿意用所有的作品……去交换一点点的美丽。"

艾米·诺特（Emmy Noether）
（1882—1935）

德国犹太人诺特是有史以来最伟大的数学家之一，也是这份名单上最杰出的人物之一。据爱因斯坦、大卫·希尔伯特（David Hilbert）和其他重要的科学家称，她是物理和数学学科历史上最重要的女性，在理论物理和抽象代数领域做出了革命性的贡献。美国物理学家里昂·莱德曼（Leon Lederman）说，她的“诺特理论”是“指导现代物理学发展的、已被证明的最重要的数学理论之一，地位可以比肩毕达哥拉斯理论”。此外，艾米作为抽象代数创始人之一的名声也广泛流传。数学家内森·雅各布森（Nathan Jacobson）承认说：“抽象代数的发展是20世纪数学最重要的革新之一，这一点在很大程度上应该归功于她。”而我们的艾米·诺特是如何取得如此巨大成就的？她的职业之路相当坎坷。首先，她立志进入埃朗根-纽伦堡大学攻读数学，这是一个非常大胆的愿望，因为两年前该校的学术委员会已经明确表示，反对女性入学。尽管如此，诺特和另一个女孩最终成功登记入学，986名学生中只有她们两个女生。艾米只能作为旁听生参加某些课程，而且每次都需要提前向教授申请许可。虽然困难重重，但在1903年她通过了毕业考试，并在接下来的几年里完成了论文，获得了博士学位。从1908年到1915年，她在埃朗根大学数学学院教书，但学校不向她支付任何报酬。1915年，大卫·希尔伯特想要聘请她在哥廷根大学任教，但遭到愚蠢的哲学系教授们的反对，其中一个说：“当我们的士兵们回到大学，发现他们被要求拜倒在一个女人脚下学习，会怎么想？”因此在好几年中，艾米在哥廷根大学教书却还是没有报酬，而且她的身份不是有教育头衔的工作人员，而是希尔伯特的助手。一直到1923年，她才被承认为代数教授，并得到薪水（顺便提一句，非常微薄）。在之前的漫长年月中她不得不依靠家庭的接济生活。1933年她被纳粹驱逐出大学，并拿到布尔茅尔学院的奖学金前往美国。两年后，她因为卵巢癌去世，享年53岁。

芮妮·薇薇安（Renée Vivien）
（1887—1909）

她的真名叫保琳·塔恩（Pauline Tarn），是个英国人，但是在 21 岁的时候父亲去世了，她继承了一笔财富，于是搬去法国并换了名字，她强大的象征主义诗歌都是用法语写作的。她是波德莱尔（Baudelaire）家族中被“诅咒”的一员：她是公开的女同性恋，有过好几段恋情，但每一段都很痛苦；她不断地在欧洲、日本、埃及、中国、中东和美国旅行；她酗酒、厌食，曾经试图自杀；她经常穿着男装，但从不掩饰自己的女性身份。她非常美丽，英年早逝，终年不到 22 岁，但那时她已经成了一个废人，需要依靠手杖才能走路（她用燃烧巴黎的方式燃烧自己的身体）。很可能她是死于酒精性精神病。

贝希·科尔曼（Bessie Coleman）
（1892—1926）

贝希是黑人，而且是美国一个非常贫穷的农民之女。她在芝加哥一家男士理发店当手部护理师，从那时起就常常听说那些从第一次世界大战归来的飞行员们的故事，她对他们的冒险十分着迷。她决定当个飞行员，但是美国的飞行学校既不接收女性，也不接收黑人。《芝加哥卫报》的创建者和主编是这家理发店的客人，问她是否愿意接受挑战，到国外去试一试，这家报纸将在经济上支持她的志向。贝希上完法语课程，去了巴黎，并在那里学会了飞行，成为第一位拥有国际飞行执照的美国黑人公民。她回到了美国，1921 年开始以空中飞行表演为生。她使用的是“一战”期间的飞机，十分残破。1922 年，飞机出现故障并坠毁，她摔断了 1 条腿和 3 根肋骨。在 5 年中她继续着这种生活，并变得相当有名。

她的梦想是筹集足够的钱为黑人开办一所飞行学校。在一次表演中，因为发动机故障，她和副驾驶员同时丧生，终年 34 岁。10 年后，著名的美国女飞行员、伟大的阿梅莉亚·埃尔哈特（Amelia Earhart，1897—1937）在环球飞行期间消失在海洋上空。她曾独自飞越大西洋和太平洋。出事前不久，她在写给丈夫的信中说："拜托，你应该知道我对于各种危险都了然于胸，然而我做这件事是因为我想做。女性也应该像男性一样勇于尝试。如果她们失败了，她们的努力应该能鼓舞另一些人，让他们继续挑战。"

格蕾丝·玛格丽特·海伊（Grace Marguerite Hay）（1895—1946）

20 世纪，有不计其数的勇敢女记者闯进了这个世界，其中一位就是格蕾丝·玛格丽特，即海伊·德拉蒙德 - 海伊夫人。她是英国人，但在美国购置了地产。她年轻的时候嫁给了一个比她大 50 岁的贵族，5 年后丈夫去世，格蕾丝成了遗孀贵妇。从那时开始，她跟英国的报纸合作，也跟《芝加哥先驱报》合作。1929 年她参加了第一次热气球环游世界的远征，作为其中唯一的女性而声名远扬。这趟行程共 21 天，在此期间她认识了著名的记者卡尔·冯·威根（Karl von Wiegand），并成了他间断性的情人和终身的同事。作为女记者，格蕾丝曾当过驻满洲里中国的海外通讯员，也参加过战地报道，比如阿比西尼亚（埃塞俄比亚）战争。她经常跟冯·威根一起出差，在第二次世界大战期间，他们双双被日本人逮捕，关进菲律宾的马尼拉集中营，1945 年战争结束后才得以获释。但那时格蕾丝已经病重，几个月后在纽约逝世，终年 50 岁。

伊雷娜·约里奥-居里（Irène Joliot-Curie）
（1897—1956）

母亲玛丽·居里的名气在一定程度上掩盖了大女儿伊雷娜的成就。为了让她代替在一场交通事故中不幸遇难的父亲皮埃尔，玛丽对她的教导十分严厉。这位女科学家毫不在意自己的外表，以传统的标准来看，一点也不女性化。爱因斯坦描述她说“看上去像一个投弹手”，但不得不承认她天赋极高。1935年，她跟丈夫弗雷德里克·约里奥（Frédéric Joliot）共同获得了诺贝尔化学奖，因为他们发现了人工放射性，打开了通往原子弹制造的大门。此外，他们还研究连锁反应以及建立核反应堆的必要条件。1951年，她因为同情法国共产党而被逐出法国原子能委员会。1956年她死于因辐射而引起的白血病，跟母亲一样。我想知道，她会如何看待广岛和长崎？顺便提一句，在“曼哈顿计划”即研制原子弹的计划中也有另一位女性的参与，就是中国女物理学家吴健雄（1912—1997）。

芭芭拉·麦克林托克（Barbara McClintock）
（1902—1992）

对我来说，这位美国女植物学家的一生中最引人注目的是她表现出明显的不安全感，不过，她绝对是位天才。麦克林托克从一开始就有十分明确的研究领域：玉米的细胞遗传学。她在玉米的遗传学图谱绘制方面有重大的发现，获得了众多奖项，并于1944年进入了国家科学院，那时还不到42岁。在接下来的10年中她继续自己的研究，并发现了某种叫作“跳跃基因”的过程，但同事们却对她的发现表示怀疑。令人难以置信的是，麦克林托克受到了巨大的影响，以至于从1953年开始竟然停止了发表研究数据。幸运的是，到了20世纪60年代和70年代，其他科学家证明了芭芭拉的假设，而更加幸运的是，这一次她作为女性的著作权得到了尊重。1983年，因为在上述遗传变异领域取得的进展，81岁的芭芭拉独立获得了诺贝尔医学奖。

瓦莲京娜·捷列什科娃（Valentina Tereshkova）（1937— ）

俄国人瓦莲京娜不但是第一位进入太空的女性，也是第一位进入太空的平民。她曾是纺织工厂的女工，也是一位跳伞爱好者。她在400多位候选人中脱颖而出，于1963年成为“东方六号”的宇航员。她在太空待了3天，绕地飞行48圈，着陆时似乎状态不佳。那时她26岁，飞行结束后进入空军学院学习，并成为航空工程师，在苏维埃时期也曾担任过几个政治职位。如今她已经退休，但是在2013年，76岁的她宣布自己愿意前往火星，哪怕只是单程。

万加丽·玛塔依（Wangari Maathai）（1940—2011）

她出生于肯尼亚，属于吉库尤族，当时这个国家还是英国殖民地。她的父亲在一个白人的庄园工作，她一直到8岁才开始上学。她在班里一直是第一名，中学毕业时得到约瑟夫·肯尼迪基金会的奖学金，成为300名被选中去美国读书的肯尼亚人之一。她学习生物学，之后回到了肯尼亚，并于1971年成为东非第一个获得博士学位的女性（内罗毕大学兽医解剖学博士）。她对于自己国家的环境恶化十分担忧，很快便以生态保护活动家的身份引人注目。她创建了“绿带运动”，发动整个肯尼亚的女性收集本地森林的种子并建立温室。之后，在联合国的资助下，万加丽成功地将“绿带运动”扩展到了整个非洲大陆。15 个非洲国家的代表来到肯尼亚向玛塔依学习如何开展类似的项目，以解决森林砍伐、沙漠化、农村饥饿以及缺水问题。此外，玛塔依越来越深地涉入捍卫民主权利、反对腐败和房地产投机交易的事业中，这使她付出了不得不与权力进行各种对抗的代价，被迫害、受到谋杀威胁以及被棒打。2004 年，她被授予诺贝尔和平奖，成为获得诺贝尔奖的第一位非洲女性以及第一位环保主义者。

德鲁·吉尔平·福斯特（Drew Gilpin Faust）（1947— ）

如今女性的社会地位达到了历史最高程度，即使对她们来说这仍然比男性更加困难，这是毫无疑问的。比如，2006 年，专门研究美国内战的美国女历史学家德鲁·吉尔平·福斯特被任命为极具影响力的哈佛大学（美国）的校长，她是第一位担任这个职位的女性，而且更难能可贵的是，她也是第一位没有在这所大学学习过的校长。或者比如玛丽·博拉（Mary Barra，1961），18 岁时作为助学金资助对象进入通用汽车工作，同时学习电子工程。她担任过不同的岗位（其中包括领导一个组装车间），并于 2014 年被任命为通用汽车 CEO，也就是公司的最高职位。这个美国女人是跨国汽车公司中第一位担任类似职位的女性，在 2017 年著名的福布斯“女性权力排行榜”中她位列第五。

诺玛·安德拉德（Norma Andrade）
（1958— ）

2001 年，诺玛的女儿莉利亚在墨西哥华雷斯城失踪。一个星期后人们找到了她的尸体，有被施刑和强暴的痕迹。但这不过是华雷斯城不计其数的女性谋杀案件的又一个可怕案例。从莉利亚的被害开始，诺玛和其他的被害者母亲聚到一起，创立了“让我们的女儿回家”联盟。这是一个英雄尤其是女英雄们的组织，他们与类似的残暴行径抗争。他们不加掩饰地面对凶手们，总是命悬一线。无论是诺玛还是她的另一个女儿——同为活动家的马卢·加西亚（Malú García），都不得不离开家庭。2011 年诺玛在华雷斯市被子弹打伤，为此她搬到了一处名义上受保护的住所，但是 2012 年，她在那里遭到持刀袭击，脸部被划伤。政府似乎既不对伤害“让我们的女儿回家”组织成员的罪犯开展有效追捕，也不给成员们足够的保护。就在写下这几行字的时候（2018 年 1 月 26 日），我在网上看到，马卢·加西亚此时此刻刚刚遭到袭击。她的小货车在托卢卡市遭到枪击，目前这个年轻女子正在一个工业区藏身。太可怕了（补记：马卢躲过了这次袭击，但是继续受到针对她和孩子们的威胁）。

桑帕特·帕尔·德维（Sampat Pal Devi）和她的粉红纱丽女战士们
（1960— ）

她出生于印度最贫困地区之一——北方邦，父母是一对不识字的牧人。她没有上过学，但自己学会了读和写。12 岁时她嫁给了一个卖冰人，20 岁时已经生了 5 个孩子。2002 年的一天，她看到一个邻居毒打自己的妻子，试图上前阻止，却没能做到。第二天，她带着五个女伴返回，拿着印度传统竹杖“拉提斯”把行凶的男人打了一顿。粉红纱丽大军就这样诞生了。开始只有25个人，她们走遍各个村子，向妇女解释她们应该保护自己，并说服她们女孩也应该上学。她们保护受害者、袭击施暴者、要求警方追究此前从未被重视过的罪行。这场运动像大火一样蔓延开来，整个印度穿着粉色纱丽的女战士已经有约40万人（也包括一些男性）。此外，她们还打击腐败，为土地的重新分配而斗争，为最贫困人口的食物而斗争。她们创建并推广了缝纫及棉花生产作坊，为女性创造就业，使她们能够得到一个自给自足的、有尊严的生活。桑帕特·帕尔被指控犯下了无数的罪行，受到死亡威胁，不得不离开了她的住所和家庭。

佩吉·惠特森（Peggy Whitson）
（1960— ）

当美国太空总署（NASA）宇航员长官佩吉·惠特森于2017年9月回到地球的时候，她已在太空度过了生命中的665天，也就是说，超过了22个月。相较于NASA的其他宇航员，不管是男性还是女性，这绝对是一个纪录。她也是全世界年龄最大的女性宇航员（57岁），而且间断性地在飞船外黑暗的高空中行走了39小时46分钟，这个数字虽然没有打破纪录，但同样惊人，而且听起来简直令人毛骨悚然。不仅如此，她还曾经两次担任国际空间站的指挥官。她的一生使人震撼，粒子物理学家法比奥拉·吉亚诺蒂（Fabiola Gianotti，1960— ）的成就也是如此。她是一个意大利人，2016年被任命为欧洲核子研究组织（CERN）的总干事（CERN是全世界最重要的科学中心之一）。2012年，她跟乔伊·因肯德拉（Joe Incandela）共同宣布发现了“希格斯玻色子”（上帝粒子）。

尤塔·克莱因施密特（Jutta Kleinschmidt）（1962— ）

众所周知，摩托车赛和赛车仍然是一个非常男性化的领域，但有一个女人在“巴黎—达喀尔”拉力赛（今天叫作达喀尔拉力赛）上赢得了一阵掌声。这是世界上最艰难的汽车赛事，一项洋溢着雄性激素的竞争。好吧，女性甚至进入了像岩石一样坚硬的男性保留地。她就是德国人尤塔，起初她参加了多项摩托车国际锦标赛，后来转到赛车，并驾车赢得了2001年的“巴黎—达喀尔”拉力赛。她是到现在为止第一个也是唯一一个做到这一点的女性（2002年她得了第二名）。尤塔是一位物理学家和工程师，就职于宝马公司的设计部门，目前是一名车手指导。

马格达莱娜·贝尔梅霍（Magdalena Bermejo）（1962— ）

灵长类动物学是一个总能让女性脱颖而出的科学分支。从黛安·福西（Dian Fossey）到珍妮·古道尔（Jane Goodall），以及毕鲁特·加尔迪卡斯（Birute Galdikas），这门学科中许多著名人物都是女性。很可能是因为这门学科要求艰苦的工作和大量的同情心，也许还因为直到今天，动物研究还被认为是次要的，并不具有太高的学术地位。无论如何，可以确定的是，在西部低地大猩猩的研究中，世界性的权威之一就是这个西班牙女人。从1991年开始，她跟丈夫、自然学家赫尔曼·伊耶达（Germán Illera）一起长期居住在刚果的热带雨林中。因为她，我们知道了近期加蓬和刚果有大约 5000 只大猩猩死于埃博拉病毒，濒临灭绝。此刻马格达莱娜正专注于创建保护这一灵长目动物的项目，同时也帮助附近村落的发展。在西班牙，科技领域也有很多女性的名字熠熠生辉，比如肯塞普希昂·蒙赫（Concepción Monje，1977— ），一个年轻的工业工程师，在卡洛斯三世大学研究机器人技术，获得过多个重要奖项。她花了 10 年时间研制机器人泰奥——一个具有真人体形和外表的护理机器人（我曾见到其运行，实在令人惊叹）。此外，肯塞普希昂还领导着一个名为 RoboCom++ 的欧洲项目，团队中有 20 多位来自全欧洲的同事，他们的目标是创造未来的护理机器人伙伴。这位非凡的女性还创造了不少其他纪录，比如，她帮助创造了手臂辅助骨骼，在患者身上实验并获得成功，还研发了一套火星探测车（Rover）的轮胎控制系统，将于 2020 年由欧洲航天局发射至火星。

埃斯拉·沙菲（Esra’a al Shafei）（1986— ）

这位巴林博主为了隐藏自己的相貌，试图阻止人们在网上流传她的照片，在几年中她确实做到了（虽然我认为她现在已经暴露了）。无论如何，对于像她这样倡导公民权利和言论自由的活动家来说，这是谨慎的做法。她是一位网络专家，于 2006 年创办了非政府组织 Majal（也叫作中东青年组织），目的是提供一个促进中东和北非地区社会公平的数字平台，当时她年仅 20 岁。这样的网站并非独此一家，还有比如 CrowdVoice.org，在整个地区允许上传控告或揭发视频；Mideast Tunes，便利了“地下”抗议和音乐的传播；以及 Ahwaa，专注于 LGTB（女同性恋、男同性恋、变性者及跨性别者）运动。Majal 在“阿拉伯之春”

中是一个至关重要的工具。2014 年，福布斯将埃斯拉·沙菲列入世界上 30 位 30 岁以下最有影响力的人物榜单。

劳拉·德克尔（Laura Dekker）
（1995— ）

她出生于新西兰的一个港口，当时她的父母正处在一次为期 7 年的航海途中。实际上劳拉是荷兰人，7 岁时她得到了第一艘属于自己的船，而且学习了航海术。14 岁时，她宣布计划独自驾驶帆船，环行世界。由于年龄的缘故，她费了不少周折才得到许可，此外还必须带上学习资料，保证一定不影响学业。最终，这次航行始于 2010 年 8 月 21 日，那年劳拉 15 岁，结束于 2012 年 1 月 21 日。16 岁的劳拉成为最年轻的单人环球航海者。

参考书目

—*El legado de Hipatia,* Margaret Alic, Siglo XXI (México, 1991).

—*Breve historia feminista de la literature española (en lengua castellana),* 6 vols., Iris María Zavala y Miryam Díaz-Diocaretz, Anthropos [Barcelona, (1993,2000)].

—*Diwan de las poetisas de al-Andalus,* Teresa Garulo, Hiperión (Madrid, 1998).

—*Creación artística y mujeres,* Marian L. F. Cao, Narcea (Madrid, 2000).

—*Las filósofas. Las mujeres protagonistas en la historia del pensamiento,* Giulio de Martino y Marina Bruzzese, Cátedra (Valencia, 2000).

—*Música, género y educación,* Lucy Green, Morata (Madrid, 2001).

—*Feminismo y música,* Pilar Ramos López, Narcea (Madrid, 2003).

—*La vida escrita por las mujeres,* 4 vols., Anna Caballé, Lumen (Barcelona, 2004).

—*Mujeres piratas,* Germán Vázquez Chamorro, Ediciones Algaba (Madrid, 2004).

—*La carrera de obstáculos. Vida y obra de las pintoras antes de 1950,* Germaine Greer Bercimuel [Madrid, (2005 ,1979)].

—*Las mujeres escritoras en la historia de la Literatura Española,* Lucía Montejo Gurruchaga y Nieves Baranda Leturio, UNED Ediciones (Madrid, 2005).
—*Mujeres de acción en el Siglo de Oro. Catalina de Erauso. Isabel Barreto de Mendaña. Ana de Austria. Ana de Mendoza. Margarita de Parma. Isabel Clara Eugenia,* Vicenta María Márquez de la Plata y Ferrándiz, Castalia (Madrid, 2006).
—*Guardar la casa y cerrar la boca,* Clara Janés, Siruela (Madrid, 2015).
—*Mujeres matemáticas. Las grandes desconocidas,* Amelia Verdejo, Universidad de Vigo (Vigo, 2017).
—*Sabias, la cara oculta de la ciencia,* Adela Muñoz Páez, Debate (Barcelona, 2017).

致谢

在结束本书之前，必须感谢我的女编辑皮拉尔·雷伊斯（Pilar Reyes），她不但提出了编撰这个新版的想法，而且总是带来惊喜；再一次感谢卡罗琳娜·里奥约（Carolina Reoyo）细致入微的编校，她的工作无疑使文本得到了完善；感谢玛丽亚·埃雷罗斯（Maria Herreros），她美丽的插图使这本书变成了一部艺术作品。

图书在版编目（CIP）数据

女性小传 /（西）罗莎·蒙特罗著；罗秀译.
— 杭州：浙江人民出版社，2022.12
ISBN 978-7-213-10295-0

Ⅰ.①女… Ⅱ.①罗… ②罗… ③王… Ⅲ.①女性—名人—列传—世界 Ⅳ.①K815.5

中国版本图书馆CIP数据核字（2021）第184627号

浙江省版权局
著作权合同登记章
图字：11-2021-015

女性小传
NÜXING XIAOZHUAN

［西班牙］罗莎·蒙特罗 著 罗秀 译

出版发行 浙江人民出版社（杭州市体育场路347号 邮编310006）
责任编辑 张世琼
责任校对 杨 帆
封面设计 朱 琳
电脑制版 冉冉设计工作室
印 刷 雅迪云印（天津）科技有限公司
开 本 880毫米×1230毫米 1/32
印 张 9.75
字 数 232千字
版 次 2022年12月第1版
印 次 2022年12月第1次印刷
书 号 ISBN 978-7-213-10295-0
定 价 58.00元

如发现图书质量问题，可联系调换。质量投诉电话：010-82069336